mi historia

CONTRA VIENTO Y MAREA

mi historia

CHUCK NORRIS

con Ken Abraham

CARIBE-BETANIA
Una división de Thomas Nelson, Inc.
The Spanish Division of Thomas Nelson, Inc.
Since 1798-desde 1798
caribebetania.com

Caribe-Betania Editores es un sello de Editorial Caribe, Inc.

© 2004 Editorial Caribe, Inc.
Una división de Thomas Nelson, Inc.
Nashville, TN, E.U.A.
www.caribebetania.com

Título en inglés: Against All Odds
© 2004 por Carlos Ray Norris
Publicado por Broadman & Holman Publishers
Nashville, Tennessee

A menos que se señale lo contrario, todas las citas
bíblicas son tomadas de la Versión Reina-Valera 1960
© 1960 Sociedades Bíblicas Unidas en América Latina.
Usadas con permiso.

ISBN 0-88113-843-6

Traductor: Hubert Valverde
Tipografía: Marysol Rodriguez

Reservados todos los derechos.
Prohibida la reproducción total o parcial
de esta obra sin la debida autorización por
escrito de los editores.

Impreso en E.U.A.
Printed in the U.S.A.
2ª Impresión

DEDICATORIA

Para Rachel Joy Scott

Una víctima valerosa de la balacera en la preparatoria Columbine, en Littleton, Colorado. Aunque estaba enfrentando la muerte, Rachel no negó su fe en Dios. Este poema, escrito por su padre, Darrell Scott, describe muy bien los problemas que enfrentamos y da una respuesta a aquellos que son lo suficientemente valientes como para creer:

Sus leyes ignoran nuestras necesidades más profundas,
sus palabras son aire vacío,
nos han desarraigado de nuestra herencia,
han abolido la oración.
Ahora son las balas de una pistola las que llenan nuestras aulas
y los bellos niños mueren.
Buscan respuestas en todos lados,
y se preguntan: «¿Por qué?»
Regulan leyes restrictivas,
a través de un credo legislativo,
pero aún así no pueden entender
que es Dios a quien necesitamos.

Quiero también dedicar este libro a dos de las mujeres de mayor influencia en mi vida, mi madre, Wilma Knight y mi esposa Gena.

Es imposible ponerle un límite al tremendo impacto que mamá ha tenido en mí, ejemplificando el amor incondicional aunado a una tremenda fe en Dios. Gracias mamá por tu guía espiritual, por enseñarme a ver lo bueno en cada persona y por vivir tu vida con esa actitud tan positiva, a pesar de las circunstancias, contra viento y marea.

A Gena, mi adorada esposa, mi alma gemela, la mujer que me ayudó a ver con alegría lo que realmente importa en la vida. Ni este libro ni nuestros hijos existirían si no hubiera sido por tu fe y sé que no estaría donde estoy con Dios ahora sino fuera por tu amor y tu ánimo.

¡Gracias! ¡Te amo!

CONTENIDO

Reconocimientos | ix

1 Una llamada de atención | 1

2 Motivadores combinados | 7

3 Vida en una botella | 13

4 El amor de una madre | 19

5 Decisiones en la vida | 26

6 Desarraigo de las raíces de inseguridad | 37

7 Patada inicial de karate | 43

8 Ser un campeón | 50

9 Cuando los guerreros se encuentran | 58

10 Espíritu humilde, corazón de guerrero | 66

11 Ganancias materiales, pérdidas emocionales | 77

12 Verdaderos amigos | 84

13 Las estrellas de Hollywood y otros estudiantes célebres | 93

14 Poder bajo control | 105

15 El primer paso es el más difícil | 120

16 Encuentro cercano con la muerte | 128

17 Pide un deseo | 134

18 Los asombrosos Gracies | 139

19 Un defensor inesperado | 144

20 Movimientos peligrosos | 159

21 Un pecado que se convirtió en bendición | 168

22 Walker, Texas Ranger | 173

23 La historia del *Total Gym* | 184

24 Almas gemelas | 191

25 Diamantes en bruto | 200

26 Bebés milagrosos | 209

27 Sorpresas espirituales | 218

28 El agente del presidente | 225

29 Dios tiene planes para ti | 235

Reconocimientos

———•◆•———

Cuando se hace una película de cine o una serie de televisión, se necesita la asistencia y la experiencia de una gran cantidad de individuos talentosos y dedicados que trabajen juntos para lograr un objetivo en común. De la misma forma, escribir y publicar un libro requiere de la colaboración y el esfuerzo de muchas personas altamente capaces y profundamente comprometidas.

Me siento inmensamente agradecido con mi esposa, Gena, por animarme a escribir este libro y a Joe Hyams, por ayudarnos con el primer borrador. Una conversación providencial con el autor Tim LaHaye me llevó al agente literario, Mark Sweeney y al autor Ken Abraham, dos hombres que habían concebido este libro cinco años antes de que nos conociéramos. No solamente me ayudaron a cumplir la visión de este libro, sino que también se convirtieron en amigos muy queridos.

Un agradecimiento especial para Ken Stephens, David Shepherd, Len Gloss, Kim Overcash, Paul Mikos y a los tremendos representantes de ventas de la Editorial Broadman & Holman. Gracias por ayudarme a compartir mi historia.

Gracias también al personal de mi oficina, Marie, Kim, Laura, Howard e Ilona, por su incansable esfuerzo en mantener todo bajo control y hacer que mi vida sea más fácil al permitirme más tiempo para escribir este libro.

Gracias al personal administrativo y a los instructores de Kick

Start por su trabajo y dedicación impactando a miles de jóvenes por todo los Estados Unidos.

Gracias a mis familiares y amigos. Gracias a todas aquellas personas que han tocado mi vida y me han animado a usar los talentos que Dios me ha dado de manera positiva.

Y principalmente agradezco a Dios por ser la fuerza motivadora en mi vida.

Las regalías del señor Norris por este libro serán donadas a Kick Start, la organización que él fundó para ayudar a los jóvenes a desarrollar la autoestima y valores positivos por medio de las artes marciales. Si desea más información, comuníquese a:

Kick Start
427 West 20th, Suite 403
Houston, TX 77008
713-868-6003
www.kick-start.org

CAPÍTULO 1

Una llamada de atención

———•◆•———

Sabía que algo andaba mal cuando observé la mirada de mi guardia de seguridad. Estaba en Washington D.C. sentado en el estrado como invitado especial del nuevo presidente electo de los Estados Unidos, George W. Bush. Allí estaban alrededor de cinco mil amigos del presidente que jugaron un papel clave para que George W. Bush fuera electo presidente. Los caballeros vistiendo trajes muy elegantes y las damas con bellos vestidos de noche. La primera cena presidencial de la nueva administración había sido una gala muy agradable y yo había disfrutado la noche inmensamente.

Cerca de las 10:30 p.m., el presidente y la primera dama se despidieron, y habían salido del salón y lo mismo me disponía a hacer yo. Bajé de la tarima y saludé a todos los que me encontraba de camino a la puerta. El salón estaba lleno de caras conocidas y por esa razón me impresionó ver la mirada en el rostro de mi guardia de seguridad, Phil Cameron mientras se acercaba a mí. Supe que algo estaba muy mal, o Phil no me interrumpiría en un momento tan especial como ese. Cuando logramos acercarnos lo suficiente, Phil me dijo: «Acabo de recibir una llamada señor Norris, su esposa está en el hospital. Está teniendo un parto prematuro».

«¿Qué? ¡Eso no puede ser! ¡Gena sólo tiene veintitrés semanas de embarazo, ella no está ni siquiera cerca de las treinta y ocho semanas de un embarazo completo!»

«No sé señor, lo único que puedo decirle es que ella me dijo que me comunicara con usted lo antes posible».

Corrí al teléfono y llamé al hospital. La recepcionista me comunicó con el cuarto de Gena y cuando oí su voz me di cuenta que había estado llorando. «Carlos, los bebés están bien», me dijo entre lágrimas. «Pero tuve que venir al hospital, los doctores tienen que cerrar el cuello del útero quirúrgicamente para poder salvar a los bebés. Siento que no pude esperar hasta que volvieras a casa, pero el doctor dijo que no había tiempo. No te preocupes. Estaré bien». Podía sentir a través de su voz temblorosa que estaba tratando de mantener la compostura.

«Carlos, tengo miedo», me dijo. «Tengo que colgar. Te amo».

«Cariño, estoy comunicándome con los pilotos ahora mismo, estaré a tu lado tan pronto como llegue el jet».

Estábamos esperando gemelos, un niño y una niña. Gena y yo ya los habíamos visto por el ultrasonido cuando fuimos al doctor, al verlos moviéndose nos emocionamos como dos niños. Hasta les habíamos puesto sus nombres. La niña se llamaría Danilee y el niño se llamaría Dakota.

El embarazo había sido un tormento para Gena. Ella ya había dado a luz dos veces antes y por eso sabía lo difícil que era. Pero el embarazo de estos «bebés milagrosos» había sido una carga pesada desde el inicio. Varias veces, estuvimos cerca de perder a los gemelos, a Gena o a los tres. Durante el embarazo Gena había tenido que soportar varios desafíos que amenazaron su vida y la de los bebés. Tengo que admitir que si ella no hubiera estado mental y espiritualmente fuerte, y en tan buena condición física antes del embarazo, no creo que su cuerpo hubiera podido aguantar tantos obstáculos.

Cuando la invitación del presidente llegó a nuestro buzón semanas antes, Gena y yo nos sentimos muy halagados y deseosos de ir. Sin embargo, conforme se acercaba la fecha, nos dábamos cuenta de que iba a ser muy peligroso volar desde California hasta Washington D.C., especialmente con todas las complicaciones que ya estábamos enfrentando con el embarazo. Decidimos que lo mejor sería que Gena se quedara en la casa y tendría de acompañante a mi hermano Aarón. Junto con nosotros irían también, Dennis Berman, un hombre de Dallas, muy excitoso en los negocios, que estuvo de acuerdo en ser el padrino de los niños durante el viaje y John Hensley, anterior director de aduanas en los Estados Unidos. Phil Cameron, mi guardaespaldas, quien siempre me acompaña a eventos donde hay grandes multitudes, había volado a Washington unos días antes para asegurarse de que todos los detalles del viaje estuvieran en orden.

Tomamos un jet privado para volar a Washington el día del evento. Phil se unió cuando llegamos al Pentágono. Allí fuimos saludados por la guardia de honor de la policía aérea y me dieron una condecoración de la Fuerza Aérea por ser un aviador sobresaliente. También me hicieron reclutador honorario de la Fuerza Aérea. Posamos para una fotografía en el pasillo del Pentágono, en el mismo lugar donde los terroristas del 11 de septiembre estrellaran uno de los aviones, unos pocos meses después. El resto de la tarde la dedicamos a recorrer el Pentágono, comimos con varios generales y disfrutamos de una reunión con el director del Servicio Secreto, Brian L. Stafford. De acuerdo al itinerario, volveríamos a California a la mañana siguiente.

Antes de la cena presidencial, pude tomarme una foto con el señor presidente y su esposa conmemorando la ocasión. Con su amabilidad de siempre, el presidente me agradeció por mi apoyo y la amistad que tenemos. Había sido un día inolvidable. Apenas podía esperar para llamar a Gena y contarle.

Pero ahora, Gena estaba en un cuarto de emergencia de un hospital en California. De un momento a otro, lo que era realmente importante en la vida se convirtió en el enfoque principal. De pronto, con sólo una llamada, mi lista de prioridades fue alterada completamente.

«¡Llama a los pilotos, Phil! ¡Diles que ya nos vamos!»

«Sí señor».

Quería estar al lado de Gena tan pronto como fuera posible, así que tan pronto como Phil localizara a los pilotos, despegaríamos.

Me despedí de los dignatarios que quedaban en la cena mientras Phil se comunicaba con los pilotos. Mientras todo esto pasaba, miré a Phil esperando una señal para irnos pero la señal nunca llegó. En su lugar, noté un gesto de disgusto en el rostro de Phil. «Tengo al piloto en la línea», me dijo Phil, «pero creo que debe oír esto». Phil me dio el celular.

Tomé el teléfono y dije: «¿Cuál es el problema?»

El piloto habló titubeando: «Lo siento, señor Norris, pero mi copiloto se tomó unas cervezas y preferiría no volar esta noche».

«¿Qué? ¿Qué quieres decir con que prefieres no volar?»

«Bueno, como no habíamos planeado regresar a Los Ángels esta noche, no vi ningún inconveniente en que él se tomara una copa. El problema es que iría en contra del reglamento volar en esa condición».

Estaba furioso, pero sabía que el piloto tenía razón. Bajo otras circunstancias, hasta hubiera admirado su integridad y sinceridad. Después de todo, el piloto me hubiera podido mentir fácilmente; él no tenía que decirme. Nunca hubiera sabido que el copiloto había bebido y con esta emergencia, ¡ni siquiera me hubiera importado! El copiloto era familiar del dueño del jet así que aunque el piloto hubiera querido romper la regla, no quería arriesgarse a perder su puesto. He volado lo suficiente como para saber que no hay necesidad de discutir con un piloto que siente que las condiciones son inseguras para volar una aeronave, pero eso no me importó y le pregunté: «¿Qué tan pronto podremos salir?»

«A las cinco y media de la mañana sería lo más temprano», respondió el piloto.

«¡Cinco y media!» Miré mi reloj y apenas eran las once de la noche.

No hubo otra cosa que hacer sino buscar una alternativa de transporte. Aarón, Dennis, John, Phil y yo nos apresuramos al hotel. Intentamos desesperadamente conseguir un espacio en un vuelo comercial sin resultado. Llamamos a cuanto lugar pudimos encontrar para conseguir otro vuelo privado en Washington, pero la mejor opción era hasta las tres y media de la mañana.

Caminando de un lado para el otro en el cuarto, sólo pensaba en las contradicciones tan obvias. Me sentía tan impotente. Había sido campeón mundial de karate seis veces; había protagonizado más de veintitrés películas en las cuales siempre era el héroe, había protagonizado recientemente mi propia serie de televisión *Walker Texas Ranger*, por ocho años nuevamente protagonizando el personaje de un héroe, pero no podía hacer nada para ayudar a mi esposa.

Había ganado millones de dólares, era amigo de varios presidentes; sin embargo, todo ese dinero que tenía en mi cuenta de banco no me servía de nada ahora. Mis mejores amigos y amigas de influencia no eran suficientes. Sólo había una persona a la que podía acudir. Oré: «Oh Dios, por favor, cuida de mi esposa y mis bebés».

Phil me pasó el celular para llamar a Gena y decirle que nos íbamos a retrasar. Pude localizarla, pero ella estaba tan aturdida por los medicamentos que difícilmente pude entender lo que dijo. Logré entender que ella iba a ser operada a las ocho de la mañana. Aparentemente el doctor le había presentado un escenario no muy prometedor cuando le explicó todas las cosas que podían salir mal durante la operación. Le dije que estaría junto a ella tan pronto como pudiera. Intenté animarla, oramos por un momento y nos despedimos. «¡Te amo, Gena! Nos veremos muy pronto…»

Nuestras maletas estaban listas y esperando en el lobby del hotel. Estaba demasiado frustrado como para dormir, así que yo y los demás nos mantuvimos despiertos, hablando, orando, caminando de un lado al otro del cuarto y contando los minutos. A las cinco y media en punto estábamos despegando. Cuando el jet aterrizó en California, bajé las gradas y corrí al hospital. Llegué al hospital a las diez en punto. Gena se encontraba ya en la sala de recuperación.

Al entrar a la sala, vi a Gena acostada en una cama y cobijada con una sábana blanca. Se veía muy pálida y frágil. La mujer de quien yo dependía en todas las facetas de mi vida se veía tan frágil ahora. Me acerqué y le di un beso suave: «Mi amor, siento mucho que no estaba a tu lado cuando…» Le decía disculpándome. «¡Nunca más te dejaré!»

«Estás aquí ahora», me dijo. «Eso es lo que importa».

Miré a la mujer que me amaba tanto que no le importó caminar por el valle de sombra o de muerte para dar a luz a nuestros hijos. El doctor había dicho que si él podía hacer que Gena se mantuviera en cama durante las siguientes diez semanas, estaba muy seguro de que los bebés saldrían bien. El compromiso de Gena de hacer lo que fuera necesario para el beneficio de los niños me recordó a otra mujer de gran fe, mi madre. Ella había sufrido grandes penas para traerme a este mundo. De hecho, al igual que Gena y los bebés, mi madre y yo luchamos contra viento y marea para sobrevivir.

CAPÍTULO 2

Motivadores combinados

Mi madre, Wilma Norris, ¡me dio a luz cuando tenía dieciocho años de edad después de siete días de labor de parto! Ella llegó al hospital un domingo y nací el domingo siguiente. Varias veces durante este parto tan difícil, los doctores temían que iban a perderla a ella, a mí o a ambos. Finalmente, en las primeras horas del 10 de marzo de 1940, pesé seis libras y ocho onzas. Pero las preocupaciones de mi madre no habían acabado. Algo no estaba bien. ¡El color de mi piel no era normal!

Mi cuerpo diminuto tenía un color púrpura azulado. Mi padre, Ray Norris, se encontraba en la sala de parto junto con mis abuelas y cuando tuvo la oportunidad de verme por primera vez, su desánimo fue tan grande que cayó desmayado.

¡Los doctores no estaban tan preocupados con mi padre como lo estaban conmigo! Ellos me catalogaron como un «bebé azul» que en términos médicos significa que no había empezado a respirar inmediatamente después del nacimiento, por ende causó que mi piel se tornara en un color de muerte. Tenían que actuar rápidamente para salvarme y para prevenir que la falta de oxígeno causara un daño permanente en mi cerebro. Los doctores me colocaron rápidamente oxígeno artificial para reanimar mis pulmones. Eso funcionó y en poco tiempo, tragaba aire como todo un profesional.

Sin embargo, durante los primeros cinco días de mi vida los doctores no estaban seguros si sobreviviría. Me mantuvieron en una unidad aislada, muy similar a las unidades de cuidado intensivo en la actualidad, con el fin de que no me contaminara y de seguir observando mi progreso. Estaba muy débil para comer normalmente así que mi madre tenía que extraerse la leche manualmente y las enfermeras me la daban por medio de un gotero. Ya que mi madre se encontraba muy débil también, los doctores no le permitieron que me viera durante ese tiempo. Ella todavía mantiene una carta escrita por su abuela, en la misma fecha, diciéndole a mi tía que «el bebé de Wilma seguramente no sobrevivirá».

¡Pero mamá y yo los sorprendimos a todos! Pudimos salir adelante y en poco tiempo ya estábamos fuera del hospital. Mi madre me dijo que la primera vez que me vio, se acercó a mí y me dijo: «Dios tiene planes para ti». Y ese mensaje lo ha reiterado muchas veces durante toda mi vida. Mis padres me llevaron a mi hogar en Ryan, Oklahoma; un pueblito pequeño no muy lejos del límite con Texas, alrededor de dos horas de Dallas. El nombre en mi certificado de nacimiento es Carlos Ray Norris. Me pusieron el nombre en honor del Reverendo Carlos Berry, el pastor en Ryan. Mi segundo nombre es en honor a mi padre.

En términos genéticos, soy mitad irlandés y mitad indio americano. Por el lado paterno, mi abuelo era irlandés, mi abuela era india cherokee. El apellido de mi madre es Scarberry. Mi abuela materna, Agnes, era irlandesa, mientras que mi abuelo materno era indio cherokee de Kentucky.

El abuelo Norris salió de Irlanda y vino a los Estados Unidos con sus padres a mediados del siglo diecinueve. Se casó y tuvo tres hijos, pero su esposa murió debido a las complicaciones de la vida fronteriza. Él contrató a una india cherokee de dieciséis años para que fuera la niñera de sus hijos. Poco tiempo después se casó con ella, pero para hacerlo tuvo que comprársela a los padres en la reservación. El hecho que la joven estuviera enamorada de otro joven de su propia tribu no significó nada para sus padres. Se la vendieron a mi abuelo sin titubear.

La joven india cherokee fue una buena elección. Ella le dio a mi abuelo Norris trece hijos de los cuales siete todavía viven, incluyendo a mi padre.

Sin embargo, su relación nunca llegó a amor romántico, quizás porque mi abuela no pudo olvidar a su verdadero amor de quien había sido arrebatada para casarse con mi abuelo. Varios años después, mi madre me contó que en el funeral del abuelo Norris, mi abuela dijo: «¡Bien, finalmente me deshice de él!». Esa no es exactamente la muestra de dolor de una viuda.

Mis padres eran una pareja muy bonita. Mi padre medía un metro ochenta y dos centímetros, era corpulento, con ojos y cabello negros. En sus fotos de juventud se parecía a John Wayne. Mi padre tenía diecinueve y mi madre tenía dieciséis cuando se casaron en Marietta, Oklahoma. Mi madre era una joven de contextura pequeña de cabello largo y una hermosa cara llena de pecas.

Poco tiempo después nos mudamos a Lawton, Oklahoma, donde mi padre obtuvo un empleo como mecánico con la compañía de autobuses Greyhound. Era la primera de una docena de mudanzas que haríamos antes de que cumpliera doce años. Si no hubiera sido por la estabilidad espiritual y práctica de mi madre, no hubiéramos tenido raíces. Su amor era el pegamento que nos mantenía unidos y nos daba ese sentido de seguridad, sin importar cuantas veces nos mudáramos.

En noviembre de 1942, mi padre nos llevó a Wilson, Oklahoma a vivir con mi abuela, mientras que él iba a Richmond, California a intentar conseguir un empleo en los astilleros. La guerra estaba álgida y papá sintió que podría contribuir trabajando en los astilleros. Podría servir a su país y no ser reclutado para la guerra. Aun cuando sus planes no salieron como pensaba, su táctica hizo que tuviera unos meses más para encontrar un lugar donde pudiéramos vivir.

    Mi madre tenía cinco meses de embarazo en ese momento. Nos quedamos con mi abuela un mes más y luego tomamos un tren a California para reunirnos con mi padre. En ese viaje, hubo un grupo de marinos que viajaban en el tren y ellos se encargaron de cuidarme al darse cuenta que mi madre estaba embarazada. El viaje duró varios días así que cuando parábamos en un pueblito, los marineros se bajaban para ir a la estación o a una tienda para comprarnos algo de comer. Eran unos buenos muchachos y yo estaba impresionado. El respeto que siento por los militares de los Estados Unidos tuvo sus comienzos allí en ese tren.

    Dos meses después nació mi hermano Wieland. Mi madre quería ponerle Jimmy pero mi padre le puso Wieland, como su cerveza favorita. Mi madre no estaba contenta con eso pero no pudo hacer nada. El nombre ya estaba registrado en el certificado de nacimiento.

    Tres meses más tarde mi padre fue reclutado por el ejército y enviado a pelear contra los nazis en Alemania. Mientras mi padre se encontraba lejos, mi madre, Wieland y yo nos mudamos de nuevo a la casa de la abuela Scarberry en Wilson, Oklahoma. Wilson era un pueblito en la pradera, un lugar árido y polvoriento con una población de apenas mil personas. Era un área desolada y pobre a pocas millas al este del límite estatal con Texas. Fue allí donde pasé la mayor parte de mi infancia.

    La casa de la abuela Scarberry era una casa de tablilla en las afueras de Wilson. Los cuatro dormíamos en un cuarto. La abuela dormía en la cama, mientras nosotros tres dormíamos en el sofá cama. Mi hermano y yo nos bañábamos juntos en una tina de lámina galvanizada. Nuestro servicio sanitario era una letrina que estaba afuera de la casa y hedía tanto que odiaba ir allí. Muchas veces prefería caminar una milla hasta casa de mi tía porque su baño tenía tubería subterránea. ¡Valía la pena hacer el viaje!

    Aún cuando la abuela Scarberry no poseía muchos bienes materiales, era una santa. Una mujer pequeña con unos ojos azul brillante que rebozaba de mucho amor por Dios y por su familia.

Siempre nos llenó de afecto y atención a Wieland y a mí. El amor de la abuela llenó la choza en la que vivíamos y la convirtió en un hogar.

Habían pasado más de dos años desde que mi padre se había ido, cuando un niño llegó en bicicleta y nos dio un telegrama que venía del Departamento de Guerra. Mi madre recibió el telegrama y con sus manos temblando se apuró a abrirlo. De pronto, empezó a gritar. La abuela corrió hasta donde ella estaba y le preguntó: ¿Qué sucede Wilma, pasó algo malo?

«Ray está perdido en acción», dijo mi madre entre sollozos mientras le enseñaba el telegrama. Yo era muy joven para saber que significaba «perdido en acción» pero por la manera en que mi madre y mi abuela reaccionaron, entendí que era muy probable que mi padre tardaría en volver o quizás no regresaría jamás.

Aun cuando estaba preocupado por mi padre, no me sentía preocupado por cómo sobreviviría la familia. Mientras que mi madre y mi abuela Scarberry se encontraran a mi lado, me sentía seguro. Todas las noches al irnos a la cama, nos arrodillábamos en la sala y orábamos pidiendo a Dios que encontrara a mi padre y lo trajera de regreso a casa.

Por tres largos meses no supimos nada de él. Finalmente, recibimos buenas noticias. ¡Mi padre estaba vivo! Había recibido una bala en la pierna y por poco fue enterrado vivo en una de las trincheras, separándolo así de su unidad. Cuando barrieron los escombros, sus compañeros lo encontraron. Fue transferido a Texas y se estaba recuperando en un hospital militar. Los doctores estimaron que le tomaría dos meses poder estar listo para volver a casa.

Durante los siguientes dos meses, me sentaba en la galería de la casa esperando que mi padre se bajara del autobús. Cada día mientras observaba a la gente bajándose del autobús, abría bien los ojos por si veía a mi padre. Decepcionado, entraba a la casa y le decía a mi madre: «Hoy no, papá no vino hoy».

Al término de dos meses, cuando ya me estaba desanimando, vi el autobús y sin mucho detenerme comencé a entrar por la puerta y volví a decir: «Mamá, creo que papá no va a volver».

«En serio», dijo mi madre mientras me guiñaba un ojo. «Pues entonces, ¿quién es ese?», señalando a un soldado que estaba bajándose del autobús. ¡Era papá!

La buena noticia era que mi padre estaba de regreso en los Estados Unidos, la mala noticia era que su problema con la bebida, que era malo antes de que se fuera a la guerra, ahora era peor.

CAPÍTULO 3

VIDA EN UNA BOTELLA

Mientras crecía, la relación más confusa y difícil que tuve fue con mi padre. Una de las pocas memorias agradables que tengo de él fue el día en que me tomó en sus brazos y me llevó en sus hombros a la ribera del Red River. Nos pasamos el día pescando y hablando, solamente nosotros. Cuando recuerdo esa escena, es como si viera una imagen de una película: padre e hijo en una ribera pescando. Una imagen perfecta de lo que es estar juntos. Pero tan pronto como llegamos a la casa con los pescados, mi padre se fue a la cantina del pueblo. No regresó hasta muy tarde, ebrio nuevamente.

Una noche, mi padre y mi tío Buck querían irse a tomar y no tenían dinero. Mi madre tenía cinco dólares guardados destinados a darnos de comer a Wieland y a mí. «Toma ese dinero de Wilma», le dijo el tío Buck.

«Tienes razón. ¡Dame ese dinero!», vociferó mi padre.

«No, Ray», le respondió mi madre en voz baja. «No vas a llevarte ese dinero. Lo estoy ahorrando para comprar alimento para los niños».

El tío Buck le sembró cizaña a mi padre diciendo: «Ray, pégale en la boca y toma el dinero» y con su puño hizo un ademán. Mi padre cerró el puño y la amenazó con golpearla. Ella no se amedrentó. Miró a mi padre a los ojos y le dijo: «¡Anda, pégame! Vas a volver a casa borracho y en algún momento te acostarás a dormir. ¡Cuando lo hagas, busco el sartén y te golpearé hasta matarte!»

Mi padre abrió el puño y junto con mi tío, salieron de la casa sin los cinco dólares de mamá.

Mi padre era un buen hombre cuando estaba sobrio, pero esos días de sobriedad eran cada vez menos y más distantes el uno del otro. Cuando estaba ebrio, hasta las cosas más pequeñas lo enfurecían. Si escuchaba el agua correr mientras sufría de la resaca, explotaba diciendo barbaridades a todos los que estábamos en la casa. Mientras mi madre trataba de calmarlo, Wieland y yo nos escondíamos en el cuarto.

A pesar de los enojos de mi padre, mi madre era la que ponía disciplina en nuestra familia. Cuando Wieland y yo peleábamos, mamá nos hacía sentarnos en unas sillas el uno frente al otro. Gruñendo y resoplando, nuestras mejillas rojas de ira, nuestros cuellos mojados de sudor y mamá nos decía: «Quédense allí sentados y no digan ni una palabra hasta que les diga que pueden moverse». Wieland y yo nos quedábamos sentados mirándonos mutuamente. En poco tiempo uno de los dos se sonreía y eso era suficiente para que ambos empezáramos a reírnos. En cuestión de minutos, ni siquiera nos acordábamos por qué peleábamos.

Cuando me portaba muy mal, mamá me hacía ir a traerle el cinturón con el que me pegaría. Mi padre decía: «Si le pegas me marcho». Las amenazas de papá nunca detuvieron a mi madre de disciplinarme. Yo recibía un fajazo y mi padre se iba a la cantina. Ahora comprendo que mi padre nunca pudo enfrentarse a la vida. Era más fácil para él salir huyendo de los problemas. Tristemente, se pasó así la mayor parte de su vida.

Cuando tenía seis años, nos mudamos a Napa, California, pues allí teníamos familiares. Mi padre empezó a trabajar en un astillero de la Marina y yo empecé a ir a la escuela. Yo era un niño tímido e inhibido. Si la maestra me pedía que recitara algo a la clase en voz alta, con la cabeza le decía que no. Prefería tener malas notas que pasar vergüenza en frente de la clase. La gente que me conoce en la actualidad tiene dificultad para creer que fuera tímido, pero es cierto, era muy retraído cuando era niño.

Wieland era el hermano extrovertido. Pero Wieland sufría de un asma tan severa que tuvimos que mudarnos nuevamente, esta vez a Miami, Arizona, cerca de las hermanas de mi mamá. El clima era más seco en Arizona y mamá esperaba que Wieland pudiera respirar mejor allí. Vivimos en una casa de campo pequeña muy cerca de una gasolinera y mi madre me inscribió en el tercer grado. La mayoría de los compañeros de clase eran indios americanos. Yo era el nuevo allí y el único con el cabello rubio y los ojos azules.

Un compañerito indio llamado Bobby era el peleón de la clase y por alguna razón se la tomó conmigo. Me perseguía hasta la casa todos los días. Él tenía la misma edad que yo pero era más grande, así que decidí hacer lo que era más sabio... correr.

Un día Bobby quebró un escritorio durante el receso. La maestra pensó que yo era el culpable. En esos tiempos, el castigo corporal era común en las escuelas públicas y los maestros nos pegaban con frecuencia. Mi maestra me dijo que me iba a pegar si no confesaba que yo había quebrado el escritorio. Sabía que Bobby lo había hecho, pero no lo iba a acusar. Me levanté y me dispuse a seguir a mi maestra hasta el pasillo para recibir mi castigo, cuando otro de mis compañeros dijo en voz alta: «¡Maestra, Carlos no rompió el escritorio. Bobby lo hizo!» La maestra miró a los ojos de Bobby y pronto supo quién merecía el castigo. Me le había escapado a la maestra pero me había hundido más con Bobby. Siguió persiguiéndome todos los días hasta mi casa.

Jack, el dueño de la gasolinera y de nuestra casa, se cansó de verme huir de Bobby todos los días. Un día cuando Jack vio a Bobby persiguiéndome, me detuvo y dijo: «Chico, ya es hora de que le des una golpiza a este muchacho». «Pero es muy grande para mí», le respondí.

«Eso no importa», dijo Jack. «No puedes andar huyendo de tus temores para siempre. Ya es hora de que te defiendas».

Mientras Jack me hablaba, Bobby estaba a mi lado, esperando poder seguir con la persecución. Miré a Bobby y luego a Jack. Sabía que Jack tenía razón. Me volví hacia Bobby. Lo tomé de la camisa y lo tiré al suelo. Allí en el suelo peleamos rodando de un lado para otro. Estaba perdiendo hasta que logré sujetar el dedo de Bobby y se lo empecé a doblar hacia atrás. Eso hizo que Bobby estallara en llanto.

«¿Te rindes?», le grité.

Él asintió con su cabeza y gritó: «¡Sí!»

Le solté el dedo y se me tiró encima. Volví a agarrarlo por el dedo una vez más y se lo doblé más que antes. Empezó a llorar y gritó. «¡Suéltame, Carlos! ¡Suéltame, me rindo! ¡Esta vez lo digo en serio!» Lo solté y de allí en adelante Bobby nunca me volvió a perseguir y poco tiempo después hasta nos hicimos amigos.

Haber enfrentado a Bobby me enseñó una lección importante acerca del temor. Muchas veces el temor sucumbe tan pronto lo enfrentas.

Mudarnos a Arizona no le ayudó a Wieland con su asma, más bien lo empeoró. Mis padres decidieron entonces volver a la casa de mi abuela en Wilson, pero no teníamos automóvil ni el dinero suficiente para pagar los boletos de todos nosotros. Una noche mi padre conoció a una pareja en una cantina y los convenció de llevarnos a Wilson. Reunimos nuestras pocas pertenencias y nos metimos en el auto de la pareja. De camino a Wilson una nevada nos atrapó y tuvimos que quedarnos en un cuartito por dos días. Hacía tanto frío en ese cuarto que mamá nos envolvió a Wieland y a mí en una cobija vieja y nos acurrucó con su cuerpo para mantenernos calientes. Como no teníamos dinero para comer, ella vertió un poco de sirope de vainilla en la nieve y así comimos algo. Eso era todo lo que teníamos.

Cuando la tormenta terminó, continuamos hacia Wilson. Wieland, mi mamá y yo en el asiento de atrás. Mi padre y la pareja en el asiento del frente. Una vez, cuando mi padre estaba manejando, el otro hombre extendió su brazo hacia atrás y trató de tocar la pierna de mi madre. Vi lo que intentaba hacer y decidí que iba a defender el honor de mi madre. Traía puestas unas botas de vaquero y con un pequeño impulso le di una patada tan fuerte como pude al brazo del hombre.

«¡Ayyy!» gritó el hombre.

«¿Qué está sucediendo allá atrás, Carlos?» Mi padre preguntó. Mamá le dijo que el tipo estaba tratando de propasarse con ella. Mi padre vio al tipo con una mirada penetrante y gruñendo dijo: «Deja de hacerlo y mantén tus manos quietas». De allí en adelante, el viaje fue tenso, pero eventualmente llegamos a Wilson.

Aunque estábamos contentos de llegar a la casa de la abuela sin contratiempos, sólo estuvimos allí por un par de meses. Mi padre logró comprarse un auto y nos mudamos a Cyril, Oklahoma, donde él consiguió trabajo de camionero. Vivimos en un cuartito muy humilde arriba de un restaurante donde mi madre trabajaba como mesera.

Aproximadamente ocho meses después de habernos mudado a Cyril, mi padre llegó a la casa ebrio muy tarde en la noche y nos dijo. «Empaquen todo, nos vamos». Mamá no sabía manejar y le rogó a mi padre que esperáramos hasta la mañana, pero él insistió en manejar hasta Wilson esa noche. Mamá nos preparó una cama con la ropa que puso en el asiento de atrás para Wieland y para mí.

Debido a su condición, mi padre zigzagueaba en el camino mientras manejaba. Mamá lloraba histéricamente rogándole que se detuviera antes que nos matara a todos. «¡Cállate!», le decía. «¡O te dejo aquí en la mitad del desierto junto a los niños!» Mamá, finalmente, logró convencerlo de que nos dejara nuevamente en la casa de la abuela Scarberry.

Esa era la vida que teníamos regularmente; mi padre llegaba a casa borracho, diciendo malas palabras y actuando abusivamente y mi madre rogándole que se detuviera. Siempre era lo mismo hasta que mi padre perdiera el conocimiento. Cuando mi padre se despertaba sobrio, le rogaba a mi madre que lo perdonara y le prometía que se comportaría bien. Pero nunca lo hizo.

Mi padre encontró un trabajo en Hawthorne, California, para la industria Bethlehem. Nos dijo que mandaría por nosotros más adelante. Como mi madre sabía que no había ninguna garantía de que mi padre volviera, encontró trabajo en una lavandería de Wilson.

Nunca dejó de orar por mi padre ni tampoco se cansó de decirnos a Wieland y a mí que podríamos superarnos y que Dios tenía muchas cosas buenas para nosotros.

Durante ese tiempo nos costaba mucho creer esto.

CAPÍTULO 4

El amor
de una madre

———•◆•———

Recorría las aceras y las calles de Wilson todos los días después de la escuela, buscando botellas de refresco vacías que luego llevaría a la tienda de abarrotes. El dueño de la tienda me daba dos centavos por las botellas normales y cinco centavos si le conseguía las de treinta y dos onzas. También recogía chatarra que vendía por un centavo la libra. Todo el dinero que ganaba se lo daba a mi madre para ayudar a comprar comida.

La cosa que más me encantaba hacer era ir al cine de Wilson. Cuando mamá me podía regalar diez centavos, me pasaba todo el sábado viendo las de doble presentación al igual que las series, documentales y caricaturas que daban antes de iniciar las películas. Disfrutaba muchísimo esos sábados porque podía escapar a otro mundo. Aquellas películas del oeste con artistas como John Wayne, Gene Autry y Roy Rogers me enseñaron ejemplos positivos de un comportamiento moral y correcto. La verdad es que aparte de mi madre y mi abuela, los únicos buenos ejemplos que tenía eran los héroes vaqueros que veía en la pantalla. Cuando salía del cine, me sentía reanimado creyendo que existía esa clase de hombres. Esos héroes vaqueros fueron muy valiosos para un chico que deseaba tener un ejemplo masculino a quién emular. Su comportamiento en las películas era gobernado por la lealtad del «código del oeste», la amistad y la integridad. No eran egoístas y hacían siempre lo correcto, aun cuando implicara un gran riesgo. Unos años más tarde, estudié nuevamente a esos héroes del oeste cuando desarrollaba la clase de personaje que quería ser como actor. No obstante, como niño, era solamente un espectador involucrado en una aventura vicaria.

Mi padre fue un ejemplo negativo. Él era la clase de persona que yo no quería llegar a ser, un ejemplo muy malo que debía ser evitado. Mi madre, por otro lado, era tan cariñosa y amorosa que de alguna forma compensaba los defectos de mi padre. Ella nunca se permitió a sí misma deprimirse o decaer. Aun cuando tuvimos una vida muy dura, siempre mantuvo la fe en Dios. Ella nos impregnó con esa fe y nos mantuvo en la iglesia.

Todavía recuerdo como mi madre llegaba exhausta de trabajar en la lavandería y nos decía que éramos dichosos. «Aun cuando las cosas parecen estar mal», decía, «hay mucha gente que está peor que nosotros». Mi madre fue la mejor influencia en mi vida y nos enseñaba a Wieland y a mí que siempre debíamos buscar lo bueno de la gente y de las circunstancias, que nunca redundáramos en lo malo. Creía en la determinación y en la paciencia: la determinación para tener éxito en lo que deseáramos hacer con nuestra vida y paciencia para aferrarnos a eso hasta que llegáramos a la meta. Su fe formó mi carácter y se convirtió en una parte integral de mi vida. Su fe se convirtió en la mía y aun cuando no lo sabía en ese momento, me doy cuenta ahora que mi fe en Dios fue lo que me dio el fundamento de mi fuerza interna.

Éramos muy pobres. No teníamos juguetes de verdad, así que usábamos los ganchos de tender la ropa y mucha imaginación. Los ganchos nos servían de soldados o de vaqueros. Yo tenía un pequeño escondite donde guardaba alfileres grandes y pequeños. Los grandes eran los malos y los pequeños eran los buenos. Cuando jugaba en el patio de tierra, alistaba a todos los personajes y los preparaba para la batalla. Colocaba los alfileres grandes detrás de una piedra o de un tronco viejo y luego los pequeños se les iban encima. Visualizaba la batalla en mi mente y decidía lo que cada alfiler iba a ser una vez que la batalla comenzara. Aun antes de que la lucha empezara, ya sabía cómo se iba a ganar esa guerra. Muchos años después, cuando me convertí en un competidor de karate, usaba esa técnica antes de cada combate.

Cuando cumplí nueve años, mi madre nos llevó en tren a Hawthorne, California, donde nos reuniríamos con mi padre y empezaríamos a vivir en un remolque viejo y raquítico. A Wieland y a mí nos tocó dormir en la misma cama y cada noche antes de dar gracias a Dios y meternos en la cama, mamá, Wieland y yo cantábamos juntos. Una de nuestras canciones favoritas era *Corazones buenos y gente amable*.

Mi padre se la pasaba en una cantina tipo vaquero no muy lejos del remolque. Algunas veces él nos llevaba a la cantina cuando estaba trabajando. Nosotros nos entreteníamos lo mejor que podíamos mientras mi padre se sentaba a tomar con sus amigos.

Siempre usé botas y sombrero. Me sentía tan vaquero en esos tiempos como me siento ahora. Una noche mi padre nos llevó otra vez a la cantina y luego de varia copas, él llamó al líder de la banda musical: «Hey, mi hijo sabe cantar. Él canta *Corazones buenos y gente amable*».

«Oigámoslo», dijo el líder de la banda.

Mi padre me montó en el escenario y la banda tocó la música de acompañamiento. Yo empecé a cantar y no me sentía nervioso. Mirando al pasado, me asombra saber que tenía el valor para pararme en un escenario y cantar, pero no podía hablar ni una palabra en clase. Supongo que me pasaba lo mismo que a Mel Tillis, un actor y cantante country. Él tartamudeaba cuando hablaba pero no lo hacía cuando cantaba. No tengo idea si canté bien o mal, lo que sí recuerdo es que después de cantar fui a buscar a Wieland y lo encontré debajo de una mesa. ¡Aparentemente él no quería que lo asociaran conmigo!

Cuando nos volvimos a mudar ya no me sorprendí tanto. Esta vez fue a Gardena, California. Nos mudamos a una casa vieja, pequeña y desgastada que estaba localizada en medio de otras casas muy hermosas con pastos muy bien cuidados. Nuestra casa era un oprobio a la par de esas casas que parecían mansiones a la par de la nuestra. Era muy vergonzoso.

Nuestros vecinos más cercanos eran una familia japonesa, Yosh, Toni Hamma y la abuela de Yosh. Unas personas maravillosas. Los Hammas se dieron cuenta de lo pobre que éramos y de lo difícil que era tener lo suficiente para comer. Con frecuencia, después de que Toni llegara de hacer compras, venía a nuestra casa y le decía a mamá que había comprado abarrotes de más por error. «¿Wilma, se podría quedar con esto que traje de más?» Ella lo hacía parecer como si mi madre le estuviera haciendo más bien un favor a ella al quedarse con ese exceso.

Un día Toni vino a la casa con dos vestidos, uno marrón y el otro azul. Ella le dijo a mi madre que no sabía por cual decidirse. «Si tú fueras a comprar un vestido, ¿Cuál de los dos escogerías?», le preguntó.

«El azul es hermoso», dijo mamá.

Toni entonces le dijo. «Toma, este vestido es para ti».

Mamá, Wieland y yo asistíamos a la Iglesia Bautista Calvario, que quedaba cerca de nuestra casa. Yo estaba muy involucrado en las actividades de la iglesia, le entregué mi vida a Jesús y fui bautizado cuando tenía doce años. Ese año en Navidad, ahorré el dinero que gané trabajando en la lavandería después de la escuela y le compré a mi madre un regalo muy especial, un cuadro de Jesús. Nos mudamos muchas veces durante mi niñez y juventud y poco a poco la mayoría de nuestras posesiones fueron destruidas o regaladas, pero ese cuadro de Jesús ella lo mantuvo consigo adonde quiera que nos mudábamos. Todavía lo tiene colgado encima de su cama hasta el día de hoy. En todos estos años yo le he dado a mi madre muchos regalos relacionados con nuestra fe, algunos son de gran valor monetario, otros de gran valor sentimental, pero de todos los regalos que le he dado, mi madre atesora con mucho cariño ese cuadro de Jesús.

Mi mamá ganaba quince dólares a la semana y por eso daba un dólar con cincuenta centavos de diezmo a la iglesia. El reverendo Kuester, nuestro pastor, nos venía a visitar de vez en cuando y sabía el gran esfuerzo que mi mamá hacía para sacarnos adelante. Un día el pastor Kuester y su esposa vinieron a visitarnos y a orar con nosotros. Cuando estaban a punto de irse, el pastor Kuester le entregó a mi madre el sobre de diezmo que ella había firmado. «Hermana Norris, el Señor conoce su corazón», le dijo el pastor. «Él no necesita su dinero. Su amor y su devoción para el Señor y para sus hijos es todo lo que Dios quiere». Mamá le agradeció el gesto al pastor, pero continuó dando el diezmo de su salario a la iglesia y Dios siempre le proveyó para nosotros, aun a pesar de mi padre.

En marzo de 1951, mi madre quedó embarazada y mi padre la abandonó otra vez. «Ya verán», nos dijo mamá a Wieland y a mí. «Las cosas mejorarán cuando él regrese». Aun cuando yo sólo tenía once años, ya sabía la realidad. Nada cambiaría en nuestro hogar en tanto que papá siguiera bebiendo... y él no daba señales de que lo quisiera dejar de hacer.

Supongo que mi padre es lo que se conoce como un vagabundo, pues así como llegaba a nuestras vidas se volvía a ir. Vagabundo sería una palabra muy gentil, más bien era un gitano alcohólico. El ático de nuestra casa se convirtió en el basurero de mi padre. Un día miré en el ático y nunca olvidaré la escena. Literalmente, cientos de botellas de vino vacías se encontraban regadas por todo el ático. Cada una de esas botellas simbolizaba otra parte de nuestras vidas que mi padre había echado a la basura. Una noche en que mi padre había llegado ebrio a la casa, desde mi cama oré y le pedí a Dios que cambiara a mi padre y lo hiciera dejar de beber o que nos ayudara a salir de esta horrible situación. Mamá no podía trabajar porque estaba embarazada, así que teníamos que vivir de la asistencia social. La otra parte venía de los treinta y dos dólares al mes que el gobierno le enviaba a mi padre como pago por incapacidad y eso apenas costeaba la renta.

Mi madre aceptaba las situaciones como venían y estaba determinada a sacar ventaja de ellas. Ni Wieland ni yo teníamos mucha ropa o juguetes, pero mamá siempre se aseguró que tuviéramos algo que comer.

Mi hermano Aarón nació en noviembre de 1951. Cuando cumplió los diez meses, mamá buscó trabajo para sacar adelante a la familia. Consiguió un trabajo en la compañía de aviación Northrop en el departamento de serigrafía, donde trabajó de tres de la tarde hasta la medianoche. Como nosotros no podíamos contratar a una niñera, yo tenía que correr de la escuela a la casa para cuidar de Wieland y de Aarón, que empezaban a llorar tan pronto como mamá se iba a trabajar. Las primeras noches que mamá tuvo que trabajar en el turno nocturno yo deseaba que las horas pasaran rápido para que ella estuviera de nuevo en casa. Pronto descubrí que si ponía a Aarón en mi regazo y lo arrullaba en la silla mecedora, él se calmaba. Muchas veces lo arrullaba tanto que los dos acabábamos dormidos y mamá nos encontraba a ambos en la silla mecedora cuando volvía del trabajo. No sé cuantas horas pasé en esa silla mecedora, sosteniendo a mi hermano, pero nunca me molestó. Mi madre había inculcado en mí la noción de la responsabilidad y por eso se me hacía natural.

Una noche mi padre tuvo un terrible accidente automovilístico y trágicamente mató a una anciana. Fue arrestado, castigado por manejar ebrio y por homicidio no premeditado, y sentenciado a prisión por seis meses. Mamá me llevaba a visitarlo los fines de semana. Él se veía muy bien y parecía tener buena salud.

El trabajo forzado aparentemente le hizo bien y nosotros orábamos que cuando saliera libre después de no haber probado una gota de alcohol por seis meses y de darse cuenta de lo que había hecho, eso fuera suficiente para que se apartara del licor para siempre. Pero nuestras esperanzas se desvanecieron rápidamente. Tan pronto mi padre salió libre se fue directo a la cantina.

Cuando cumplí quince años, nos mudamos a una casita un poco más decente en Torrance, California, un suburbio de Los Ángeles. Desgraciadamente, mi padre se estaba volviendo muy agresivo y abusivo con mi madre. Él llegaba a la casa ebrio, nos despertaba y nos hacía caminar hasta la licorería para comprarle una botella de vino.

Una noche oí a mis padres discutiendo en su cuarto. Oí un golpe en seco, mi mamá gritando y luego la oí llorando. Tomé un martillo y corrí hasta el cuarto. «¡Si la tocas de nuevo, vas a tener que vértelas conmigo!», le grité a mi padre mientras alzaba el martillo en dirección a su cabeza. Afortunadamente estaba demasiado borracho como para poner atención a mi amenaza.

El día siguiente mamá y yo hablamos de que era inútil seguir viviendo de esa manera con mi padre, sin saber cuándo o cómo volvería a casa la siguiente noche y qué tan violento se pondría. Una noche que mi padre no estaba en casa, Wieland, Aarón, mamá y yo empacamos nuestras cosas y nos fuimos a vivir con mis tíos. Mis padres se divorciaron en 1956. Yo tenía dieciséis años, Wieland doce y Aarón cuatro.

Un año después mamá conoció a George Knight, un capataz de Northrop donde ella trabajaba. George no era solamente un caballero, él era un hombre gentil que realmente quería cuidar de mi madre. Una noche mamá me dijo: «Carlos, necesito hablar contigo».

«Si, claro ¿qué pasa?»

«George me pidió matrimonio pero antes de darle una respuesta, quiero saber que piensas».

Abracé a mi madre fuertemente y le dije: «Mamá, creo que George va ser un buen esposo y padrastro». Y lo dije en serio. Mamá y George se casaron poco tiempo después de esa conversación y después del ajuste, mi padrastro se convirtió en una de las mejores cosas que me han sucedido.

CAPÍTULO 5

DECISIONES EN LA VIDA

―――•◆•―――

Con George como parte de la familia, por primera vez en mi vida sentí que tenía un padre responsable y cariñoso que me daría la oportunidad de ser un verdadero adolescente. Una noche mientras que mamá y yo estábamos conversando, le dije: «Mamá, recuerdo la primera vez que le pedí a Dios que nos sacara de nuestra mala situación con papá. Tenía doce años y me preguntaba si Dios realmente me escuchaba».

Mamá me dijo: «Hijo, Dios siempre escucha. La oración abre la senda para que Dios trabaje y Él nos oye. Su respuesta llegó cuando Dios supo que era lo mejor para nosotros». Una tarde cuando llegué de la escuela, encontré a mi padre en la sala. Oí a mi madre llorando en su cuarto. Mi padre me dijo que estaba allí para «encargarse de George».

«No lo harás», le dije.

«Y ¿cómo piensas detenerme?», me respondió mirándome a los ojos.

Le tenía miedo a mi padre pero no iba a dejar que le hiciera daño a George, quien era un hombre gentil, no como mi padre.

Le mostré la puerta y mi padre salió al patio de enfrente listo para pelear. No sé si mi padre vio el miedo o la determinación en mis ojos, pero después de un momento vi su rostro cambiar. «No voy a pelear contigo» dijo, todavía con una voz firme pero con trazos de resignación. Se metió en su auto y se fue. Lo vi sólo una vez más después de ese incidente, poco después de que salí del ejército en 1962. Wieland y yo habíamos ido a visitar a mi abuela y decidimos pasar por la cantina donde sabíamos que mi padre estaría. Sonamos la bocina y mi padre salió de la cantina. Nos saludó moviendo el brazo. Le dije que me había casado y que Dianne estaba esperando nuestro primer bebé.

«Genial», dijo sin ninguna emoción. Se dio media vuelta y se metió a la cantina otra vez. Eso fue todo, sin abrazos, sin palabras de ánimo, sin preguntarnos a Wieland y a mí cómo nos iba con nuestras vidas. Nada, simplemente un movimiento de su mano y de vuelta a la cerveza. No tenía idea que esa sería la última vez que vería a mi padre con vida. Ese día en la sala de la casa, sin embargo, cuando enfrenté a mi padre, aprendí otra lección importante sobre el temor. El verdadero valor no es la ausencia de temor, es el control de él.

◆

Con el ánimo de George, empecé a interesarme en los deportes. Jugaba fútbol americano y practicaba la gimnasia. No era un buen atleta y ciertamente no sobresalía en ningún deporte, no obstante me gustaba competir. De forma similar, el trabajo escolar también me costaba, pero me esforzaba y terminaba con notas aceptables. También descubrí una nueva autoestima en mí, la cual empezó a desarrollarse gracias a la unidad familiar y una influencia paternal sólida. Mi madre ahora se podía relajar un poco, sabiendo que George era parte de la familia. Mamá sentía que ella y George estaban trabajando juntos en lugar de ir en direcciones contrarias. Por mi parte, finalmente tenía una figura paterna que me cuidaba y que era un buen ejemplo.

Cuando tenía diecisiete, quise unirme a la Marina junto con mi primo Jerry y su mejor amigo Bill, pero como era menor de edad, necesitaba el consentimiento de mi madre. Mamá no estaba de acuerdo. «No, primero debes terminar tus estudios», ella me insistía. «Para entonces, tendrás dieciocho y podrás decidir qué hacer cuando te gradúes».

Cuando mis sueños de unirme a la Marina se desvanecieron, no me quedó otra cosa que transferirme del colegio Gardena High al de Torrance a mediados del tercer año escolar. Seguía siendo bastante tímido y hacía lo posible por no hablar enfrente de la clase. Tenía la seguridad de que si decía algo mal, mi cara se pondría roja de la vergüenza, como siempre me pasaba cuando me avergonzaba. Durante ese año conocí a una chica llamada Dianne Holecheck, una de las chicas más hermosas y populares de la escuela. Con frecuencia la veía en la escuela pero era demasiado tímido para hablar con ella. Pero una tarde cuando estaba reabasteciendo los estantes en el Mercado Boys, una tienda de abarrotes donde trabajaba, Dianne entró.

Pretendí no haberla visto, pero Dianne tenía una cosa en mente. Ella caminó por el pasillo hasta donde yo estaba y me preguntó por un artículo de la tienda. Iniciamos una conversación y quedé encantado con ella. Finalmente, unas semanas después, tuve el valor para invitarla a salir. De allí en adelante nos hicimos novios y seguimos así hasta mi último año en la escuela. Cuando empezamos a conocernos, Dianne fumaba cigarros, tal como lo hacían la mayoría de las jóvenes en ese tiempo. Un día le dije: «No salgo con chicas que fuman». La verdad era que no salía con nadie de todas maneras, pero Dianne dejó de fumar por mí.

Continué trabajando en el mercado, abriendo cajas, abasteciendo los estantes y ahorrando dinero para comprarme un auto. Al fin pude comprarme un viejo Dodge usado que parecía un escarabajo gigante. Lo estacionaba a la vuelta de la escuela porque era muy feo. Mi padrastro se dio cuenta de lo avergonzado que estaba con el auto, así que me dio su Ford y se quedó con el Dodge. Era un hombre increíble.

Después de graduarme, mi meta principal en la vida era convertirme en policía. Me gustaba la idea de *los buenos* contra *los malos*; la acción y la emoción del trabajo policial apelaban a mi deseo de aventura. Me puse a investigar las posibilidades y descubrí que si me enlistaba en la Fuerza Aérea, podría meterme en la policía militar y obtener experiencia en el trabajo policial.

Muchas veces me preguntaba qué hubiera sido de mi vida si me hubiera unido a la Marina antes de terminar mis estudios. Mi amigo Bill sirvió treinta años en la Marina; mi primo Jerry también estuvo en la Marina y luego se convirtió en oficial de policía. Puede que yo hubiera hecho lo mismo. Debo admitir que me sentí muy decepcionado cuando mi madre no firmó aquella carta de consentimiento, pero ahora estoy muy agradecido que no lo hiciera. Si hubiera seguido ese camino es probable que me hubiera perdido uno de los momentos espirituales más importantes de mi vida. El evangelista más famoso del mundo, Billy Graham iba a venir al pueblo a realizar una cruzada y mi madre quería que toda la familia la acompañara.

La cruzada fue en el estadio deportivo de Los Ángeles y el lugar ya estaba lleno una hora antes de que el servicio empezara. La gente había llegado de todas partes del sur de California para oír al predicador.

Yo estaba emocionado de ir a la cruzada, simplemente porque era un gran evento, pero no esperaba experimentar nada significativo en mi vida como resultado de asistir. Después de todo, le había entregado mi vida a Cristo y me había bautizado cuando era niño en la Iglesia Bautista Calvario. Pero esto era diferente. Esto era poder de verdad. Escuché la bella música de Cliff Barrows y su coro, la voz profunda de George Beverly Shea y finalmente las poderosas palabras de Billy Graham. La sensación me llegó hasta el corazón. El famoso predicador explicó que Cristo había muerto en la cruz tomando mi lugar, que en realidad yo era el que debía ser castigado por mis pecados con la muerte. Pero Cristo tomó mi lugar. Dijo que si creíamos en Él y creíamos que Jesús murió y resucitó de los muertos, seríamos perdonados de nuestros pecados, y seríamos salvos para siempre.

Lo escuché con atención, impresionado con las palabras que calaban en mi corazón. Cuando Billy Graham invitó a los que estábamos en el estadio a bajar al altar para pedir perdón por nuestros pecados y a darle nuestras vidas a Jesús, me levanté rápidamente. Aún si mi madre y mis hermanos no hubieran bajado, yo lo habría hecho de todas formas.

No sé si lo que hice fue una afirmación intelectual al evangelio o una reconciliación con la fe que abrazaba cuando niño. Todo lo que sé es que desde esa noche en adelante entendí que mi vida estaba en las manos de Dios y creí, tal como mi madre me decía (aún lo hace) que «Dios tiene planes para mí».

Allí estaba yo en medio de un millar de personas escuchando al señor Graham explicando el plan de salvación de Dios. Luego hizo una oración colectiva por los que estaban allí. Un consejero me dio literatura que clarificó mi decisión y me dio una guía básica sobre cómo estudiar la Biblia. Oramos juntos y me animó a ir a la iglesia, lo cual ya hacía. Fue algo sencillo, pero una transacción entre Dios y yo ocurrió esa noche en el estadio. Me comprometí a seguirle, sin importar nada y Él se comprometió a ser mi Señor y mi Salvador. Con el pasar de los años, no le he sido fiel, pero estoy tan agradecido de decir que por su parte, Él siempre ha sido fiel.

◆

En agosto de 1958, dos meses después de graduarme del colegio, me enlisté en la Fuerza Aérea de los Estados Unidos, con la bendición de mi madre. Tan pronto como firmé los documentos me enviaron a un campo de entrenamiento en la base aérea Lackland en Texas. Durante ese tiempo, uno de los soldados me preguntó en las barracas cual era mi nombre. «¿Carlos? Ese es un nombre muy peculiar para alguien que no es hispano. ¿Qué significa Carlos en inglés?»

«Es el equivalente de Charles», le respondí.

«Bueno, pues entonces te llamaremos Carlos. Carlos Norris». Desde entonces ese seudónimo ha estado conmigo. Mi familia y mis amigos más cercanos me siguen llamando Carlos. Durante los siguientes meses, comí, bebí, caminé, hablé y soñé la vida militar. No me molestaban los rigurosos ejercicios y el entrenamiento. De hecho, cuando empecé a sentirme más fuerte y en una mejor condición física, comencé a desarrollar una mejor sensación de valor y confianza en mí. Me sentía también con los cambios en mi vida que decidí pedirle a Dianne que se casara conmigo. Lo hice por carta y ella accedió.

Dianne asistía a la iglesia episcopal, así que cuando volví a casa de vacaciones cuatro meses después, nos casamos en una ceremonia sencilla y tradicional en Torrance, California. Usé mi uniforme de la Fuerza Aérea y Dianne se veía radiante con su traje de novia. Yo tenía dieciocho años y ella acaba de cumplir diecisiete. Después de una luna de miel de cuatro días en Big Bear, California, nos mudamos a Arizona. Nuestro primer hogar fue en las afueras de la base en un remolque que no tenía baño. Cuando finalmente pudimos mudarnos a un departamento considerábamos un lujo el hecho de que tuviera plomería. Estuve en la base de Arizona por un año y mi esposa pudo estar conmigo, pero luego me transfirieron a Osan, Corea. A la edad de diecinueve años, tuve que dejar a mi esposa y adentrarme en un futuro muy incierto. La guerra en Corea ya había acabado, pero la tensión se mantenía entre ambas regiones, la del norte y la del sur. En ese entonces no tenía ni idea de que mi estadía en Corea iba a convertirse en un momento decisivo en mi vida.

◆

Mi estadía militar en Corea fue la primera vez que había estado fuera de los Estados Unidos y la pobreza de ese país me abrió los ojos. Yo había crecido en pobreza pero siempre tuvimos lo suficiente para comer. Sin embargo, muchos de los coreanos que vi apenas sobrevivían con raciones de comida día tras día. La vida era una lucha constante para ellos sin esperanza de progreso. Me di cuenta qué afortunado era de ser estadounidense. Hasta ese momento daba por sentado todos los beneficios y oportunidades que nuestra gran nación puede ofrecer. Decidí que no lo haría de nuevo.

En la Base Aérea Osan los soldados podían hacer tres cosas en su tiempo libre: (1) pasarse el día bebiendo, (2) inscribirse en una escuela académica, o (3) aprender artes marciales.

No era bebedor y los estudios académicos no eran mi fuerte, así que aprender artes marciales parecía ser la mejor opción.

El judo era el único arte marcial que conocía. Así que me inscribí en el club de judo de la base. Estaba interesado en aprender algo que me sirviera cuando terminara mi servicio militar.

Durante mi segunda semana de entrenamiento en judo, me encontraba practicando con un compañero y caí al suelo. En lugar de caer de espaldas, caí sobre mi hombro, oí algo crujir y el dolor empezó a esparcirse por mi hombro. Aunque caí en la alfombra de judo, me rompí la clavícula en esa absurda caída.

Unos días después, con mi brazo en un cabestrillo, me fui a caminar por la villa de Osan. Un lugar lleno de chozas de paja y puestos desarreglados en el mercado. El fuerte aroma de *kimchi* (repollo hervido con ajo) llenaba el aire y los pasillos angostos. Mientras seguía mi paseo por la villa, de pronto escuché unos gritos y vi varias cabezas que sobresalían de la cima de una colina, como marionetas en una cuerda. Mi curiosidad me llevó a ver lo que sucedía. Varios coreanos, vestidos en lo que parecían pijamas blancas, estaban saltando en el aire y ejecutando unas patadas espectaculares. Nunca había visto tales maniobras atléticas y no podía creer que el cuerpo humano tuviera la capacidad de realizar actos tan asombrosos. Me quedé allí mirándolos por más de una hora, totalmente fascinado. Quería preguntarles a los coreanos qué estilo de arte marcial era es, pero no quería interrumpirles. Cuando regresé a la base, le dije a mi instructor de judo, el señor Ahn, lo que había visto y le pregunté: «¿Qué clase de arte marcial es ese? ¡No he visto nada como eso!»

Los labios del señor Ahn dibujaron una sonrisa (él rara vez sonreía). «Ese estilo de karate coreano se llama Tang soo do, el arte de la lucha de la mano vacía, y utiliza los pies y las manos como armas».

«¿Usted cree que pueda aprender a hacer eso?»

El rostro del instructor de judo ahora mostraba una sonrisa mucho más amplia. Tenía apenas dos semanas de estar aprendiendo judo y se puede decir que no estaba rompiendo récords con mi progreso y debía agregar mi clavícula rota. Sin embargo, el señor Ahn me animó: «Sí, creo que puedes aprender Tang soo do».

«¿Puedo aprender Tang soo do aunque mi hombro se está recuperando?», le pregunté. «Ah sí», me respondió el maestro. «Puede ser una buena idea, pero debes aprender a bloquear el dolor».

El día siguiente, el señor Ahn me llevó a la villa a presentarme con el señor Jae Chul Shin (en Corea el apellido se pone antes del nombre: Shin, Jae Chul), uno de los instructores. Cuando le dije al señor Shin que quería entrenar con él, me miró con escepticismo. Los estadounidenses tenían una mala reputación de empezar y no terminar el fuerte entrenamiento, y para colmo tenía un hueso roto. ¿Qué probabilidades tenía de poder aprender bien este arte marcial? El señor Ahn lo convenció de que me diera una oportunidad.

Había veinte estudiantes en mi clase, la mayoría ya eran cinturones negros. Una característica poco común de la clase es que todos entrenábamos juntos, los principiantes con los cinturones negros. La teoría era que si tú querías aprender, aprenderías, pero nadie te apoyaría. Los coreanos no conocían la psicología de la enseñanza. Al igual que la mayoría de los principiantes, me costaba mucho, y aún más por tener mi brazo en un cabestrillo.

De todas maneras, hice la mayoría de los ejercicios con un

brazo. Los cinturones negros se mostraban indiferentes hacia mí y yo hice mi mejor esfuerzo para mantener el nivel con ellos.

Las sesiones de entrenamiento diario duraban cinco horas, de lunes a sábado. Mi cuerpo no era nada flexible así que los ejercicios de estiramiento que hacíamos antes de cada clase eran una verdadera agonía. Las clases iniciaban a las 5:00 p.m. y sólo teníamos cinco minutos de descanso por cada hora.

Los primeros veinte minutos de la sesión, calentábamos dando golpes en el aire desde una posición abierta. Luego practicábamos técnicas de bloqueos por cuarenta minutos. Durante la siguiente hora practicábamos varias patadas, de frente, de lado, de vuelta y por detrás. Pasábamos la tercera hora practicando con un compañero, uno atacaba y el otro intentaba bloquear el ataque y viceversa. Luego, hacíamos esas patadas voladoras que yo tanto admiraba. Ya en la cuarta hora, hacíamos *heians*, unos movimientos coreográficos simulando una pelea imaginaria. Durante la última hora, podíamos combatir con otro compañero o hacer fintas de combate. La rutina era la misma todos los días. Nunca variaba y era especialmente difícil para mí al principio al tener sólo un brazo sano y compañeros que no se portaban más condescendientes. Peor aún, comparado con mis otros compañeros, no estaba en gran forma, ni era muy coordinado. Sin embargo, tenía la determinación de aprender Tang soo do y eso evitaba que me rindiera.

Después que mi brazo sanó, continué con mis clases diarias de Tang soo do y lo complementaba con cuatro horas de judo los domingos que eran mis únicos días libres cuando no entrenaba Tang soo do. Muchas noches me iba a dormir tan adolorido que apenas podía dormir. A pesar de la agonía del entrenamiento, me decía a mí mismo: «¡Si puedo aguantar esto puedo aguantar cualquier cosa!» Estaba aprendiendo disciplina al desarrollar la habilidad de hacer algo que nunca fue fácil, casi nunca placentero y algo que no siempre me causaba entusiasmo. Pero continué con ello. Particularmente no tenía una meta fija, tal como convertirme en cinturón negro. Sólo quería sobrevivir al entrenamiento y quizás aprender algunos movimientos que pudieran ser útiles en el futuro como oficial de policía.

Mientras tanto, tenía mis manos ocupadas con mi trabajo en la policía militar de la Fuerza Aérea. Los coreanos eran personas ingeniosas y habían logrado conectar la electricidad de toda la villa de Osan ilegalmente al cableado de la base. Cada noche la villa se iluminaba como un árbol de navidad con la energía de la fuerza aérea. Ocasionalmente, me tocaba el turno nocturno y parte de mis actividades era ir alrededor del perímetro de la base y localizar la conexión. Cuando la encontraba, la desconectaba y la villa se oscurecía completamente. Sin embargo, tan pronto volvía al cuartel general para reportarme, la villa ya estaba iluminada de nuevo.

Una de mis tareas diarias era hacer guardia y revisar a los trabajadores coreanos cuando se iban, ya que cosas que eran propiedad del gobierno estadounidense constantemente eran «liberadas». Un día una *mamasan*, una mujer anciana, que quizás tenía como setenta años, se acercó al portón principal cargando una paca de heno en su espalda. Antes de pasar por el portón, se sentó en una acera a descansar. Noté que cuando quiso levantarse, no pudo, así que fui hasta donde ella estaba para ayudarla. Sin embargo, no pude levantar la paca. Me pareció extraño, así que empecé a escarbar la paca y me llevé una gran sorpresa al encontrar dentro el motor de un jeep. Confisqué el motor pero pronto me lamenté de haberlo hecho. No podía levantarlo. Cinco soldados se necesitaron para llevar aquel motor hasta el almacén. Cómo aquella pequeña señora pudo cargar en su espalda eso, será algo que nunca sabré.

Continué estudiando Tang soo do todo el tiempo que viví en Osan. Pasó bastante tiempo para que los cinturones negros me aceptaran. Era uno de los pocos caucásicos en la clase, pero cuando vieron mi determinación para aprender y mi perseverancia sin importar el costo, se empezaron a comportar más amigables. Eso no hizo que las cosas fueran más fáciles. Ya que no era un atleta innato, el ejercicio era muy difícil. Nunca hasta ese momento había mantenido una rutina de ejercicios. Cuando crecía, mi tendencia siempre fue ir por el camino simple. Me costaba mucho mantenerme en algo. Pero la intensa disciplina que aprendí al estudiar la forma coreana de karate me sirvió de inspiración. Mientras el entrenamiento hacía que mi cuerpo físico se hiciera más flexible, también hacía que mi espíritu y mi espalda se fortalecieran. Tenía la determinación de completar lo que había empezado. Sabía que nunca sería el mismo, pero nunca soñé que ocho años después estaría en la cima de las artes marciales como campeón mundial.

CAPÍTULO 6

Desarraigo de las raíces de inseguridad

―――――•◆•―――――

Observa tus manos. Si eres una mujer, es muy probable que uses lociones para mantenerlas suaves y hermosas. Si eres contador, abogado, secretaria o una persona que ocupa la mayor parte del día escribiendo en la computadora, es probable que tus manos sean más una herramienta que una extensión de tus brazos finamente adornados. Los trabajadores de la construcción, los plomeros y otros tipos de labores manuales con frecuencia tienen sus manos callosas y ásperas.

Sin importar como veas tus manos, difícilmente las verás quebrando tablas o ladrillos. Aún más difícil será verlas como un arma mortal.

En Tang soo do existe un gran énfasis en endurecer las manos para poder quebrar tablas o ladrillos. La teoría detrás de esto es que si puedes golpear lo suficientemente duro un objeto sólido, entonces ciertamente puedes dañar a un oponente. Para crear callos en mis nudillos, llevaba conmigo una piedra plana y le pegaba con mis nudillos mientras caminaba.

Cuando llevaba tres meses de entrenamiento, el señor Shin anunció que íbamos a presentar una demostración en la villa de Osan.

La exhibición salió bien y sobreviví básicamente sin un rasguño hasta el final del evento. El señor Shin acomodó ocho tejas. Observo a sus alumnos y dijo señalándome: «Tú... te toca romper las tejas». Mi corazón empezó a latir más rápido. Nunca había quebrado nada antes, pero sabía que si me rehusaba a hacerlo dañaría la imagen del señor Shin ante la gente de la villa. Así que me acerqué a las tejas y preparé mis dos nudillos para hacer el rompimiento de la misma forma que el señor Shin nos había enseñado y como había visto a los estudiantes avanzados hacerlo.

Tomé aire e inicié el rompimiento pero cuando mi puño descendía, mi muñeca se dobló y en lugar de que los dos nudillos grandes le pegaran primero a las tejas, los otros dos nudillos pequeños fueron los que recibieron el impacto. Oí un sonido crujiente cuando mi puño impactó las tejas. Quebré las tejas junto con mi mano. Lo bueno fue que el señor Shin estaba complacido con mi actuación. Esa era la forma coreana de enseñanza, el estudiante aprendía a través de pruebas y errores.

Al ir mejorando mi condición física, la confianza en mí mismo también mejoraba. Por primera vez en mi vida había iniciado algo y no lo había abandonado.

Estaba entrenando mi cuerpo y mi mente, y como resultado de mi disciplina y aprendizaje estaba desarrollando una mejor imagen personal. Según mejoraba en las artes marciales, me conducía de forma diferente, mi postura era más derecha, caminaba y hablaba con un aire de seguridad. Pocos meses después de haber iniciado el entrenamiento en Tang soo do, la nueva confianza que tenía en mí mismo empezó a reflejarse en mis actividades en la Fuerza Aérea y hasta fui premiado por mis comandantes de la compañía como el mejor aviador del mes. Pronto descubrí que también era miembro de una hermandad elitista que tenía miembros extremadamente leales los unos con los otros. Una noche, uno de los policías aéreos coreanos que laboraba como intérprete en la base, iba a su casa caminando por unos senderos angostos. Como la mayoría de los senderos en Corea, era tan angosto que la gente tenía que caminar de lado para poder pasar si otro venía por el mismo sendero. De pronto se le aparecieron por sorpresa seis pandilleros coreanos. Uno de los atacantes traía un cuchillo.

Contrario a las imágenes representadas en las películas de artes marciales, incluyendo las mías, saber karate o cualquier arte marcial no hace que una persona sea invencible. El policía logró defenderse del cuchillo pero por encontrarse en esas condiciones tan estrechas no pudo maniobrar con soltura y al recibir ataques de varias direcciones en la oscuridad, cayó vencido y golpeado salvajemente al suelo donde le robaron su dinero.

El policía aéreo era un cinturón negro en Tang soo do. Cuando los pandilleros se dieron cuenta, su temor por la represalia potencial que podrían sufrir fue tan grande que imprimieron una disculpa pública en el periódico local. No les sirvió de nada.

Cuando alguien se mete con un cinturón negro, se está metiendo con toda la organización. Uno de los miembros localizó a varios de los atacantes. Él mató a uno e hirió a dos de ellos. La policía lo arrestó y lo sentenció a tres años en prisión. Salió libre a las dos semanas. La lección fue clara: Métete con un miembro de nuestro grupo y estarás metiéndote con todos.

Después de un año de práctica diaria, el señor Shin me dijo que ya estaba listo para mi examen para cinturón negro. Cada movimiento que hacía era observado con ojos críticos. El señor Shin y los otros cinturones negros me probaron una y otra vez en las varias técnicas que iban a ser examinadas y que ya había practicado tantas veces antes. Cada una de las técnicas que había aprendido fue pulida por los comentarios en voz fuerte y firme. Eran comentarios cortantes y constantes. El método de enseñanza coreano tiende a enfocarse en lo que el estudiante está haciendo mal en vez de lo que está haciendo bien. Estaba nervioso y físicamente destrozado en el momento en que tenía que enfrentar a mis examinadores en Seúl. Mi sargento me prestó un Jeep del almacén para hacer el viaje de cuarenta millas a

Seúl. Era el ocaso del invierno, los caminos tenían hielo y el viaje se extendió por dos horas. El calentador del Jeep no daba casi nada de calor así que llegué tieso de frío al *dojang* (el lugar de entrenamiento) donde iba a hacer el examen.

El *dojang* era un gran edificio sin calefacción y el viento se colaba por los orificios en las paredes. Se sentía tan frío adentro como afuera. Me puse mi gi, mi uniforme blanco de karate y me senté con mis piernas cruzadas en el piso de madera, junto con otros más que también iban a hacer sus exámenes. Yo era el único estudiante de mi escuela entre los doscientos extraños que estaban haciendo exámenes. Los de la junta examinadora se sentaron en una mesa mostrándonos sus rostros insensibles.

Observé mientras los otros exhibían sus formas y sus fintas con cinturones negros seleccionados. Al principio, pasé el tiempo comparándome a los otros novatos a quienes veía con gran interés. En menos de media hora, mi mente sólo podía enfocarse en lo frío y rígido que me sentí por estar sentado esperando el examen. Después de tres horas de estar sentado, mi cuerpo se había entumecido. Finalmente me llamaron. Me puse de pie, todavía un poco entumecido por haber estado en la misma posición por tanto rato. Caminé hasta donde estaban mis inspectores, hice una reverencia y escuché a uno de ellos decirme en coreano que hiciera la forma *bassai*. La forma *bassai* era la última forma que un estudiante debía aprender para calificar para el examen de cinturón negro. Es muy similar a un baile de coreografía excepto que esta forma utilizaba varias defensas en contra de un oponente en un combate imaginario. Aun cuando había practicado esa forma cientos de veces antes, mi mente se bloqueó y no pude acordarme de la forma *bassai*. A forma de comparación, imagínate que has tomado clases de baile por varios meses y has aprendido toda clase de pasos, rutinas y movimientos, pero en tu recital se te olvidan hasta los movimientos más rudimentarios. Así me sentí. Mi concentración desapareció por el frío y por los nervios.

Luego de unos momentos muy embarazosos, tuve que confesar a los inspectores que no podía recordar la forma.

Uno de los examinadores me mandó a sentarme, apenas escondiendo su desagrado en su voz. Volví a mi lugar en el piso frío donde me senté otras cuatro horas, hasta que los otros estudiantes terminaron sus exámenes. Ya había fracasado mi examen pero no podía irme de allí, pues de hacerlo hubiera sido una falta de respeto a los inspectores y a los estudiantes que estaban haciendo sus exámenes, además de acabar mi carrera en las artes marciales para siempre. Esperé sentado hasta el final, enojado por dentro por el fracaso y congelado por fuera debido al frío. Esas cuatro horas parecían las cuatro horas más largas de mi vida. Me sentía miserable durante todo el viaje de regreso a la base. Una y otra vez repasaba en mi mente la forma que había olvidado. Después de un rato supe que tenía que sacar esa sensación de fracaso de mi mente. Si seguía pensando en eso, sólo estaría predisponiéndome a hacerlo de nuevo. Tenía que prepararme para triunfar. Tenía que comenzar a sembrar esas semillas inmediatamente. El señor Shin no hizo ningún comentario acerca de mi fracaso en el examen, casi como si nunca hubiera hecho el examen. Él no me regañó ni denigró por mi lapso mental. Simplemente me involucró nuevamente en un programa de entrenamiento vigoroso. Entrené por otros tres meses antes que me dijera que estaba listo otra vez para el examen. Para ese momento, ya había sacado el primer fracaso de mi mente y me visualizaba haciendo cualquier forma que me pidieran hacer. En mi mente había hecho los escenarios para cualquier exhibición que los inspectores me ordenaran hacer. Más importante aún, me veía a mí mismo completando la prueba de manera satisfactoria.

El examen fue tan fuerte como el anterior, pero esta vez estaba listo cuando me llamaron. Hice mis formas, algunos golpes y rompimientos de tablas, luego hice unas fintas con otro cinturón negro. Todo había salido tal como lo había visualizado en mi mente.

Unas semanas después el señor Shin me llamó aparte al terminar la clase. Sonriendo me dijo: «Has pasado tu examen de cinturón negro». Él hizo una reverencia y me entregó un cinturón negro nuevo con mi nombre escrito en coreano al igual que un broche plateado designando el rango de cinturón negro que tenía. Ese broche pronto iba a tomar un significado muy especial para mí.

Una noche cuando caminaba por la villa en mi ropa de civil, cinco pandilleros me detuvieron en uno de los senderos. Estaba preparándome para defenderme cuando ellos vieron el broche en mi solapa. Sus ojos se llenaron de temor y salieron corriendo. ¡Me sentí como Clark Kent usando su traje de Superman!

Obtener mi cinturón negro cambió mi vida de muchas maneras. Había logrado algo difícil por mí mismo. Ser un *shodan* (el primer grado en el cinturón negro) es como obtener un título universitario. Los cinturones son como los grados en la escuela, se inicia en la escuela elemental (cinturón blanco) y continúa con diferentes colores, dependiendo del arte marcial, a la preparatoria, la secundaria, y finalmente a la universidad.

Al final de mi servicio militar en la Fuerza Aérea, era un cinturón negro de primer grado en *Tang soo do* y un cinturón marrón de tercer grado en judo. También había sido promovido al rango de aviador de primera clase.

La Fuerza Aérea me había dado la oportunidad de aprender mucho sobre las artes marciales. Ahora las artes marciales me ayudarían a aprender mucho de la vida.

CAPÍTULO 7

Patada inicial en el karate

Para alguien que nunca ha servido en la milicia es casi imposible comprender el grave efecto que ese servicio al país puede provocar en un matrimonio de recién casados. La vida militar en sí es dura para una familia, aún en las mejores circunstancias. La tensión es aún mayor cuando las parejas tienen que vivir separadas por largos períodos de tiempo.

Cuando terminé mi servicio en Corea, fui asignado a la Base Aérea March en Riverside, California. Tenía un mes de vacaciones antes de reportarme a la base así que eso me serviría para reencontrarme con mi joven esposa. Dianne había alquilado un apartamento pequeño en las afueras de la base cuando supo que volvería a los Estados Unidos. Ella se dedicó a decorar y arreglar nuestro apartamento mientras yo viajaba de Corea a Tokio y a San Francisco.

Cuando llegué a San Francisco no tenía dinero. Necesitaba llamar a Dianne para decirle que llegaría a Los Ángeles esa misma tarde, pero sólo me quedaban nueve centavos en el bolsillo. En ese tiempo la mayoría de los teléfonos públicos requerían al menos diez centavos para hacer una llamada por cobrar. Tenía menos de dos minutos antes de que el avión cerrara sus puertas y encontré a alguien que me diera un centavo. Rápidamente marqué el número y le dije a Dianne que ya estaba de camino.

Reestablecer mi relación con Dianne fue más difícil de lo que pensaba. Al igual que muchas parejas militares, nos habíamos casado muy jóvenes y después de haber estado separados por más de un año, habíamos cambiado y madurado en muchas formas, y nos habíamos desencantado en otras. Aunque Dianne y yo nos comunicamos por cartas durante mi ausencia, volver a la vida diaria y ordinaria fue extremadamente tenso. Rápidamente se hizo evidente que no sólo nos habíamos separado físicamente, sino que nuestra relación también se había alejado también. No obstante, ambos estábamos decididos a mantenernos unidos. De manera consciente nos esforzamos en restaurar el matrimonio, empezando por volver a conocernos mutuamente. No fue fácil, pero superamos el período de reajuste y eso nos hizo un matrimonio más fuerte. Sin lugar a dudas, una parte de mi deseo de mantenerme unido a mi esposa era un resultado directo de la perseverancia que había aprendido con la instrucción del karate.

Ya en Estados Unidos, continué practicando Tang soo do por mí mismo, usando un árbol grande que estaba enfrente de mi casa como si fuera un saco de arena. Cada vez que pasaba junto al árbol, me detenía unos minutos para pegarle y así mantener mis nudillos duros. La gente que pasaba por allí y me veía pegándole a un árbol, seguro que pensaba que estaba loco.

El karate era un deporte relativamente nuevo en los Estados Unidos al principio de la década de los sesenta por lo que no había ningún grupo en la base. Sin embargo, encontré un club de judo y me uní a él inmediatamente. Comencé a participar y a ganar eventos y pronto viajé a Seattle, Washington para el Décimoquinto Campeonato de la División de Judo de la Fuerza Aérea. En judo, los competidores se acomodan por peso y no por rango. Había alrededor de cuarenta competidores en mi peso, desde cinturones blancos (principiantes) hasta cinturones negros, todos compitiendo por la misma posición. Le gané a tres cinturones negros y eso me llevó hasta las semifinales junto con otros dos cinturones negros y un cinturón blanco.

No sabía quien me iba a tocar para el siguiente combate pero esperaba que fuera el cinturón blanco. Sentí que sería fácil ganarle y así pasaría a la final. Hicimos el sorteo y se me concedió mi deseo, me tocaba pelear con el cinturón blanco.

En mi mente ya había visualizado mi triunfo con el cinturón blanco. Después de todo, ya le había ganado a tres cinturones negros. Pero había olvidado que mi oponente había hecho lo mismo. Cuando entramos al área de combate, creía que iba a ser un combate sencillo. Todo lo contrario, fue un combate sumamente difícil y finalmente perdí. Después del combate fui a felicitar a mi oponente y le dije que era uno de los contendientes más fuertes que conocía.

«Soy un leñador de oficio», me explicó.

«Ahora entiendo por qué tratar de moverte era como tratar de mover a un roble», le dije.

Además de seguir en competencias de judo, seguí practicando Tang soo do en la base. Un día, un par de soldados me vieron realizando algunas patadas. Se sintieron intrigados y me pidieron que les enseñara. Pedí permiso a la milicia y empecé un club de karate en la base, usando el auditorio como área de entrenamiento. No mencioné Tang soo do, sino que usé simplemente la palabra karate ya que todo el mundo había oído la palabra karate pero sólo pocas personas conocían el término Tang soo do.

El día de la inauguración del club de karate, planeé una demostración y decidí dar una pequeña charla. La demostración no me preocupaba, pero pararme al frente y dar un discurso me tenía aterrado. Aunque tenía veintiún años, la idea de hablar en público me atemorizaba. Decidí escribir un discurso y memorizarlo. Escribí lo que quería decir y me grabé diciéndolo. Escuché la cinta por horas, repitiendo el discurso una y otra vez. Finalmente me lo había aprendido.

Alrededor de cien personas se reunieron esa noche en el auditorio, soldados, oficiales y sus familiares. Sudaba profusamente por la tensión que sentía. Tomé aire, alcancé el micrófono y dije: «Buenas noches, damas y caballeros. Mi nombre es Chuck Norris y quiero darles la bienvenida esta noche».

Esa fue la última cosa que recuerdo. Luego de eso sólo recuerdo que me paré en el centro y empecé mi demostración. Estaba pensando, *¿Terminé mi discurso o sólo puse el micrófono en el suelo?* Hasta este día no lo sé, pero al menos, las artes marciales me dieron la fuerza para romper con ese estigma de inseguridad que había mantenido por veinte años. Me seguí obligando a hablar ante grupos en reuniones públicas hasta que la inseguridad ya no fue un problema para mí.

El Club de Karate de la Fuerza Aérea se convirtió en un gran éxito. Mis estudiantes lograron mejorar su condición física de tal modo que lograban las mejores puntuaciones en las pruebas de rendimiento físico de la base. Eso aumentó la reputación del club de manera significativa. Entre más exitosos nos convertíamos, mayor cooperación recibíamos. Hasta el comandante general Archie J. Old, de la Décimoquinta División de la Fuerza Aérea se unió al club, convirtiéndose en un cinturón negro honorario.

Fui asignado a la Base Stead en Reno, Nevada, para un entrenamiento de combate de diez semanas, junto con otros soldados de todo el país, la mayoría de los cuales tenían entrenamiento como policía militar u oficiales de inteligencia. Cada día estudiábamos cuatro horas de teoría y cuatro horas de entrenamiento en karate, judo, lucha de cuchillos y *jujitsu*. En poco tiempo, me pusieron a dar la clase de karate y al final del curso me dieron un premio como estudiante sobresaliente.

Mi servicio en la Fuerza Aérea fue de cuatro años y el entrenamiento que recibí fue algo muy valioso en mi vida. Maduré como hombre y siempre estaré agradecido de la Fuerza Aérea de los Estados Unidos. No obstante, estaba ansioso por iniciar mi carrera como oficial de policía. Esa era mi meta cuando entré al ejército y ahora me sentía preparado para un empleo en el Departamento de

Policía de Los Ángeles. Desgraciadamente, ellos no estaban preparados para mí. En ese momento, los empleos en el campo de la fuerza policial eran escasos en Los Ángeles.

Dianne tenía ocho meses de embarazo, así que decidí que tendría que buscar otro empleo hasta que hubiera algo en la policía.

Poco después de terminar el servicio en la Fuerza Aérea en 1962, mi padrastro me consiguió una entrevista en Northrop Aircraft, una compañía de defensa donde él trabajaba. Fui contratado como dependiente de archivos en la administración de registros con un salario de $320 dólares al mes. Un mes más tarde nació mi hijo Mike. Aunque el trabajo de escritorio no era de mi agrado, me sentía agradecido. Tenía una esposa y un niño que mantener y estaba contento de poder traer un salario a casa. Algunas veces debes hacer lo que puedas mientras llega algo mejor.

Mientras tanto, seguía esperando para entrar en la fuerza policial pero sin mucha respuesta. Había una lista de espera de seis meses y había muchos buenos candidatos esperando también. Mirando hacia atrás, es fácil ver que lo que yo consideraba un retraso, era más bien un tiempo de preparación. Dios me iba a llevar por un camino diferente al que yo imaginaba.

Si hubiera entrado a la policía de Los Ángeles probablemente eso sería lo que estaría haciendo. Eso no me hubiera molestado, pero tal como mi madre decía: «Dios tenía planes para mí» y aparentemente sus planes no eran los míos.

Si no hubiera encontrado los «obstáculos» en la senda de mi carrera, quizás nunca hubiera sido campeón de karate, ni hubiera seguido una carrera en el cine y la televisión.

Para tener otra entrada además de la de Northrop, empecé a dar clases de karate en el patio de la casa de mis padres. Mis primeros estudiantes fueron mi hermano Aarón, de nueve años y mi hermano Wieland, de diecinueve. Les había empezado a enseñar cuando regresé de Corea, así que simplemente continuamos desde donde habíamos quedado.

Pronto, la voz se corrió en el barrio acerca de los hermanos Norris, tres muchachos de cabello rubio. Empezamos a recibir invitaciones del club rotario y de otras organizaciones cívicas para hacer demostraciones de artes marciales. Aarón era un niño bonito, así que preparamos una demostración donde él nos lanzaba por todos lados. El público disfrutaba mucho eso y también Aarón, al menos por las primeras cinco o seis demostraciones. Pero luego, se cansó y ya no quiso seguir haciéndolo más.

Cuando el Club Kiwanis nos pidió hacer una demostración, Wieland estaba de acuerdo, pero Aarón nos dijo que ya no quería participar más. Le insistí y finalmente nos acompañó. Durante todo el camino hasta el club no paró de llorar, pero una vez que empezamos la rutina, se acopló perfectamente.

La respuesta a nuestras demostraciones reveló que la gente estaba más interesada en el karate de lo que yo me imaginaba. El karate era un deporte relativamente nuevo en los Estados Unidos.

Con la aprobación de Dianne, decidí retrasar el ingreso al departamento de policía para intentar ser entrenador de karate de manera profesional. Abrí mi primera escuela de karate en Torrance, California, un suburbio de Los Ángeles. La «academia» era un local de cuatro metros y medio de frente por diez metros de largo, en la intersección de dos calles principales.

Mi padrastro firmó como fiador para un préstamo de $600 dólares, lo suficiente para pagar el alquiler del primer mes, la alfombra para el piso, dos espejos grandes y pintura. Mi «oficina» era un escritorio pequeño en una esquina. Toda la familia vino a ayudarme a pintar el local y pronto se vio como una pequeña academia. Hasta hicimos un letrero a mano que decía: «Karate Chuck Norris», y lo colgamos afuera. La academia se convirtió en lo que yo llamo un peligro para el tráfico. Cuando los autos pasaban frente a la escuela bajaban la velocidad para ver por las ventanas. Algunos que pasaban por enfrente, se interesaron y pronto se inscribieron. Otros distraídos chocaban sus autos.

Inicié con diez estudiantes que pagaban diez dólares por mes por tres clases a la semana. Mantener ese grupo era algo difícil. Durante los siguientes dos años, continué trabajando para Northrop de 8:00 a.m. a 5:00 p.m. de lunes a viernes. Me apuraba para llegar a la casa, me tragaba la cena y corría hasta la academia donde enseñaba de 6:00 p.m. a 10:00 p.m. La rutina cambiaba muy raras veces. Era un horario exhaustivo y Dianne soñaba junto conmigo con el día en que tuviéramos suficientes estudiantes de tal modo que pudiera renunciar de mi empleo en Northrop. Después de un año ya tenía treinta estudiantes y subí la cuota de pago a $15 dólares mensuales, lo que totalizaba $450 dólares por mes neto aparte del salario de Northrop. Mi objetivo era tener sesenta estudiantes.

Entre más enseñaba, más me daba cuenta de lo mucho que me gustaba enseñar. Después de analizar los riesgos con Dianne, decidí abandonar mi ideal de convertirme en un oficial de policía y dedicarme a ser un instructor de artes marciales.

Ya para el año 1964, nuestro negocio de karate había crecido al punto en que tuve que emplear varios instructores asistentes. Me estaba yendo tan bien que decidí dejar mi trabajo seguro en Northrop, un paso aterrador. Abrí una segunda escuela en Redondo Beach y pronto me di cuenta de que si queríamos más estudiantes, necesitábamos más publicidad. Pero como teníamos un presupuesto muy apretado, no podíamos utilizar ningún dinero en publicidad. Al analizar nuestra situación, pensé que si pudiera competir y ganar un torneo de karate sería probable que pudiera conseguir un espacio gratis en una revista de karate o en el periódico local. Eso atraería atención hacia nuestras escuelas y traería más estudiantes.

Entré en un torneo de karate pero los resultados no fueron los planeados.

CAPÍTULO 8

SER UN CAMPEÓN

―•◆•―

En la mayoría de los deportes profesionales un competidor en sus veintes se encuentra en la flor de la vida. Pero aún en las categorías de karate aficionado, con veinticuatro años ya era más viejo que la mayoría de mis oponentes en las competencias de artes marciales. Sin embargo, en 1964 participé en mi primer torneo de karate en Salt Lake City, Utah. Manejé desde Los Ángeles con tres de mis estudiantes que también iban a competir. El viaje duró dieciséis horas y lo hicimos en mi viejo Ford Falcon. Poco faltó para que no llegáramos debido a una nevada muy fuerte que encontramos de camino.

Llegamos unas horas antes de que el torneo se iniciara. Calenté con mis estudiantes, ellos pertenecían a los niveles principiante e intermedio. Cuando me pesaron, mi peso fue de una libra y media más que la categoría de peso ligero, lo que significaba que iba a ser uno de los pesos medios más livianos de los cinturones negros. ¡Sabía que no debí haber desayunado tanto!

En esos tiempos, los competidores en los torneos de karate aficionado peleábamos descalzos y sin protección en las manos. Se nos permitía pegarle al cuerpo pero no a la cara. En los torneos profesionales, se permite el contacto a la cara siempre y cuando sea sin mala intención. Si eso pasaba se le rebajaban puntos al competidor.

Obviamente, «los accidentes» algunas veces ocurren en los combates de karate, pero esa no es la intención de la competencia. Por ejemplo, durante mis años de competencia, me rompieron la nariz tres veces, me quebraron varios huesos del cuerpo y tuve que soportar una cantidad innumerable de moretones. No obstante, durante las competencias, casi no me daba cuenta de eso debido a la adrenalina, pero al siguiente día cuando trataba de levantarme de la cama...

Cuando escuché mi nombre para mi primer combate del torneo me apresuré hacia el área de pelea, muy parecida en tamaño a un cuadrilátero de boxeo. Los combates eran regulados por un árbitro central y cuatro jueces, uno en cada esquina del cuadrilátero. Cada juez tenía un banderín rojo y un banderín blanco en cada mano. Cada competidor tenía que usar un lazo rojo o uno blanco en su cinta. De esa forma se podían diferenciar y así determinar de quién era cada punto.

Un *ippon* (golpe mortal) es un ataque que no ha sido bloqueado o desviado y que ha llegado a un área vital del cuerpo del oponente. Tenía que ser dado con buena forma y balance, con la distancia correcta y con fuerza explosiva pero controlada. Cuando se anotaba un punto, los jueces levantaban su banderín blanco o rojo dependiendo de quién había hecho el punto. Para que el punto fuera corroborado, tenía que haber sido visto por al menos tres de los cinco jueces. Todo esto era nuevo y confuso para mí. Nunca había peleado bajo tantas condiciones y formalidades, y tenía muy poco tiempo para acostumbrarme a los reglamentos y a los procedimientos.

Mi primer combate fue con un hombre que ya conocía, un peleador de Colorado que también había servido militarmente en Corea. Nos colocamos en nuestras posiciones de combate en el cuadrilátero. Tan pronto como oímos la palabra *hajime*, «empiecen», comenzamos a combatir. Intentábamos penetrar en nuestras defensas.

Recuerdo muy poco del primer y segundo combate, aparte de saber que gané ambos. No había tiempo para alegrarse. Después de cortos descansos continuaba avanzando en la competencia.

Mi tercer combate fue con un peleador hawaiano muy reconocido. Con él tenía que usar mis patadas más que mis manos. Este peleador me había estado observando en las peleas anteriores así que tan pronto se inició el combate, hizo lo posible para contraatacar mis mejores movimientos y terminé perdiendo la pelea por un punto.

Los combates eran fieramente contendidos pero cuando el torneo acabó, mis tres estudiantes habían ganado y yo había perdido. De camino a casa mis estudiantes venían abrazando sus trofeos y recordando las peleas mientras que yo saboreaba en mi mente el amargo sabor de la derrota. Decidí entonces que tal vez perdería otro torneo alguna vez, pero nunca de la misma forma.

Volví al estudio de entrenamiento a determinar qué era lo que estaba haciendo mal. Estaba tan enojado conmigo mismo que la primera noche de entrenamiento ¡perdí seis libras! Bueno, era mayormente peso de agua, pero mis estudiantes también perdieron cinco libras esa noche debido al ejercicio tan fuerte que hicimos.

El próximo torneo era el «Internacional» que se realizaba en Long Beach. Era la competencia más grande del mundo y atraía a más de tres mil karatekas. Me tocó pelear en la categoría de peso medio y perdí de nuevo.

En vez de desanimarme, continué entrenando con mucho vigor y concentrándome en mis puntos débiles. Tenía que mejorar mi sincronización, tenía que aprender a cerrar el espacio entre mi oponente y yo más rápidamente, y tenía que desarrollar una mayor seguridad como peleador. Además, empecé a perfeccionar algunas de las técnicas que había aprendido en Corea, incluyendo la patada giratoria por detrás. Sentía que podía usarla más en mis combates pues la ejecutaba con bastante soltura y además era relativamente nueva para los estadounidenses.

En mayo de 1964 nació nuestro segundo hijo, Eric. Estaba

emocionado con el bebé pero estaba obsesionado con la idea de ganar un torneo de karate. Tan pronto como trajimos a Eric del hospital, volví a mi entrenamiento. Pocos días después me inscribí para el Torneo de Estrellas de Tak Kubota en Los Ángeles.

En esos días el sistema de puntaje variaba de acuerdo al torneo y a la región donde se realizaba. En algunos casos, el combate se ganaba cuando uno de los peleadores lograba marcar dos puntos; en otros, ganaba el peleador que lograra la mayor cantidad de puntos en el tiempo pactado. En este torneo, el tiempo de cada combate era de dos minutos y el peleador con más puntos ganaba. Los jueces japoneses, todos cinturones negros experimentados, eran muy estrictos con los puntos. A menos que una técnica hubiera sido realizada a la perfección, el puntaje era sólo de medio punto.

Logré llegar hasta las finales y me sentía bastante confiado de ganar hasta que me di cuenta que me tocaría pelear con Ron Marchini. Él era un estadounidense que había aprendido un estilo de karate japonés y era reconocido como un gran peleador.

Ron medía cinco pies y nueve pulgadas con el cabello rubio muy corto y era conocido como un competidor difícil. Empezamos el combate y nos acercamos con precaución, sabiendo que un movimiento descuidado podía costarnos el campeonato. Ninguno de los dos pudo anotar un punto hasta mediados del combate cuando Ron hizo una finta con el pie pero inesperadamente me lanzó un golpe con uno de sus puños que traté de bloquear.

Demasiado tarde, su sincronización y su control eran geniales. Pude sentir sus nudillos golpeando mi plexo solar. Tres de los jueces laterales levantaron el banderín blanco señalando así que Ron había obtenido medio punto.

El combate se reinició y Ron empezó a ponerse a la defensiva, cuidándose mientras que el tiempo avanzaba. Miré el reloj y me di cuenta de que sólo me quedaban quince segundos. Inicié el ataque, agarré el *gi* de Ron, le apliqué una barrida y lo golpeé en las costillas mientras iba cayendo, seguido de un *shuto*, un golpe con la mano abierta en el cuello de Ron, al momento en que sonó la campana. Cuatro jueces levantaron sus banderines rojos indicando que había anotado un *ippon* (punto completo) ¡Había ganado el campeonato por medio punto!

Fue la primera vez que gané un torneo. La satisfacción de saber que finalmente había ganado una competencia aumentó mi autoconfianza y me motivó para seguir compitiendo. Más importante aún, tal como lo había pensado, eso había aumentado el número de estudiantes en mi academia.

Mi siguiente meta era el título en el estado de California. Fui a un torneo con doce de mis estudiantes. Llevaba conmigo desde cinturones blancos hasta negros. Gané ese campeonato en el peso medio usando mi patada giratoria por detrás, un movimiento que rápidamente se estaba convirtiendo en mi tarjeta de presentación y mi arma más efectiva.

Fuimos a otro campeonato, yo perdí, pero once de mis doce seleccionados ganaron sus combates y la Escuela Norris dominó el torneo.

La decisión de quién pelea con quién en los primeros combates, normalmente se basa en la persona que esté a tu lado al momento de la selección. Poco tiempo después, cuando los otros competidores veían el emblema de nuestra escuela en los uniformes, intentaban cambiarse de posición para no tener que pelear primero con uno de la Escuela Norris. Mis estudiantes tomaron eso como un privilegio y yo también.

En 1965 participé y gané varios torneos, incluyendo el Nacional de Invierno de San José, California. Me había convertido en un competidor de alto nivel al volverle a ganar a Ron Marchini el título de «Grand Champion». Con esa victoria, fijé mis ojos en el Torneo Internacional, el torneo más prestigioso de todos.

Gané el torneo en la división de peso medio venciendo a un luchador que me había ganado el año anterior. Esa victoria me encantó. Sin embargo, ese sentimiento no duró mucho ya que me tocaba pelear por el definitivo con Allen Steen, un tipo grandote de Dallas, Texas. Tenía piernas largas y sabía cómo aprovechar su altura. Minutos antes, él había vencido a Joe Lewis, uno de los mejores peleadores y eso me hizo pensar «*alguien que puede ganarle a Joe tiene que ser muy bueno*». Tenía razón. Perdí el combate con Allen. Decidí hacer una pausa para recuperarme y para prepararme para los torneos del 1967.

Me di cuenta que aunque la patada giratoria me había dado buenos resultados en mis primeros torneos, mis oponentes ya me conocían y la anticipaban. Si deseaba competir efectivamente en los próximos torneos, tenía que ampliar mi repertorio. En ese tiempo, los karatekas eran muy buenos pateando o eran muy buenos usando sus puños, pero eran muy pocos los que dominaban ambas cosas.

Muchos de mis amigos eran instructores de artes marciales. Por lo general, es difícil ir de una academia a otra a practicar ya que los estilos de karate son diferentes, no obstante varios de mis amigos me permitieron entrenar con ellos.

Fumio Demura, el campeón de 1963 y experto en *shito ryu*, me mostró cómo combinar mis movimientos usando los pies y las manos, y así crear un mayor arsenal. Aprendí otras combinaciones con Hidetaka Nishiyama, un maestro de karate *shotokan*.

Tutamu Oshima, otro maestro de *shotokan*, me animó a ir más allá de mis limitaciones físicas. Él me llevó a hacer cosas que creí no podía realizar y luego me decía que intentara seguir adelante.

Jun Chung, un maestro de *hapkido*, un estilo de arte marcial que enfatiza en patadas y proyecciones, me ayudó a perfeccionar mis técnicas coreanas. El instructor de *jujitsu*, Al Thomas me entrenó en las técnicas de agarre. Ed Parker, el padre del karate kempo americano (un arte marcial chino) y promotor de los torneos internacionales, dedicó muchas horas enseñándome su sistema. Además entrené con Gene LeBell, un experto en lucha libre, boxeo, judo y karate. Gene es uno de los hombres más fuertes que conozco.

Todos estos hombres fueron muy generosos con su tiempo y sus talentos. Eso habla muy bien de la comunidad de las artes marciales, ya que aunque éramos competidores de diferentes estilos y podría ser el oponente de alguno de sus estudiantes, todos estábamos dispuestos a compartir nuestros conocimientos.

De cada estilo tomé algo y lo modifiqué para mi práctica personal. Pronto tenía una gran variedad de técnicas y me sentía muy seguro de que le costaría mucho a un oponente descubrir qué técnica estaba usando.

Joe Lewis, uno de los mejores del país, se mudó de Carolina del Norte a Los Ángeles. Me llamó un día y me preguntó si podía venir a entrenar conmigo. «Claro Joe», le dije, «Eres bienvenido aquí». Siendo un atleta innato y un levantador de pesas, Joe había obtenido su cinturón negro en sólo siete meses de entrenamiento con la Marina en Okinawa. Joe compitió en su primer torneo de karate con menos de dos años de entrenamiento y ganó.

Cuando Joe y yo empezamos nuestro entrenamiento juntos, era relativamente fácil conectarle puntos. Pero luego de dos meses, se me hacía extremadamente difícil conectarle algún punto. Les comenté a mis estudiantes que «tal vez era un error entrenar con Joe tan frecuentemente porque quizás un día tendría que competir contra él en un torneo».

Mi predicción pronto se hizo realidad cuando fui invitado a participar en un torneo de campeones en Nueva York. Los diez mejores karatekas del país tendrían que pelear en una competencia circular, eso quiere decir que tenía que pelear y ganar la mayoría de los combates contra los otros nueve para ganar el campeonato.

Joe Lewis era uno de ellos y el combate decisivo fue entre nosotros.

Las dos mejores armas de Joe eran, su patada lateral muy rápida y su poderoso puño defensivo. Joe, un peleador intimidante y listo, comprendía lo que los japoneses denominaban *kyo* (debilidad) y buscaba eso en el oponente.

Para vencer a Joe tenía que ser agresivo desde el comienzo y así obligarlo a pensar defensivamente en lugar de ofensivamente. Me encontraba en excelente condición física, mis técnicas estaban bien aprendidas y mis reflejos eran agudos. Además, estaba sicológicamente decidido a ganarle a Joe aunque sabía que me iba a costar.

Joe y yo hicimos la reverencia de inicio. Tan pronto me coloqué en posición de combate, Joe me lanzó una patada lateral. ¡Ay! Un punto para Joe y tomó la delantera. Contraataqué con un golpe de reversa. Después de eso, ninguno de los dos pudo conectar puntos. Fuimos a tiempo extra tres veces y aún así no pudimos conectar más puntos. Los jueces tuvieron que decidir entonces quién sería el ganador. Me dieron la victoria porque fui el más agresivo en el combate. Ese fue un combate que Joe y yo revivimos muchas veces en el futuro.

CAPÍTULO 9

CUANDO LOS GUERREROS SE ENCUENTRAN

—•◆•—

Cientos de karatekas de todo el mundo se reunieron en el Madison Square Garden de Nueva York para competir en el «All American Championship» de 1967. Llegué a Nueva York un día antes del torneo y me fui a dormir temprano esa noche. Sabía por experiencia lo bueno que era dormir bien para estar relajado el día de la competencia. Pero cuando me fui a la cama, mi mente andaba corriendo. Generalmente me costaba mucho dormirme y para relajarme me imaginaba que estaba viendo una película en el cine y súbitamente se oscurecía la pantalla hasta no ver nada. Mientras esperaba que la «película» volviera, el sentirme a oscuras hacía que me durmiera. Eso fue lo que hice esa noche antes del torneo. Desperté en la mañana totalmente fresco.

Cuando llegué al lugar de la competencia, vi a los otros contendientes, esperando, hablando con sus amigos, bromeando y riendo. Existe una gran camaradería entre los karatekas. De no haber sabido para qué estábamos allí, nunca me hubiera imaginado que todos éramos guerreros que pronto entraríamos a la batalla.

Fui al vestidor, saqué mi uniforme recién lavado de mi maletín, me cambié y puse mi ropa en uno de los casilleros. Me sentía cómodo en mi *gi*, casi como si fuera una parte de mi cuerpo. Se había convertido en mi traje favorito, flojo en los hombros con mangas y pantalones que sonaban con cada golpe o patada que daba.

Respiraba profundamente, exhalaba lentamente, intentado mantenerme relajado y tranquilo. Sabía que la tensión quemaba energía. Deseaba estar totalmente relajado antes del combate y conservar la energía que tenía para utilizarla tan pronto entrara en el área de pelea.

El director del torneo llamó a todos los cinturones negros de la división de peso medio para que se alinearan en pares. Me puse en el medio y los demás se alinearon a ambos lados. Algunos de los cinturones negros se acomodaron más lentamente pues estaban analizando con quien alinearse y así las primeras peleas no fueran tan extenuantes. Los demás pesos tenían que pelear en otros cuadriláteros. Luego los ganadores en cada peso tendrían que pelear con los ganadores de los otros pesos. El gran campeón sería aquel que le ganara a todas las otras divisiones.

Me acomodé a esperar mi turno y observé los combates de los otros cinturones negros. Ahora que ya conocía mejor los torneos, me puse a estudiar a los competidores. Sabía que me iba a tocar pelear con algunos de ellos en algún momento. Miraba como caminaban y así sabía quiénes estaban lesionados. Observaba como calentaban y se estiraban: un pateador calentaba más sus piernas mediante patadas y combinaciones, usualmente enfocándose en la patada que más usaría en momentos de presión. Un luchador que tuviera una buena técnica de manos calentaría por medio de repeticiones y combinaciones que le favorecieran.

Estudiaba a los perdedores igual que a los ganadores. Los ganadores serían los que tendría que combatir, pero los perdedores serían competidores que tendría que combatir en otra ocasión. Las técnicas que los combatientes usaban y principalmente las que les daban puntos, eran las de mi mayor atención. No sólo observaba a los ganadores y a los perdedores. Me visualizaba peleando con ellos. Estudiaba sus puntos fuertes y sus debilidades. Revisaba mis puntos fuertes y los combinaba con las defensas de los otros combatientes. Me veía tomando sus puntos fuertes y haciéndolos míos, además de mantener los míos. Por ejemplo, si podía visualizar como bloqueaba una poderosa patada lateral de un oponente y luego anotar un punto con una de mis técnicas, sabía entonces que podría hacer lo mismo una vez que empezara el combate en serio. Cuando uno compite, al igual que cuando uno trata de alcanzar una meta en la vida, es necesario conservar una mentalidad completa, pero el enfoque debe de estar en el siguiente paso. Cuando competía, me enfocaba en los combates uno por uno, concentrando toda mi energía en ese combate, no en el último. Sabía que la prioridad era vencer a mi primer oponente.

El día del torneo en 1967 me encontraba en excelente condición física y mental. Había entrenado mucho y mis reflejos eran muy agudos. Sabía lo que iba a hacer con cada oponente pues ya había visualizado cada combate en mi mente. Conocía sus puntos fuertes y débiles.

En tanto que el torneo iba progresando, uno de los mejores contendientes que había emergido era Hiroshi Nakamura, campeón de peso medio. Lo había estado observando mientras eliminaba a sus oponentes. Un hombre pequeño pero fuerte. Tenía movimientos pulidos y fluidos, pero todos mantenían un mismo patrón. Su especialidad era la patada de frente ya que la hacía con una gran velocidad, seguida de un golpe de puño tan rápida como un chasquido de dedos pero con un asombroso poder.

Lo estudiaba cuidadosamente y noté que él hacía lo mismo conmigo cuando yo tenía que combatir. Pero yo tenía una ventaja: ya había estudiado el estilo japonés tanto como el coreano. Sabía lo que él conocía, pero él no sabía lo que yo conocía.

El señor Nakamura terminó ganando su división y yo gané la mía, lo que significaba que después de la cena, ambos tendríamos que competir por el campeonato de peso medio.

Antes de ir a cenar, me detuve en el sanitario. Me encontré con mi oponente y le dije: «Buena suerte esta noche, señor Nakamura».

«Creo que me vas a ganar», me dijo abruptamente.

Su actitud sorpresivamente negativa me tomó por sorpresa y terminé animándolo: «No. Tienes una buena oportunidad de vencerme», le dije. «Te he estado observando y eres muy bueno».

Sin importar lo que le dije, sabía que podía ganarle porque lo había visto y estaba preparado para sus ataques al igual que para sus bloqueos. A pesar de este ejercicio mental de verme y prepararme para el combate, no siempre ganaba, pero creía que lo iba a hacer.

Nakamura y yo charlamos por unos cuantos minutos. Normalmente, no me molestaba hablar con alguien antes de un combate. Pero esta actitud tan desinteresada cambiaba una vez que entraba en el cuadrilátero. En ese momento mi concentración se enfocaba en lo que tenía que hacer. Por naturaleza no soy agresivo pero en el cuadrilátero me volvía súper agresivo.

Aún mis estudiantes de artes marciales se asombraban de ver la transformación que ocurría cuando se iniciaba el combate. Durante las clases en la academia, practicaba con mis estudiantes cinturones negros y con frecuencia uno o más de ellos me ganaban. «Señor Norris, no entiendo», se quejaba un estudiante. «Puedo ganarle en la clase pero no puedo vencerlo en una competencia». Sonreía y le decía: «Durante la clase no hay nada que ganar, no hay ningún reto, pero en el cuadrilátero cuando me enfrento a un oponente, toda mi actitud cambia. Quiero terminar el combate como ganador».

Hay tres facetas para ser un ganador: la mental, la física y la psicológica. Me preparo mentalmente conociendo los puntos débiles y fuertes de mi oponente y así las aprovecho. Cuando me encuentro mentalmente preparado, puedo ver y estoy consciente de todo lo que pasa a mi alrededor. Me preparo psicológicamente creyendo en mi habilidad y en que puedo vencerlo. Me preparo físicamente entrenando con ahínco y de esa forma ejecutar mis técnicas de la mejor forma posible. Cuando estoy en excelentes condiciones, con frecuencia le pego a mi oponente antes de que mi cerebro lo registre. Donde veo una apertura, por allí entro.

Un ganador debe tener una actitud positiva. Se visualiza anotando puntos. Ve al árbitro levantando su mano en señal de victoria. Estas imágenes positivas crean la voluntad y el ímpetu para triunfar. Pero aunque tengas una actitud positiva, si quieres triunfar debes estar preparado mental, física y psicológicamente.

Regresé al Madison después de la cena para el gran final. Me puse mi *gi* y también, tal como usualmente hacía, me envolvía los dedos gordos del pie con el dedo que le sigue para prevenir alguna lesión con alguna patada.

Las reglas del torneo decían que cada combate duraría dos minutos. El competidor que anotara la mayor cantidad de puntos cuando el tiempo expirara sería el ganador.

Cuando oí mi nombre y el del señor Nakamura por el altoparlante, entré en el cuadrilátero. El lugar estaba lleno de fanáticos. El ruido de los fanáticos era como una catarata distante a mis oídos. Todos anticipaban un gran combate. Desde que entré al cuadrilátero, me obligué a relajarme respirando lentamente. Es difícil moverse cuando uno está tenso, los músculos relajados colaboran, los tensos no y sabía que podía moverme más rápido si me mantenía relajado. Como ya había visualizado el combate con el señor Nakamura, mi estrategia era adelantarme a sus técnicas fuertes. Estaba seguro de que su primer movimiento iba a ser con su patada frontal. Tenía razón. Aún cuando su patada fue más rápida de lo que había anticipado, me hice a un lado, la bloqueé y le pegué en el estomago, anotando así un punto.

Esperaba que su próximo ataque también fuera una patada frontal seguida de un golpe con el puño. Otra vez tenía razón. Él lanzó la patada y volví a hacerme a un lado. Cuando el lanzaba el golpe con el puño, logré bloquearlo y contraatacarlo con mi puño, anotando otro punto.

En esos días, los karatekas de estilo japonés no solían pretender un golpe y hacer otro. Sus patadas iban directo al blanco. No estaban acostumbrados a ver a alguien finteando hacia un lugar y terminando en otra posición. Como sabía esto, hice una finta hacia el estómago y cuando el señor Nakamura hizo el bloqueo, cambié la dirección y la patada fue a la cabeza, dándome otro punto. Seguí anotando hasta que terminó el combate y le gané 12 a 1, convirtiéndome en el campeón de peso medio. Luego de ese combate, competí contra el ganador de los pesos ligeros y le gané. Lo siguiente era pelear con el ganador de los pesos pesados. Era ni más ni menos que Joe Lewis. Joe había avanzado en la competencia sin problemas y se veía relajado y descansado. Entramos en el cuadrilátero, nos miramos e hicimos las reverencias respectivas. La pelea había comenzado y desde el principio fue rápida y llena de furia. Joe tomó la ventaja al patearme con una lateral que dio directo en mis costillas. Después de eso, fue una completa lucha hasta el final. Finalmente, lo logré empatar en puntos, pero casi al final de la pelea, pude conectar un golpe en el rostro. Terminó el combate y le había ganado por un punto. Recibí el trofeo como el gran campeón de la noche.

Estaba muy exhausto para celebrar el triunfo. Había estado peleando desde las ocho de la mañana y había enfrentado a trece contendientes en once horas. Todo lo que quería era un baño caliente y una buena noche para dormir.

Pero cuando iba saliendo del Madison, Bruce Lee, uno de los artistas de artes marciales más reconocidos en el mundo en ese momento, vino a felicitarme. Aún cuando yo sabía de Bruce, nunca nos habíamos conocido personalmente. Lo había visto haciendo una gran demostración en el Campeonato Internacional de 1964 y conocía su trabajo como actor en la serie de televisión «Avispón Verde».

Bruce me felicitó, reconociendo lo difícil que fue quitarle la victoria a Joe en los momentos finales del campeonato. Hablamos amigablemente por un momento y cuando descubrimos que nos estábamos hospedando en el mismo hotel, nos fuimos juntos allá. Continuamos hablando de las artes marciales y de nuestras filosofías. Subimos el elevador y llegamos hasta el piso de Bruce. Ya era casi medianoche, pero seguimos conversando e intercambiando técnicas de artes marciales allí en el pasillo. La próxima vez que miré mi reloj ya eran las 4:00 a.m. Bruce era tan dinámico que me parecieron solamente veinte minutos. Fue increíble que nadie llamara a la seguridad del hotel reportando a dos locos haciendo movimientos raros en el pasillo. Esa fue la primera vez que Bruce y yo nos conocimos y entrenamos.

Poco tiempo después, me invitó a entrenar en el patio de su casa en Culver City, California. Bruce tenía toda clase de equipo en su patio, incluyendo un maniquí de madera que él mismo había hecho, un poste cubierto con paja para practicar los golpes, petos y guantes de boxeo. Entrenábamos dos veces a la semana de tres o cuatro horas por sesión. Bruce me enseñó algunas de sus técnicas de Kung Fu y yo le enseñé algunas de las patadas altas de Tae Kwon Do. Bruce nunca había creído en patear más allá de la altura de la cintura, pero cuando le mostré algunas patadas altas giratorias, se mostró intrigado. En menos de seis meses él podía realizar esas patadas tan bien como yo y las añadió a su repertorio con tremenda eficiencia. Bruce era extremadamente capaz y sabio en las artes marciales, y libra por libra uno de los hombres más fuertes que jamás haya conocido.

Su atributo más grande, y a la vez su peor error, quizás era el mismo: Bruce Lee vivía y respiraba artes marciales. Él hacía de las cosas más mundanas y comunes de la vida, algo que tenía que ver con el entrenamiento de las artes marciales. No estoy seguro si sabía lo que era relajarse.

Fuimos buenos amigos, lo suficiente como para que me contara cuál era su sueño. «Carlos, quiero ser una estrella de cine», me dijo. «Todo lo que estoy haciendo es con eso en mente». Bruce ya estaba entrenando a varias celebridades como Kareem Abdul Jabarr, James

Coburn, Lee Marvin y Steve McQueen. Sus estudiantes con frecuencia lo recomendaban para partes en las películas y Bruce había trabajado como doble en varias de ellas. Pero Bruce no estaba satisfecho con ser el doble de las estrellas. Él quería que su nombre apareciera en luces. Con la motivación que tenía Bruce, no había duda que lo lograría.

CAPÍTULO 10

Espíritu humilde; corazón de guerrero

Me tocaba pelear de nuevo en el Campeonato Internacional el 12 de agosto de 1967. El año anterior había ganado en la división de peso medio pero había perdido el otro campeonato llamado «Grand Championship». Mi objetivo este año era ganar ambos títulos.

Probablemente iba a ser la competencia más difícil que alguna vez hubiera enfrentado. Entré al cuadrilátero, a mi primera pelea, a las 8:00 de la mañana y competí hasta las 6:00 p.m. Competí en once combates y los gané, adjudicándome el título de la división de peso medio. Ese mismo día me tocaba pelear con Carlos Bunda, el campeón cinturón negro de la división de peso ligero. Si lo vencía, entonces tendría que pelear con el ganador entre el peso ligero y el peso pesado para obtener el título de gran campeón internacional.

Joe Lewis había ganado en la división de peso pesado, así que las probabilidades de volver a pelear con él por el campeonato eran bastante altas. Primero tenía que vencer a Carlos, y lo hice. Joe venció al peso ligero, así que nos tocó volver a pelear por el gran campeonato en dos años consecutivos.

A diferencia de las últimas dos peleas con Joe, esta se parecía más a un juego de ajedrez. Ninguno de los dos quería hacer un mal movimiento. El combate se fue a tiempo extra ya que no habíamos anotado ningún punto. El que anotara un punto sería el ganador y el gran campeón.

Atacaba a Joe, pero él se defendía de manera suprema. Pretendí relajarme un momento y cuando vi que él se relajó, le lancé un golpe a la cara. Los jueces levantaron sus banderines en señal de que se había anotado un punto. ¡Era el nuevo gran campeón internacional! Cuando empecé a caminar en dirección a Joe para darle la mano, mis estudiantes corrieron hacia mí, me levantaron en hombros y me vitorearon con júbilo. Mi hermano Wieland, quién también había competido en el torneo, era uno de los que me sostenía en sus hombros. Mientras tanto el rostro de Joe se mantenía impávido, obviamente afectado por la derrota. Joe no estaba acostumbrado a perder, y cuando lo hacía, no sabía cómo reaccionar. Esta era la tercera vez que perdía conmigo. Joe continuó una carrera estelar, siempre entre los mejores contendientes en cada torneo, pero cada vez que lo veía, me daba cuenta de que buscaba maneras de ganarme.

Ese año fue genial para mí como competidor. Estaba invicto hasta ahora, había ganado más de treinta torneos y me catalogaron el karateka número uno, según la revista *Black Belt*. Había planeado que me iba a retirar de las competencias para dedicarme de lleno a mis escuelas. Me había asociado con Bob Wall, un campeón de karate muy experimentado y nuestras escuelas estaban progresando mucho debido a su experiencia y a mi fama como campeón. Ese plan de retirarme cambió cuando Ed Parker, el promotor del campeonato internacional, me dijo que si ganaba el título del siguiente año, inscribirían mi nombre en un platón de plata.

◆

Antes del campeonato internacional de 1968, no pude entrenar tan fuerte como debía, debido a las demandas de la enseñanza en mis escuelas. Eso fue un gran error. Antes de ese torneo fui a competir al torneo de Allan Steens en Dallas, Texas. Llegué a las finales junto con Fred Wren, Skipper Mullens y Joe Lewis. Fred sería mi primer oponente. Él era un excelente competidor y muy agresivo por lo tanto tenía que estar preparado para defenderme bien. Tenía razón, la pelea iba a tornarse en una de gran furia.

Pocos momentos después de que iniciamos el combate, hice una finta inferior con mi pie y la terminé con una patada a la cabeza de Fred, pero él la bloqueó. Mientras mi pie estaba en el aire, vi su puño viniendo a mi cara y pensé, *oh no, espero que sólo sea un amage porque no hay manera que pueda detenerlo.* Un momento después me encontraba en el suelo con mi nariz rota. Jim Harrison, uno de los jueces, vio la sangre saliendo de mi nariz, saltó al cuadrilátero, agarró mi nariz y la haló. Sentí un hueso triturarse. ¡Ay! El dolor lo sentí en toda mi cabeza.

Jim sabía lo que estaba haciendo. Acomodó mi nariz en su lugar y continuamos la pelea. En ese tiempo, en Dallas, no había castigo para el contendiente si este hacía contacto en la cabeza, eso le dio un punto a Fred. Me di cuenta de que si quería ganar este combate tenía que golpear más fuerte a Fred. Mi intención no era vengarme y pegarle en la cara. Pero sabía que si no hacía algo, él seguiría atacándome. Tan pronto nos colocamos en nuestra posición de combate, él se abalanzó sobre mí. Le pegué en el estomago, sacándole el aire. Agacharse para tomar aire es una de las cosas más vergonzosas en el mundo del karate. Eso me dio un punto. Sólo necesitaba otro punto más para ganar el combate. Hincamos el combate de nuevo y le volví a pegar en el estómago. Cayó de rodillas y así terminó todo.

Mi siguiente pelea fue con Skipper Mullins. Le gané, pero que me dejó varios moretones dolorosos. Luego me tocó pelear con Joe por el campeonato. Nunca le había ganado a Joe dos veces de la misma forma y ambos éramos muy cuidadosos en el ataque. No pudimos anotar ningún punto al inicio del combate.

Uno de los movimientos favoritos de Joe era la patada lateral, la cual generalmente yo podía bloquear. Decidí que la siguiente vez que me lanzara una patada lateral, yo me tiraría al suelo y lo patearía en el bajo vientre. Todo funcionó muy bien, pero como no quería lastimarlo, controlé la patada, provocando así sólo un contacto leve. Eso hizo que mi punto no contara.

Seguimos vigilándonos mutuamente. De pronto, Joe cerró la distancia entre nosotros con gran velocidad y haló una de las mangas de mi uniforme, rompiéndola, dio un giro veloz y me pegó en los riñones, anotando otro punto y ganando el combate.

Después del combate fui a felicitarlo por su victoria. Hasta ese momento, no nos llevábamos muy bien porque a él le costaba mucho aceptar cuando perdía conmigo. Pero luego de vencerme esa noche, se volvió mucho más amigable.

Cuando regresé de Dallas, estaba muy adolorido por los moretones del torneo y mi nariz rota me empezó a doler mucho. Caí en la cama agotado. El día siguiente desperté con un terrible dolor de cabeza. Mi hijo Eric, que todavía era muy pequeño, estaba tan emocionado de verme que se metió en la cama y empezó a saltar en ella. Yo estaba acostado boca arriba con los ojos cerrados, cuando de momento Eric perdió el equilibrio y cayó encima de mí. Su cabeza impactó mi nariz rompiéndola de nuevo. El dolor era increíble pues tenía que volver a acomodarme la nariz en menos de dos días.

Mas adelante, en el mismo año, fui a Silver Springs en Maryland para competir en otro torneo. Como siempre, los oponentes se alineaban para pelear con el que estaba a su lado. Me paré al lado de un joven que recientemente había obtenido su cinturón negro. Iba a ser su oponente en la primera pelea. Al saber que era uno de los mejores karatekas del país, se sintió tan mal del estómago que tuvo que ir al baño. Cuando regresó, traté de darle ánimo. Antes del combate fui hasta donde estaba él y le dije: «No te preocupes, lo harás bien».

Cuando entramos al cuadrilátero, sentía compasión por él y

mentalmente planeé hacer una pelea sencilla para él. ¿El resultado? Perdí la pelea.

Desde ese momento decidí que no volvería a cometer el error de confiarme demasiado.

Poco antes del campeonato internacional, recibí una llamada de Bruce Lee y me dijo que había conseguido un contrato como coordinador de dobles para la película *The Wrecking Crew* protagonizada por Dean Martin y Elke Sommer. «Hay una pequeña parte y pienso que tú lo harías muy bien», me dijo Bruce. «Serás el guardaespaldas de Elke, pelearás contra Dean Martin y dirás una frase en el diálogo, ¿te interesa?»

«Claro que sí», le respondí.

Aún cuando no sabía nada sobre actuación, pensé que sería bueno intentarlo. Me dijo la fecha en que tenía que presentarme en el estudio de filmación. Era un día después del Campeonato Internacional.

Cuando entré al cuadrilátero en el Internacional, me encontraba en excelente condición. Deseaba obtener la revancha con Joe Lewis, pero fue descalificado por lesionar a uno de sus oponentes. En su lugar, me tocaba pelear con Skipper Mullins, el karateka número tres a nivel nacional.

Aunque Skipper tenía una cara de ángel, medía un metro ochenta y cinco, y era un competidor muy rudo. Además era un gran amigo y de vez en cuando entrenábamos juntos.

Le había ganado cinco veces en torneos anteriores, pero Skipper no era uno de esos que te tomas a la ligera. Cada combate que tuvimos era muy parejo. Por muy buenas razones, él era el número tres. Cuando estábamos en los vestidores antes de que se iniciara el combate, le dije a Skipper: «Mañana tendré mi primera parte en una película. Golpea mi cuerpo, pero no me golpees en la cara, no quiero llegar al escenario viéndome como si hubiera llegado de un alboroto callejero». Es muy probable que no le hubiera dicho eso a otro competidor, pero por la amistad y la confianza que le tenía a Skipper, no me sentí mal en contarle. No le estaba diciendo que peleara débilmente, sólo le estaba pidiendo que evitara el contacto excesivo a mi cara.

Skipper me dijo: «Muy bien, pero quedarás en deuda conmigo».

Un combate de gran campeonato duraba tres minutos. El peleador con más puntos al final del combate era el ganador.

Skipper y yo nos colocamos en el cuadrilátero e hicimos la reverencia. Skipper era famoso por sus patadas y muy rara vez usaba sus manos. Sabía que uno de sus movimientos favoritos era la patada circular de cuarenta y cinco grados, la cual anticipé y bloqueé tal como lo había hecho en otras ocasiones. Pero esta vez, la continuó con un puño, una técnica que él nunca había usado conmigo antes. No vi el puño venir y me dio en el ojo izquierdo. Sabía que iba a tener un moretón. Skipper, me iba ganando por tres puntos y sólo quedaba poco más de un minuto. Él trataba de mantener la distancia de tal forma que se pasara el tiempo. Sabía que tenía que acercarlo a mi distancia, así que le dije: «Skipper, ¿por qué no te acercas y peleas como un hombre?» Vi su rostro ruborizarse. Ya no evitaba la distancia y logré pegarle con una serie de patadas rápidas y golpes que me dieron cuatro puntos, ganándole así el combate.

Luego le dije: «No puedo creer que hayas caído tan fácilmente. Debiste haberme dicho, "hablaremos de eso después de que sea el gran campeón"».

Mi nombre fue inscrito en un gran platón de plata. Pero había otra cosa que me recordaba mi victoria. El día siguiente llegué al escenario con un moretón que le tomó una hora a la maquillista cubrir.

Estaba fascinado cuando entré al estudio de filmación para prepararme para mi debut. Nunca antes había estado en un set y no sabía qué esperar. El estudio era un complejo inmenso y el lugar donde estábamos trabajando era un cubo gigante con techos muy altos, luces enormes y brillantes, y cables por todos lados. Docenas de personas trabajaban de un lugar a otro como hormigas y yo me preguntaba cómo se podía hacer una película con tanto caos. Pronto el director tomó el mando y nos pusimos a trabajar.

Al igual que muchos en ese tiempo, yo no sabía cómo se hacía una película. Pensaba que los creadores de las películas sólo encendían una cámara y los actores hacían sus partes, de la misma forma en que se hacía en las escuelas secundarias. Estaba muy equivocado. Cada escena duraba horas en hacerse. Las luces tenían que reacomodarse, los ángulos de la cámara debían revisarse y los actores debían ser instruidos y colocados en sus sitios.

Mi debut en el cine era de sólo una frase. En la película, Dean Martin entraba en un club nocturno. Tenía que pararme enfrente de él y decirle: «¿Me permite, señor Helm?» Tenía que abrir la palma, implicando que quería que me diera su pistola, antes de que fuera a una mesa donde Elke Sommer y Nigel Greene estaban sentados. La secuencia tenía que terminar con una pelea entre Dean y yo. Durante las semanas previas a la filmación, repetí esa frase una y otra vez mientras me miraba al espejo del baño, tratando de encontrar la mejor forma de decir la frase.

Cuando las cámaras empezaron a filmar, Dean entró a tiempo. Cuando lo vi acercándose, pude sentir como mi garganta y mi cuerpo se ponían rígidos. Mi única frase salió como un suspiro. «¿Me permite, señor Helm?»

Dean pareció no notar mi voz ronca y obedientemente me dio la pistola.

Pensé: *¡Aquí se acabó mi carrera artística. Ni siquiera pude decir una frase correctamente!*

Por fortuna, al director no le importó con tal de que la escena acabara en la pelea.

Luego, comenzamos la escena de la pelea. Dean iba a ser fotografiado en la primera parte de la pelea y luego iba a ser doblado por Mike Stone, un experto en karate. En la toma de apertura se suponía que yo debía lanzar una patada giratoria de talón hacia la cabeza de Dean. Le pregunté qué tan lejos iba a caer para así calcular qué tanto podía acercarme a su cabeza. Él me dijo que no me preocupara; él caería lejos y doblaría sus rodillas para aparentar el movimiento.

El director dijo: «Acción» y yo hice mi parte de forma excelente. Sólo hubo un problema. ¡Dean olvidó doblar sus rodillas! Le pegué vergonzosamente en el hombro y lo mandé al otro lado del escenario. El director estaba aterrado, pero Dean lo tomó muy natural y dijo: «Estoy bien, hagámoslo otra vez».

Cuando repetimos la toma, decidí patear más allá de su cabeza, en caso de que él no doblara sus rodillas. Pero esta vez se agachó tanto que mi patada le pasó como a metro más alto. Lo que quedaba de la escena se hizo con Mike Stone. Luego Dean volvió para la conclusión. La pelea entre Dean y yo terminó cuando la estrella de la película, me pateaba y me lanzaba sobre una mesa y varias sillas. Yo podía ser un experto y gran campeón de karate, pero Dean era «Matt Helm».

Aunque no lo hice como esperaba, la escena se vio bien cuando la película quedó lista. Disfruté salir en la película, pero no era una experiencia que deseaba repetir muy pronto. Había estado muy tenso, muy inseguro de mí mismo. Nunca había actuado antes y no sabía qué esperar, y por eso no me podía preparar apropiadamente. Estaba decepcionado de mi actuación, pero no me preocupaba mucho por ello. Después de todo, no tenía ilusiones de ser una estrella de cine. Actuar era algo interesante, pero yo me visualizaba más como un maestro de artes marciales, enseñando y abriendo más escuelas y con mi vida concentrada en mis estudiantes. Hubiera seguido enseñando artes marciales de no haber sido porque las escuelas tuvieron dificultades. Te hablaré de eso más adelante, pero resta decir que el empleo como actor tuvo un beneficio residual: me empecé a involucrar en el gremio de los actores.

Como resultado de toda la publicidad que había recibido por ganar los torneos, recibí un mensaje de una compañía de publicidad para representar una colonia llamada *Black Belt*. Estaban buscando a un experto en karate para hacer un comercial y querían filmarme rompiendo algo. Pensé, *un comercial de televisión podría ser algo muy importante*. *Me daría a conocer y me daría prestigio y eso atraería más estudiantes*. Además, el dinero que iba a recibir por hacerlo era más que bienvenido.

Me filmé rompiendo unos ladrillos encendidos y algunas tablas. Le envié el video a la agencia y pronto me contrataron para el comercial. Bob Wall y Mike Stone, dos de los mejores karatekas del país, volaron a Nueva York para ayudarme.

Durante los cuatro días que se necesitaron para filmar el comercial, rompí más de tres mil tejas y quebré más de cuatrocientas tablas que Bob y Mike sostenían. Cuando el comercial terminó, estaba tan hastiado de quebrar ladrillos y tablas que nunca quería ver otra pieza de esas de nuevo.

•◆•

Mi plan para retirarme de la competencia, se retrasó aún más cuando al final del 1968, el promotor Aarón Banks llamó desde New York. Me pidió que peleara por el título de campeón mundial profesional de peso medio contra Louis Delgado, en el hotel Waldorf Astoria en Nueva York. Había enfrentado a Louis en dos torneos anteriormente, gané uno y perdí uno. Louis era un peleador versátil y talentoso, unos años menor que yo. Al recordar las difíciles peleas con Delgado, supe que si aceptaba el reto, tendría una verdadera batalla que enfrentar. Aun así, acepté el combate.

En el rango profesional, los competidores pelean a tres asaltos de tres minutos cada uno, muy similar al boxeo profesional. Poco después de haber iniciado el primer asalto, Delgado me golpeó con una patada giratoria de talón, rompiéndome la quijada y haciéndome caer de rodillas. Mi nivel de adrenalina era tan intenso, sin embargo, que casi no sentí el dolor y seguí el combate.

Utilicé una barrida de judo y lo hice perder el balance, al punto que cayó al piso con sus brazos abiertos para así amortiguar el impacto. Me agaché para golpearlo con uno de mis puños y cuando lo hacía, mi rodilla golpeó su brazo y le quebré un hueso. Ninguno de los dos sabía cuánto daño nos hicimos porque continuamos peleando hasta que se acabó el combate y yo fui declarado vencedor. Nos fuimos al hospital en la misma ambulancia. Mi quijada rota tuvo que ser realineada y Louis salió con un yeso. No parecíamos campeones de karate esa noche cuando salimos del hospital.

Aún cuando el título profesional me dio mucha satisfacción, yo sabía que la parte más gratificante de mi carrera en las artes marciales, era la forma en que me hacía esforzarme para lograr los objetivos que me planteaba.

Ganar los primeros torneos pequeños al principio de mi carrera fue tan emocionante como ganar el campeonato mundial profesional. Más y más cada día me daba cuenta de que la mayor recompensa de la vida era la jornada y no el destino.

Cuando ocurrió la guerra en Vietnam, mis dos hermanos, Wieland y Aarón se enlistaron en el ejército. Como veterano, entendí muy bien su deseo por servir a la patria y los apoyé en su decisión de enlistarse. Aarón fue enviado a Corea y Wieland a Vietnam. Cuando mi hermano Wieland estaba saliendo para Vietnam, lo abracé, le di un beso y le dije: «Te voy a extrañar. Cuídate».

En 1970, mientras servía de árbitro en un torneo en California escuché un anuncio por el altavoz: «Chuck Norris tiene una llamada urgente». Corrí al teléfono.

Reconocí la voz entrecortada de mi suegra y ella estaba llorando.

«¿Qué pasa, Evelyn?», le pregunté.

«Tu hermano fue muerto en Vietnam».

Estoy seguro de que si me hubieran pateado en el estómago una docena de campeones de karate al mismo tiempo no hubiera sentido el mismo impacto. Me aparté del teléfono como tratando de pretender que las palabras de Evelyn no eran ciertas. Pero lo eran, colgué el teléfono y empecé a caminar muy lentamente. No pude pensar en nada por un buen período de tiempo, me senté impactado, pensando en mi hermanito, Wieland, mi mejor amigo a quien nunca volvería a ver en esta vida.

Allí, frente a todos los que se volteaban a mirarme, lloré incontrolablemente.

Cuando Wieland tenía doce años tuvo una premonición de que él no viviría hasta los veintiocho años. Wieland murió el 3 de junio de 1970, un mes antes de cumplir los veintiocho. Supe después que Wieland murió mientras dirigía a su escuadrón por el territorio enemigo. Él había localizado a una patrulla enemiga que estaba preparando una trampa e intentaba prevenir a sus hombres cuando el Vietcong lo mató.

Nuestro hermano menor, Aarón, recibió un permiso de emergencia del ejército para poder volver de Corea. El gobierno de los Estados Unidos también hizo los arreglos para traer el cuerpo de Wieland al país para su funeral. Traté de ayudarle a mi madre con los preparativos, apoyarla durante el proceso de dolor, al saber que su hijo volvía pero que nunca más oiría su voz, vería su sonrisa o reconocería la chispa en sus ojos que solían iluminar la casa. Sólo alguien que ha perdido a un ser querido de esa forma puede saber el dolor que nuestra familia sintió.

Aunque Dios me ha bendecido con una familia muy grande, todavía extraño mucho a mi hermano. Pienso mucho en mi hermano y lo que me consuela es saber que un día le daré un gran abrazo en el cielo.

CAPÍTULO 11

GANANCIAS MATERIALES; PÉRDIDAS EMOCIONALES

———•◆•———

Bob Wall y yo nos habíamos asociado en 1967 para operar mis escuelas de artes marciales. Con las cualidades organizacionales de Bob y mi supervisión general como el instructor en jefe, pronto tuvimos tres escuelas de artes marciales muy prósperas. Ya para 1970 nos iba tan bien que una gran corporación ofreció comprarnos el negocio y abrir cientos de academias Chuck Norris en toda la nación. Bob y yo conversamos sobre nuestras opciones y decidimos venderlo. Pensamos que dos por ciento de cientos de academias era mejor que cien por ciento de tres.

Bob y yo recibimos $60.000 dólares cada uno por nuestras academias y un salario de $3.000 dólares mensuales. Yo iba a seguir dirigiendo el programa educacional y Bob estaría encargado del programa de ventas. Era la situación ideal. Podíamos continuar involucrados en la formación de los estudiantes, mientras que alguien se encargaba del negocio y nos pagaban por hacer lo que nos encantaba.

Cuando Dianne y yo recibimos nuestro cheque, una de las primeras cosas que hicimos fue comprar una casa nueva en Rolling Hills, un área residencial de Los Ángeles. También me compré un Cadillac dorado. Con un salario muy bueno y sesenta mil dólares en el banco, a los treinta años de edad, me sentía repleto de dinero.

Hay un dicho que dice: «Lo que fácil viene, fácil se va» y estaba a punto de descubrir exactamente lo que eso significaba.

Muchos de nosotros estamos tentados a pensar que cuando las cosas no van bien en nuestras relaciones personales, las cosas materiales substituirán la falta emocional. Pero obtener más o tener cosas más relucientes rara vez mejora una relación tormentosa. Eso fue muy cierto para Dianne y para mí.

Para 1972, Dianne y yo empezamos a desarrollar diferentes intereses y cada vez era más claro que nuestra relación estaba en problemas. Discutíamos con más frecuencia y ninguno de los dos estaba feliz con lo que veíamos en el matrimonio. Nos separamos y Dianne se llevó a los niños con ella.

Me sentí devastado por su partida y caí en una depresión. Nada de lo que intentaba llenaba el vacío en mi vida. Mi familia se había ido y Dios parecía estar a millones de kilómetros de distancia. Me sentía solo y miserable, pero estaba decidido a seguir adelante.

Cuatro meses después, Bruce Lee me llamó por teléfono una mañana. Me dijo que dos películas que hizo en Hong Kong habían sido un gran éxito de taquilla. Él quería que yo participara en su siguiente película, *El regreso del dragón*, la cual él mismo dirigiría. «Quiero que seas mi oponente, tendremos una pelea en el Coliseo de Roma» me dijo con emoción. «¡Dos gladiadores luchando hasta la muerte! Lo mejor de todo es que nosotros mismos prepararemos la coreografía. Te prometo que la pelea será el momento culminante de la película».

«Genial», le dije «¿Quién gana?»

«Yo», Bruce dijo riendo. «¡Soy la estrella!»

«Ah, ¿vas a vencer al actual campeón mundial de karate?»

«No», dijo Bruce. «Voy a *matar* al actual campeón mundial de karate».

Me reí y acordé hacer la película con Bruce.

Nunca antes había viajado a Europa, así que le pedí a Bob Wall, mi buen amigo y socio de las academias de karate, que me acompañara. Cuando llegamos al aeropuerto Leonardo da Vinci en Roma, Bruce nos estaba esperando con equipo de filmación para filmarnos cuando bajáramos del avión. Bruce quería usar la escena de la llegada como parte de la película. Ya que Bob venía conmigo, Bruce decidió usarlo también en la película.

Habían pasado dos años desde la última vez que había visto a Bruce, pero seguía siendo tan cordial como siempre. No se avergonzaba con el afecto masculino y nos dio un gran abrazo antes de llevarnos al auto.

Para la escena en el Coliseo, Bruce quería que me viera formidable como su oponente. Yo pesaba 162 libras en comparación con sus 145, y él quería que aumentara por lo menos veinte libras más. Afortunadamente, mi metabolismo era muy lento y podía aumentar siete libras en menos de una semana, si disminuía mis ejercicios y no cuidaba mi dieta. Le dije: «¡Grandioso! Puedo comer hasta hartarme a expensas de la compañía».

Bob y yo pasamos dos semanas paseando como típicos turistas. Tomamos recorridos en el día, visitamos templos como la Basílica de San Pedro, el Vaticano, la fuente Trevi y los hermosos jardines en la Villa burguesa. Encontré un restaurante donde podía comer pasta y helado hasta saciarme, lo mejor que haya probado en mi vida. Casi todas las noches cenábamos en la Taberna Flavia en Trastevere. Comencé a aumentar de peso inmediatamente, logrando el objetivo en el tiempo fijado.

Bruce y yo fuimos al Coliseo para revisar los detalles para la gran escena de la pelea.

Era un sentimiento extraño, estar junto a él en uno de esos túneles que llevaban hacia la arena. Récordé películas como *Espartaco*, donde Kirk Douglas peleó en la arena y un sentimiento de respeto al pensar en las verdaderas peleas a muerte que regularmente se hicieron en el Coliseo para entretener a la población romana.

El Coliseo era más grande e impresionante de lo que me había imaginado. Nos sentamos en uno de los asientos de piedra de la arena y discutimos la escena. Bruce hizo anotaciones sobre los ángulos de las cámaras. Él planeó la escena de tal forma que pareciera como si fuéramos dos gladiadores peleando el uno contra el otro. Como nosotros mismos estábamos a cargo de la coreografía, él me preguntó. «¿Qué quieres hacer?»

Le mostré unas técnicas que pensé serían interesantes y así él preparó sus defensas. Luego me atacó y yo preparé mis movimientos. Estuvimos allí todo el día creando la escena de la lucha.

La escena que iba a ser el clímax de la película, duró tres días en filmarse. Era difícil y desafiante, pero disfrutaría al hacerla. Aunque Bruce era un director novato, él sabía lo que quería y en que forma el camarógrafo debía filmarla. Hice de villano. Afortunadamente, Bruce no me obligó a ser tan malvado. Al final de la pelea, cuando él me mata, él colocaba mi uniforme y mi cinturón encima de mí en una forma muy ceremonial y respetuosa. Tal como Bruce lo había predicho, nuestra escena de la pelea se volvió un clásico. Hasta este día, le puedes preguntar a cualquier estudiante de artes marciales sobre su pelea favorita en una película y casi todos te responderán que se acuerdan de la escena de la pelea entre Bruce Lee y yo en el *Regreso del dragón*.

Bruce, Bob Wall y yo volamos a Hong Kong para filmar el resto de nuestras escenas. El día que llegamos allí, Bruce había hecho arreglos para que fuéramos los invitados en el programa de televisión más famoso de la ciudad. *Disfruta la noche*, la versión de Hong kong para el programa estadounidense *The Tonight Show* con Johny Carson.

Me pidieron que hiciera unas demostraciones de artes marciales y empecé pateando un cigarro de la boca de Bob, rompí unas tablas, y luego Bob y yo hicimos una demostración de combate libre. Le pegué a Bob con una patada giratoria por detrás que le dio en el pecho y lo mandó al otro lado del estudio. Todos se impresionaron, pero Bob se levantó como si nada. Cuando terminamos la demostración, el anfitrión del programa quiso ver el protector que Bob estaba usando en el pecho.

«¿Cuál protector?», Bob le dijo, mientras abría la parte de arriba de su *gi*. La marca de mi pie estaba en su pecho.

El día siguiente, en un periódico local, alguien me retó a una pelea. Bruce estaba asombrado con el artículo y me lo leyó.

—¿Qué crees que debo hacer —le pregunté a Bruce.

—No le hagas caso —me dijo—. A mí siempre me andan retando. Es una mala situación. Todo lo que quieren es publicidad.

Sin embargo, Bob estaba molesto.

—Yo no soy protagonista en la película —le dijo a Bruce—. ¿Qué tal si yo acepto?»

—Adelante, si eso es lo que quieres —le dijo Bruce.

Bob salió nuevamente en el programa de televisión la siguiente noche. Él le dijo a la audiencia: «Un televidente, ha retado a mi instructor, Chuck Norris. Chuck es mejor peleador que yo. Por eso quiero enfrentarte, quien quiera que seas. Pelea primero conmigo a ver si calificas para enfrentarlo. Nuestra pelea será en este programa de televisión para que todos en Hong Kong vean como te despedazo».

El retador, quien quiera que haya sido, nunca apareció y nadie más me volvió a retar en Hong Kong. Completamos la película y Bob junto conmigo regresamos a nuestras vidas reales como instructores de karate.

Había casi olvidado acerca de la película hasta que empezaron a presentarla en los cines. Ciertamente, Bruce Lee había descubierto una fórmula ganadora con sus películas. La gente llenaba los cines para ver la película de acción. La producción de *El regreso del dragón* había sido $240.000 y al final había recaudado más de ochenta millones de dólares en todo el mundo.

Cuando volví a los Estados Unidos, Dianne y yo habíamos decidido reconciliarnos y darnos otra oportunidad. Nos esforzamos mucho en mejorar nuestra relación y yo di lo mejor de mí para ser un mejor padre y esposo. Deseaba mucho tener una mejor relación con mis hijos, Eric y Mike. No quería la misma relación distante que tuve con mi padre. Hice un esfuerzo consciente de poner a mi familia primero.

Naturalmente, les enseñé karate, pero también asistí a todos sus juegos de béisbol y de fútbol, al igual que a todos los de balompié.

Éramos una familia muy cariñosa y a mis hijos no les daba vergüenza demostrarlo. Por ejemplo, Mike era una estrella de su equipo en fútbol americano, pero cada vez que terminaba un juego, corría hasta la gradería donde estaba sentado y me daba un beso.

Una vez que dejaba a Eric en la escuela, noté que cuatro de sus amigos estaban en la esquina. Eric se acercó y me dio un beso antes de tomar sus libros y se bajó del auto. Cuando arrancaba el carro para irme, escuché a uno de sus amigos decirle a Eric:

—¿Todavía le das beso a tu papá?

Me volví y vi como Eric tomaba del cuello al chico y lo levantaba del suelo:

—Sí... ¿y qué?

—Nada, no es nada.

Aún ahora, siendo unos hombres, Eric y Mike siguen siendo muy afectuosos conmigo. Cuando estamos juntos, rápidamente nos abrazamos y nos besamos. Nunca terminamos una conversación telefónica sin dejar de decirnos *te amo*.

●◆●

Una tarde Bob y yo fuimos a ver un documental sobre carreras de motocicletas llamado *On Any Sunday* que protagonizaba Steve McQueen. Cuando el documental acabó, le dije a Bob: «Me gustaría conocer a ese actor Steve McQueen». Lo admiraba inmensamente. Él era el tipo de hombre que yo deseaba ser, un hacedor. Él radiaba fuerza y una gran imagen. Además de eso, sabía que en su vida fuera de la pantalla, Steve corría autos y motocicletas y eso me intrigaba. Aun cuando vivíamos en Los Ángeles, hogar para muchas estrellas de cine, era raro encontrarse con un actor famoso de Hollywood.

Quizás algún día, pensé.

Poco tiempo después de regresar a casa, recibí la noticia de que mi padre había muerto en un accidente de tránsito en Oklahoma. Le envié un telegrama a Aarón que todavía se encontraba en Corea. Logró conseguir un permiso y nos vimos en el funeral en Wilson, Oklahoma. Fue en ese momento que nos enteramos que mi padre padecía de cáncer. Parte de su garganta y barbilla habían sido removidas y un tubo había sido insertado en su traquea para ayudarle a respirar. Cuando sufrió el accidente automovilístico, él había sido expulsado del auto y el tubo en su garganta se había salido. Aunque sobrevivió al choque, murió en la carretera porque nadie en el sitio del accidente sabía que el tubo que estaba en el suelo le servía a mi padre para respirar.

Fue un período triste para Aarón y para mí. Aun cuando Aarón sólo tenía cinco años cuando mi madre abandonó a mi padre y catorce años pasaron antes de que lo volviéramos a ver, seguía siendo nuestro padre. Por primera vez en mucho tiempo me puse a pensar en lo vacía que fue su vida. Tomé la decisión de ser un verdadero padre para mis hijos.

Después del funeral, volé a California y Aarón volvió a Corea. Ambos tuvimos mucho en que pensar durante nuestros vuelos.

CAPÍTULO 12

Verdaderos amigos

———◆•◆———

Estaba por comenzar una lección cuando sonó el teléfono. Lo tomé y escuché: «Hola, mi nombre es Steve McQueen. Me gustaría llevar a mi hijo Chad para que tome algunas lecciones privadas». Sospeché que alguien me estaba haciendo una broma, pero la voz me sonaba muy conocida. Sin embargo, les sugerí a Steve y a su hijo que se presentaran en la Academia de Sherman Oaks el día siguiente.

No mencioné la llamada a nadie en la academia porque no estaba seguro si McQueen se aparecería. Pero a la hora acordada, oí una motocicleta estacionarse. Uno de los cinturones negros que estaba parado en la ventana, se volvió hacia mí y me dijo: «Steve McQueen acaba de llegar en una motocicleta».

Vestido a la usanza de los motociclistas, Steve entró en el estudio junto a su hijo Chad quien parecía tener unos siete años y vestía casi idéntico a su padre. Ambos traían sus cascos bajo el brazo.

Steve se presentó y fue directo al grano. Chad se había metido en una pelea en la escuela y Steve quería que aprendiera a defenderse. Conversé con Chad para determinar que tan dispuesto estaba para participar en el proceso. Parecía ser un buen chico, así que acordé enseñarle.

Chad era un buen estudiante y pronto aprendió algunas técnicas básicas de karate. Steve vino a unas de las lecciones a observar a Chad. Un día, Steve me dijo que deseaba tomar unas lecciones privadas también. Él aprendió karate rápidamente porque tenía excelentes reflejos y una habilidad atlética natural. Él era un luchador innato, sin temor de meterse con nadie. Una vez que decidía hacer algo, no se detenía hasta terminarlo. Su mayor obstáculo en el entrenamiento era su falta de flexibilidad y dificultad al ejecutar las patadas en el aire. Trabajamos fuerte en esas áreas por un buen tiempo y un día se nos ocurrió una idea que esperábamos podía funcionar.

La esposa de Steve, Ali McGraw, nos invitó a Steve y a mí para que la acompañáramos en su clase de ejercicios en Beverly Hills. «Hacemos mucho estiramiento», dijo ella.

Cuando llegamos, Shirley Jones y Susan Dey, estrellas de la serie de televisión The Partridge Family ya estaban allí. Ron Fletcher, el instructor, nos dio a Steve y a mí un par de leotardos para ponernos. Un par era de color rosado y el otro era color azul. Yo tomé el azul y fuimos al vestidor para cambiarnos.

Sería poco decir que nos veíamos ridículos en esos trajes. Además, esos leotardos no dejaban que quedara nada a la imaginación. Steve, se miró al espejo y dijo:

—¡No voy a salir así!

—Mira —le dije— si salimos allí y actuamos como si hiciéramos esto siempre, nadie se fijará en nosotros.

—Muy bien —dijo Steve de mala gana.

Salió de los vestidores primero vistiendo su leotardo de color rosado. Tan pronto salió, yo cerré la puerta con seguro. Steve debió de haber oído cuando la cerré porque se regresó y empezó a pegarle, pero no le abrí. Pensé que cuando las chicas se cansaran de estarlo viendo y de reírse de él, ya no me podrían atención.

Unos minutos después que las risas acabaron, salí de los vestidores. Steve estaba sentado en el suelo, hablando con las mujeres. Caminé de forma casual hasta donde estaba él y me senté. Tenía razón, el único que se estaba fijando en mí era Steve, pero si las miradas mataran, ¡ya estaría muerto!

La clase fue muy divertida porque yo ya era flexible, pero Steve se quejó de su rigidez y por supuesto de mi broma. Durante el tiempo en que tomamos clases juntos, nos volvimos buenos amigos.

Con frecuencia nos sentábamos después de la clase sólo para hablar de forma casual. Una tarde, después del entrenamiento, Steve me sorprendió al preguntarme. «Chuck, ¿cómo sabes si alguien te aprecia por ser quien eres o por ser una estrella?»

«No soy una estrella como tú», le dije, «pero si disfruto estar con esa persona, no me preocupan sus motivos. Si te preocupas, el único que se deprimirá serás tú».

Steve McQueen era probablemente más abierto conmigo que con la mayoría de las personas, pero la pared emocional que había construido para protegerse, no permitía casi nada de su vulnerabilidad personal en nuestra relación. Aunque éramos buenos amigos, nuestras conversaciones raramente pasaban de carreras, motocicletas, autos y artes marciales.

A ambos nos encantaba disfrutar momentos especiales con nuestros hijos y cuando mis hijos, Mike y Eric cumplieron once y ocho años respectivamente, los llevamos a las dunas indias en las afueras de Los Ángeles y les enseñamos a andar en motocicleta de manera competitiva, con la regla de que ellos podían manejar las motocicletas en campo abierto pero nunca en la calle. Los chicos estuvieron de acuerdo... de mala gana.

Eric especialmente se interesó con las carreras de motocicletas. Al ir creciendo, su pasión por las carreras tomó diferentes formas desde las carreras en moto, carro, camioneta y hasta un pequeño período en las carreras del circuito oeste de Nascar.

Yo disfrutaba ser maestro de artes marciales y asumía que las cuestiones financieras estaban siendo controladas por nuestros nuevos dueños. Desgraciadamente, estaba equivocado. Mis negocios se encontraban por el suelo. Mientras que ellos expandían el número de academias, la compañía que compró las academias no tenía idea de cómo operar un negocio de servicio personal en el cual las decisiones se deben tomar inmediatamente. Mi socio, Bob Wall y yo tratamos de decirles lo que estaban haciendo mal, pero se rehusaron a escucharnos. Bob finalmente se cansó, vendió su parte de las acciones y se dedicó al negocio de bienes raíces.

Para 1973, los dueños de las academias estaban en problemas financieros graves y habían perdido más de un millón de dólares. Vendieron las escuelas a otro consorcio y este a un individuo que estaba más interesado en malversar los fondos que en incrementar las entradas. Me dijo que las escuelas estarían en bancarrota en poco tiempo.

Aun cuando no tenía una responsabilidad fiduciaria en ese momento, no deseaba que las academias que tenían mi nombre fueran asociadas con una bancarrota y le pregunté al dueño cuál era la cantidad de la deuda. Él me dijo que había una deuda de $140.000 dólares, una gigantesca suma en 1973. «Si te haces cargo de la deuda, te puedes quedar con las siete escuelas que quedan», me dijo.

Hice el trato con él, pero debido a mi falta de experiencia en los negocios, no incluí una cláusula en el contrato que dijera que sólo me iba a encargar de pagar las deudas que se describían en el recibo de venta. Ese fue un inmenso error.

Me senté con un cuaderno y trate de escribir un plan de acción. Pensé que si vendía cinco de las academias a $25.000 dólares cada una, eso sumaría un total de $125.000 dólares. Tenía un poco de dinero ahorrado que podría totalizar la diferencia. Podía quedarme con dos academias y mantener las escuelas de karate Chuck Norris solventes.

Contacté a mis cinturones negros, que estaban dirigiendo las academias que esperaba vender y les pregunté si querían comprar las escuelas que estaban dirigiendo. Los cinco se arriesgaron a comprar las academias. Cada uno de ellos, acordó dar un anticipo de $5.000 dólares y pagarme $500 dólares por mes hasta saldar la deuda.

Llamé a los acreedores y les expliqué la situación. Les dije que no quería solicitar el capítulo 11 de bancarrota (una sanción que se les da a las personas que están a punto de caer en bancarrota para llegar a un arreglo) y les prometí que les pagaría cada centavo de la deuda si me daban tiempo. La mayoría de ellos se sorprendieron con esta oferta y estuvieron dispuestos a aceptar el trato. Todos sabían que si las escuelas declaraban el capítulo 11, sólo tendría que pagar una décima parte de la deuda. Les reiteré a los acreedores que no quería caer en bancarrota y afortunadamente ellos estaban dispuestos a resolver el asunto. Acordaron que podía pagarles al dividir entre los acreedores los $2.500 mensuales que iba a recibir cada mes de mis cinturones negros.

Los cinturones negros hacían sus pagos de forma regular. Todo iba muy bien hasta que recibí otro golpe adicional por $120.000 en recibos, incluyendo salarios sin pagar, impuestos federales y estatales que el dueño anterior no me había mencionado. El Servicio de Rentas Internas me dijo que si no pagaba un mínimo de $12.000 dólares que les debía, ellos cerrarían las escuelas inmediatamente.

No podía pagarle a un abogado, así que fui a ver a un amigo comerciante, le mostré los registros contables y le pedí su consejo. Me dijo: «Solicita la bancarrota. No hay manera de que salgas bien de esto».

No tenía dinero, pero la bancarrota no era una opción aceptable para mí. Vendí mis últimas dos escuelas y con eso conseguí $10.000 dólares. George, mi padrastro me prestó $1.000 pero todavía necesitaba otros $1.000 dólares para pagar el monto mínimo de la deuda con el IRS (por sus siglas en inglés).

Cuando le conté a Bob sobre el problema, él me dijo que no tenía efectivo, pero que tenía una línea de crédito de $1.000 dólares en una tarjeta de crédito. Él pidió prestado ese dinero y me lo dio. No tenía idea de cómo le iba a pagar a George y a Bob, pero sabía que tenía que encontrar una forma de devolverles cada centavo.

Mientras tanto, tenía que mudarme de mi oficina. Mi amigo, Larry Morales, vino a ayudarme, trajo una camioneta y un par de empleados. Le dije a Larry que tenía cuatro escritorios que quería vender a $100 dólares cada uno. Larry me dijo que él sabía de alguien que podía estar interesado y se llevó los escritorios. Dos horas después regresó con los $400 dólares.

«¡Wow! Larry, esto es genial, ¿Quién compró los escritorios?»

«Ah, un tipo que realmente los necesitaba», me dijo desinteresadamente.

Un par de meses después, visité a Larry en su taller. Cuando iba entrando en su bodega, vi los cuatro escritorios allí. Me di cuenta que él los había comprado para ayudarme, aún sabiendo que su negocio estaba comenzando y que apenas podía salir adelante.

Las verdaderas amistades están basadas en gestos como los de Bob y Larry. Ellos me apoyaron cuando lo necesitaba y nunca lo he olvidado. Me da mucho placer saber que en la actualidad ambos son hombres de negocios muy exitosos.

Vendí mis últimas dos escuelas y mi hermoso Cadillac y con eso pude pagarle a mis acreedores. Les conté sobre el problema de los impuestos y les pedí un poco más de tiempo. Les dije que aunque me iba a tomar más tiempo, les pagaría todo. Ellos estuvieron de acuerdo.

Para poder pagar mis gastos personales, daba seminarios y clases privadas. Aunque en ese momento, no lo veía así, perder las escuelas y empezar a enseñar de manera privada fue el pivote de mi carrera. Es probable que nunca hubiera hecho una película sino hubiera sido por esa situación que estaba pasando. Pero no quiere decir que haya sido fácil. Todo lo contrario.

Todavía no tenía dinero y estaba decidido a mantener la casa tanto como fuera posible, pero no me estaba alcanzando ni para los pagos básicos. No sabía cuanto tiempo más podía aguantar.

Dianne me había apoyado mucho durante todo ese tiempo.

Irónicamente, dependíamos más el uno del otro en esos tiempos difíciles que cuando disfrutamos de días de gloria luego de vender las escuelas. Los problemas nos cimentaron mejor de una manera que la prosperidad no lo hubiera hecho. Ciertamente, pasamos cuatro años luchando para salvar nuestras academias de karate, pero a la vez quizás fueron los mejores años de nuestro matrimonio.

•◆•

Una noche le pregunté a Dianne: «¿Qué es lo peor que pudiera pasar? Sólo tendríamos que volver a empezar. Cuando ves los problemas de otra gente, los nuestros parecen minúsculos».

Dianne estuvo de acuerdo.

Entonces una cosa asombrosa sucedió. Los productores del programa de televisión The Tonight Show me llamaron. Ellos querían información de uno de mis estudiantes privados, Phil Paley, el cinturón negro más joven de los Estados Unidos. Phil era bien parecido, tenía nueve años y era excepcionalmente bueno en karate. Fuimos invitados al programa donde hicimos una demostración y después de la demostración, Johny Carson, el anfitrión, nos entrevistó a Phil y a mí. He salido en muchas entrevistas desde entonces, pero la entrevista con Johny Carson fue la primera y la mejor. Él era muy divertido pero a la vez un buen conocedor del karate.

Él sabía hacer todas las preguntas correctas que me permitían responder con soltura y eso hizo que me viera como el mejor experto en karate del país.

Bill Marr, un prominente hombre de negocios en Norfolk, Virgina, quien era el dueño de la compañía de taxis Yellow Cab, junto con otras más, vio el programa de Carson. Me llamó el siguiente día para decirme que su hijo tomaba clase de karate con un instructor coreano, que iba a venir a California y que deseaba que nos conociéramos. «Puede que esté interesado en comprar la franquicia de una escuela de karate», me dijo el señor Marr. No sabía qué pensar, y como él había dicho que sólo estaba pensándolo, no me hice muchas ilusiones.

Sin embargo, le dije que quería conocerlo y responder todas sus preguntas.

Cuando Bill y yo nos reunimos en mi oficina, me preguntó por qué creía que la gente quería aprender karate. Le expliqué mi creencia de que cuando una persona dice que quiere aprender karate, en realidad quiere decir: «Hazme una persona más segura de mí misma. Los conceptos positivos que el estudiante desarrolla lo hacen sentir mejor consigo mismo. Animo a los estudiantes a que trabajen duro física y mentalmente. Al mismo tiempo, trato de crear en ellos una perspectiva filosófica de la vida que será de gran beneficio personal».

Bill estaba interesado en mis conceptos, pero quería ver otras escuelas en el país. Me prometió llamarme si deseaba hacer el negocio. Dos meses más tarde me llamó y me dijo que prefería mi sistema en comparación con las otras academias que había visitado. Él quería comprar la franquicia, incorporando a mis maestros y mis métodos de enseñanza.

Después de hacer el trato, mi hermano Aarón y Rick Prieto, ambos cinturones negros, se fueron a Virginia Beach a abrir dos nuevas Academias de Karate Chuck Norris. Ellos continuaron dirigiéndolas por cinco años, inspirando y animando a los estudiantes de tal forma que las escuelas florecieron. Las escuelas de karate de Bill Marr se convirtieron en unas de las más prestigiosas y exitosas escuelas de karate en el mundo en ese tiempo.

El dinero que Bill nos dio por la compra de la franquicia nos ayudó a salir de la deuda y a empezar de nuevo. Aunque había perdido mis escuelas, en un tiempo pude pagarles a los acreedores cada centavo que les debía. Fue un proceso largo y difícil pero valió la pena, financiera, emocional y éticamente hablando. Un día me encontré con el hombre de negocios que me había aconsejado solicitar la bancarrota. Cuando le dije lo que había hecho, hizo un gesto de negación y dijo: «Hubiera apostado mil dólares contra una dona que no lo ibas a lograr».

Pero lo logré y me sentía como si me hubieran quitado de encima un millón de libras. Estaba listo para nuevos desafíos.

CAPÍTULO 13

LAS ESTRELLAS DE HOLLYWOOD Y OTROS ESTUDIANTES CÉLEBRES

Empecé a enseñar karate a las celebridades más bien por accidente. Dan Blocker, un hombre gigantesco pero muy amable, era uno de los actores de *Bonanza*, una de las series más famosas de la televisión estadounidense. Dan hacía el personaje Hoss Cartwright. Él me había visto competir en los campeonatos de Long Beach en 1970 y me pidió que si podía ir a su casa a enseñarle karate a sus hijos (el nombre de cada uno de ellos comenzaba con la letra D): Dana, Dirk y David. Las clases en la casa de Dan empezaron a expandirse cuando llegaron algunos hijos de los vecinos.

Dan me invitó a almorzar con él en los estudios Paramount donde se filmaba Bonanza. Allí me presentó a Michael Landon, quien protagonizaba al *Pequeño Joe* en la serie y luego se convirtiera en el protagonista de la serie *La Casita de la Pradera*. Michael me pidió que le enseñara karate y lo mismo hizo David Canary, otro de los personajes de la serie. Michael había sido un lanzador de jabalina en sus años mozos y todavía se mantenía en muy buena forma al igual que David quien era un bailarín profesional. Disfrutaba mucho enseñarles pues les gustaba aprender.

Michael me invitó a que participara con él en un programa de concursos que se llamaba *Droopers*, muy similar al programa *What Is My Line*. El concurso consistía en adivinar que celebridad estaba, de alguna manera, unida a alguna de las personas invitadas. Por ejemplo, en mi caso, me presentaron de la siguiente forma: el instructor de manejo de Joanne Worley, el yerno de Glenn Ford o el instructor de karate de Michael Landon.

Se les hacían preguntas a las celebridades y por medio de las respuestas los concursantes en un panel tenían que adivinar quién iba con quien. Sólo uno de los panelistas adivinó quién era yo. La mayoría pensó que era el yerno de Glenn Ford. Participé en otros programas de la misma categoría y un día recibí una llamada del programa *Dinah Shore Show*, donde me invitaron a salir en su programa haciendo una demostración de karate en vivo.

La invitada especial para ese día era Lucille Ball y el productor quería hacer algo que impresionara a Dinah y a Lucy, pero que al mismo tiempo fuera divertido. Se nos ocurrió un plan donde mi esposa estaría en la audiencia el día del programa. Dinah y Lucy no sabían que Dianne era mi esposa.

El plan era que iba a hacer algunas demostraciones de karate y luego escogeríamos a alguien en la audiencia para demostrar que fácil era aprender algunas técnicas de karate. Señalando a Dianne, le decía:

—Usted allí, ¿quisiera venir al escenario por favor?

Dianne tenía que mostrarse sorprendida y obligada a aceptar de mala gana, pero eventualmente, ella aceptaría y entraría al escenario.

—Supongamos que un hombre trata de asaltarte —le dije a Dianne—. Esto es lo que quiero que hagas.

Le demostré una técnica y Dianne actuaba como si no tuviera idea de lo que estaba pasando.

—Muy bien —dije—, ahora veamos si puedes hacerlo.

Lo hicimos una vez lentamente. Dianne, obviamente aparentaba estar nerviosa y lo hizo de forma rígida.

—Muy bien, ahora hagámoslo en serio.

Al tratar de atacar a Dianne, ella reaccionó como un remolino, bloqueando mis manos, golpeando mi cuello, pegándome fuertemente en el estómago, luego en la barbilla y pateándome con firmeza en el bajo vientre. Yo caí al suelo. Los golpes no me habían dolido en realidad, pero la última patada si dolió y mucho.

Dinah y Lucy estaban impresionadas totalmente, pero no más que yo. La audiencia se soltó a reír, gritos de aprobación y aplausos.

Cuando el programa terminó, le pregunté a Dianne.

—¿Por qué me pegaste con toda tu fuerza y no de la forma que lo habíamos ensayado?

—No sé, me puse muy nerviosa y olvidé lo que tenía que hacer —me dijo.

—¡Pues, casi me matas!

Bob Barrer, animador del programa *Truth or Consequences* vio el programa ese día y nos preguntó si podíamos hacer una presentación de karate en su programa. ¡Dianne estaba muy emocionada! Bob no sólo era su anfitrión de televisión favorito sino que también él había sido compañero de escuela de su papa en Misión, South Dakota. Aceptamos con gran entusiasmo hacer la demostración en su programa.

Ensayamos nuestra rutina y salimos en el programa. Hicimos lo mismo. Dianne me dio con toda su fuerza, repitiendo todo de nuevo, incluyendo la patada en el bajo vientre.

—¡Dianne, ¿por qué no puedes controlar tus golpes? —le pregunté más tarde.

—No lo sé —me respondió—. Pero cuando la cámara empieza a rodar, simplemente pierdo el control. Me pongo muy nerviosa.

Bob quedó tan complacido con la demostración que nos pidió volver a su programa en cuatro ocasiones más. Durante los comerciales, hablábamos sobre artes marciales. Un día me preguntó si podía enseñarle. «Quisiera estar en forma y aprender a defenderme», me dijo.

Acepté su proposición y estaba contento de tener otro estudiante célebre.

Bob era delgado y fuerte, el karate se le hizo fácil. Se emocionó tanto con las clases que convirtió su garaje en un gimnasio. Pronto me di cuenta que Bob y yo teníamos mucho en común. Al igual que yo, creció en un pueblo pequeño y se casó con su novia de toda la vida. A pesar de que ser una estrella, era, y todavía es, una de las personas más agradables que he conocido. Es muy paciente y agradable dentro y fuera del escenario. En su caso, lo que el público ve por televisión es su verdadera personalidad, a pesar de los chismes que se dicen en Hollywood.

Varios años después, Bob todavía realizaba muchos de los movimientos de karate que le enseñé. Demostró sus habilidades muy bien en la película *Happy Gilmore*, donde pelea con un tipo y lo deja contando estrellas. Aunque la película contiene malas palabras e insinuaciones sexuales, disfruté mucho la actuación de Bob.

El representante de la familia Osmond se comunicó conmigo y me dijo que la familia completa quería tomar lecciones de karate. Los Osmonds demostraron ser una de las familias más atléticas y disciplinadas que he enseñado. Toda la familia era muy saludable y estaba en excelentes condiciones.

Cuando no estaban haciendo giras, la familia practicaba conmigo tres veces a la semana. Luego de una hora de clases privadas, la mayoría de los estudiantes quedan exhaustos, pero los Osmonds apenas estaban calentando.

Habían estado entrenando conmigo por cerca de un año, cuando tuvieron que ir a una gira. Ellos querían incorporar una rutina de karate en su espectáculo y me pidieron que creara la coreografía. El acto que preparé tenía a Donny rompiendo tablas y a Jay y a Alan haciendo una escena de combate en medio de una canción.

Su gira ya llevaba tres meses cuando recibí una llamada telefónica de Alan.

—¡Chuck, le rompí la nariz a Jay en la escena de la pelea!

—¿Cómo sucedió eso? —le pregunté.

—Nos estaba yendo tan bien con la rutina que seguí acercándome más y más con las patadas y los golpes —Alan me explicó—. Pero una de las patadas se acercó más de la cuenta y golpeó a Jay.

Los Osmonds tenían que hacer dos espectáculos más ese día, y por eso Jay se fue detrás del escenario y se rellenó la nariz con algodón para que dejara de sangrar y así hizo el segundo espectáculo, antes de irse al hospital a recibir tratamiento. ¡Quizás esa es la razón por la que todavía hoy día su nariz se vea torcida!

Un año después, Donny y Marie firmaron un contrato para hacer un programa de variedad semanal. Donny me preguntó si deseaba participar como invitado en su primer episodio y accedí. Donny y yo hicimos una rutina de karate, una *kata* y terminamos con una coreografía de combate. El primer programa fue todo un éxito así como todos los programas que los Osmonds realizaron por varios años. La familia dejó de practicar karate cuando mi carrera interrumpió sus lecciones. No quisieron entrenar con nadie más.

Priscilla Presley me llamó un día y me dijo que quería aprender karate. Sabía que Elvis era un de los estudiantes de Ed Parker y por eso le pregunté por qué no entrenaba con Ed.

«Ed no me puede enseñar porque es el entrenador privado de Elvis y su guardaespaldas», me explicó.

No le encontraba sentido a eso, pero no iba a discutir con Elvis. Con gusto acepté que Priscilla fuera mi estudiante. Priscilla llegó a su primera lección usando su uniforme, pero parecía que había salido de una revista de modas. Sin embargo, era hermosa aun cuando transpiraba. Ella se esforzaba mucho y tomaba muy en serio su entrenamiento, el cual empezaba generalmente con estiramientos para aflojar y calentar. Luego le enseñaba algunas patadas básicas. Priscilla había estudiado ballet y podía ejecutar patadas altas con facilidad, fuerza y precisión.

Una vez cuando íbamos a hacer un poco de combate libre, le coloqué un protector para la cabeza. Pricila se lo quitó. «Si estoy en la calle, no podré ponerme uno de estos», me dijo.

«Es cierto».

Una vez insistió en ir a la calle que estaba detrás de la escuela para hacer algunas prácticas vistiendo zapatos de tacón alto, porque según ella, si alguna vez era atacada, era muy probable que esa sería la clase de zapatos que estaría vistiendo. Ella era asombrosamente práctica acerca de su aprendizaje de las artes marciales y aprendió muy rápido; definitivamente no es una mujer con la que uno quisiera meterse en problemas.

Para ese momento, había recibido suficiente publicidad como karateka y maestro, y eso llamó la atención de la prensa, lo cual atrajo más estudiantes, algunos nuevos amigos y hasta un nuevo pariente. Una tarde, mi asistente me dijo que mi primo Neal Norris, de Houston, Texas estaba en el teléfono. «Estoy en el Hospital Santa Mónica», dijo Neal. «Estaba en la ciudad compitiendo en un rodeo y sufrí una lesión montando un bronco».

«Lo siento», le dije mientras trataba en vano de acordarme de él.

«¿Hay alguna probabilidad de que nos podamos ver?», me preguntó Neil.

Le dije que lo vería tan pronto como terminara mi clase. Cuando llegué al hospital, él estaba esperándome en el lobby. Caminó hacia donde yo estaba y me abrazó. «¡Hey primo!», me dijo. Aun después de verlo, no podía recordar su cara, sin embargo, tenía muchos primos y él se veía como un Norris así que le pregunté qué planes tenía.

—Buscaré un hotel barato, me quedaré allí una noche y luego tomaré un avión de vuelta a Texas.

—¿Por qué no te quedas en casa esta noche y mañana te llevo al aeropuerto?

—¿Hablas en serio?

—Seguro. Mi esposa estará encantada de que te quedes con nosotros y así conoces a mis hijos.

Llegamos a la casa en el momento en que Mike y Eric se iban a acostar. Tan pronto como supieron que Neal era un verdadero vaquero, los niños pidieron quedarse levantados un rato más. Neal les contaba historias de su vida como montador de broncos y ellos lo escuchaban con ojos llenos de emoción.

Dianne finalmente llevó a los niños a la cama y preparó el cuarto de huéspedes para Neal. En ese momento, mi madre llamó.

—Hey, mamá, adivina. El primo Neal nos está visitando.

—¿En serio? —ella preguntó.

—Así es, tuvo una caída en un rodeo y necesitaba un lugar donde pasar la noche.

—¿En serio? Déjame hablar con él.

—Claro mamá, aquí te lo paso.

Le di el teléfono a Neal y empezaron a conversar. Después de un par de minutos de conversación, Neal me pasó el teléfono. Nos dimos las buenas noches y él se fue al cuarto de huéspedes. Mientras tanto, seguí hablando con mi madre después de que Neal y Dianne habían subido las escaleras.

—No sé quien es ese hombre, pero no es tu primo —me dijo mi madre.

—¿Qué?

—No tienes ningún primo llamado Neal —me informó mi madre.

Cuando le conté a Dianne, ella se asustó.

—Sácalo de la casa inmediatamente —me dijo.

—Dianne, es tarde —le dije—. No podemos sacarlo así como así.

—¡Pero es un impostor!

—Lo sé, lo sé. Pero dejémoslo quedarse esta noche y mañana lo llevaré al aeropuerto.

Dianne aceptó de mala gana, pero insistió en traer a los niños a nuestro cuarto y cerrar la puerta con seguro. Genial, pensé, ahora somos prisioneros en nuestra propia casa.

A la mañana siguiente, mientras llevaba a Neal al aeropuerto, le dije que sabía que no era mi primo.

—Tienes razón —admitió— pero mi apellido sí es Norris y me siento como si fuéramos parientes.

Una vez que llegamos al aeropuerto, Neal me dijo que no tenía dinero. Le di veinte dólares y luego me fui, esperando nunca oír más de Neal de nuevo.

Unas horas más tarde, mientras enseñaba en la academia de Los Ángeles, recibí una llamada de mi hermano Aarón desde la academia de Santa Mónica.

—El primo Neal está aquí, lo voy a llevar a comer —me dijo.

—No creo que quieras hacer eso.

Cuando le conté sobre mi experiencia con el «primo Neal» y que no era pariente nuestro, me recriminó diciendo: «¿Por qué nunca me cuentas nada?» Y lo sacó de la academia.

Pero ese no fue el final de la historia. Una semana después, empecé a recibir cuentas de varias tiendas donde Neal había comprado ropa y las había puesto a mi nombre para que las pagara. Poco después de que arreglé ese problema, John Robertson me llamó desde su escuela en San Diego para decirme que mi primo Neal había llegado de visita y había firmado autógrafos a todos los estudiantes.

¿Nunca va a acabar esto?, me pregunté. Afortunadamente sí, porque nunca más volví a oír más de Neal.

(Neal, si estás leyendo esto... ¡ni te atrevas!)

◆

Además de crear nuevos «parientes», la reputación de mis artes marciales me trajo situaciones interesantes. David Glickman, un amigo cercano y uno de los mejores abogados del país, fue solicitado como abogado defensor de un hombre que después de haber llegado a su casa del trabajo, encontró a su esposa con su amante en la cama. El esposo fue hasta la gaveta de la cómoda y sacó una pistola. El amante saltó de la cama. El esposo que sabía que el amante era cinturón negro en karate le disparó y lo mató.

La defensa de David era que la habilidad de karate de un practicante cinturón negro es considerada un arma mortal y el esposo sólo actuaba en defensa propia. David me llamó y acordamos que fuera un testigo profesional de la defensa.

El día del juicio, me llamaron al banquillo para ser interrogado por el fiscal de distrito.

—¿Espera usted que la corte crea que un cinturón negro en karate puede salir con vida si un hombre le apunta con una pistola? —me preguntó.

—Es posible —le dije— depende de la distancia.

—¿Qué tal tres metros? —me preguntó el fiscal.

—Si la bala no ha sido cargada en la culata y apuntada hacia el blanco, creo que es posible.

El abogado me pidió que bajara del banquillo y esperara enfrente del jurado. Caminó hacia el alguacil y le pidió que quitara el cartucho de su pistola y se la diera a él. El fiscal volvió hasta donde yo estaba enfrente del jurado con la pistola vacía. Se alejó a una distancia de tres metros de mí, me miró de frente y me dijo: «Quiero que intente detenerme antes de que cargue y dispare el arma».

¿En qué me metí?, pensé. Ese día estaba vistiendo un traje y zapatos de vestir, esa no era la ropa ideal para demostrar patadas de karate. Miré al fiscal que estaba parado arrogantemente en la corte. *Muy bien*, pensé, *tú lo pediste*.

El fiscal puso el arma a un lado suyo y le dio instrucciones al alguacil para decirnos cuando empezar. El alguacil gritó: «¡Ahora!»

Antes de que el fiscal pudiera cargar y disparar el arma, mi pie estaba en su pecho. No quise que la patada terminara su curso pues no quería hacerle daño.

El fiscal me dijo que lo volviéramos a hacer: «El dedo pulgar se me resbaló».

El alguacil volvió a decirnos cuando. Una vez más mi pie estaba en su pecho antes de que cargara y disparara la pistola.

Bob Wall y yo rompimos algunas tablas allí en la corte para demostrar el poder de las patadas de karate.

El acusado fue sentenciado por homicidio sin premeditación y no por asesinato en primer grado.

◆

A mediados de julio de 1973, Bruce me llamó para decirme que se encontraba en Los Ángeles y quería que nos viéramos para comer. Él había estado viviendo y trabajando en Hong Kong, así que estaba emocionado de verlo y ponernos al día en nuestras vidas. Bob Wall y yo nos reunimos con Bruce en Chinatown, en uno de sus restaurantes favoritos.

Bruce se veía como siempre, entusiasta, pero al conversar con él, nos reveló la verdadera razón por la que estaba en Estados Unidos. Varias veces se había desmayado misteriosamente mientras hacía su película en Hong Kong. Los doctores allá no pudieron encontrar la razón que estaba causando el problema, y por eso Bruce sacó una cita en un hospital prestigioso de Los Ángeles. «Pasé el examen sin problemas», nos dijo. «Los doctores dijeron que tengo el sistema interno de un muchacho de dieciocho años».

Tengo que admitir que Bruce se veía muy bien. Delgado y fuerte, a sus treinta y dos años, él se veía en prefectas condiciones físicas. Pero estaba confundido. «Bueno, pero si estás tan bien, ¿qué piensan los doctores que causó tus desmayos?»

Bruce me dijo mientras comía. «Tensión, supongo. Exceso de trabajo, falta de descanso. Lo mismo de siempre».

Bruce pasó por alto mi pregunta y cambió el tema a la aceptación que estaba teniendo su nueva película *La entrada del dragón*. «Va a ser genial», dijo Bruce, «y ya he recibido ofertas de varios estudios de cine para hacer otras películas. Hasta me han dado cheques en blanco, me dicen: "Sólo llena la cantidad que quieres y cámbialo". ¿Puedes creer eso?»

Claro que sí, siempre había creído que Bruce iba a ser una superestrella. No tenía idea de que pronto también sería una leyenda.

Bruce voló a Hong Kong y cuatro días más tarde escuché la terrible noticia de que había muerto. No quería creer eso. Lo acababa de ver tan radiante y vivaz, la viva foto de la buena salud, la emoción y la felicidad. ¿Cómo podía ser?

Los rumores acerca de su misteriosa muerte volaron a través del Pacífico más rápido que el jet que trajo su féretro.

Algunos informes decían que Bruce había muerto por injerir marihuana, desatando preguntas acerca del uso de drogas. Otros sugerían que su bien conocida experimentación con esteroides le causó la muerte. Otras más hablaban de que Bruce había sido asesinado con un golpe mortal de un asesino a sueldo. Un experto en técnicas orientales de asesinato. Algunas de las explicaciones propuestas sobre el fallecimiento de Bruce parecían aceptables, la mayoría, eran ridículas. Quizás los rumores eran simplemente la forma del mundo de tratar de dar una excusa a la realidad de que ninguno de nosotros tiene garantizados los siguientes cinco segundos. La vida es un regalo de Dios.

En ese tiempo, la versión oficial de la muerte presentada por los forenses de Hong Kong fue un «edema cerebral causado por una reacción hipersensitiva al ingrediente de una pastilla para el dolor de cabeza», muy similar a la rara reacción que algunos individuos tienen cuando los pica una abeja. Los doctores estadounidenses dijeron que fue un aneurisma cerebral.

Bruce fue enterrado en Seattle y a causa de su fuerte afinidad con la comunidad china, hubo otro servicio funeral en Hong Kong con una asistencia de más de veinte mil seguidores. Asistí a otro funeral en San Francisco, junto con Bob Wall, Steve McQueen y James Coburn, quien en ese momento era el protagonista de la película *Our Man Flint* y muchas otras desde ese entonces. James era uno de los estudiantes privados de Bruce y dio un discurso muy conmovedor de su maestro.

Terminado el funeral, Bob, James, Steve y yo volamos de regreso en el mismo avión, sin embargo el vuelo fue extremadamente silencioso. Cada uno de nosotros parecía inmerso en sus pensamientos, analizando el mensaje para nosotros de la muerte de Bruce. Allí estaba, en su mejor condición, en la cima de su carrera y de pronto, todo había acabado.

Por supuesto que alcanzó su objetivo de convertirse en una gran estrella, pero ¿y qué? ¿De qué le sirve eso a su maravillosa esposa y a los dos hijos que dejó atrás?

Para mí la muerte de Bruce fue un recordatorio poderoso sobre la fragilidad de la vida. Más que eso, fue una llamada de alerta. Me recordó que así como creo en la autodeterminación y en hacer realidad nuestro destino, yo no estaba a cargo. Dios lo estaba. Más que nunca quería que mi vida fuera llena de cosas que realmente importaban, no sólo por un momento sino por toda la eternidad.

«Dios tiene planes para ti», podía escuchar a mi madre decirlo.

CAPÍTULO 14

Poder bajo control

---◆---

Algunas veces, saber cuando alejarse de algo es casi tan importante como saber cuando empezar. A los treinta y cuatro años de edad había mantenido el título de campeón mundial de karate por seis años consecutivos. Ya no tenía la intensidad necesaria para volver a competir, así que decidí involucrarme de lleno en la enseñanza de las artes marciales. Sea que la decisión fue influenciada por la muerte de Bruce Lee o simplemente por el deseo de retirarme cuando estaba en la cima, no estoy seguro, pero oficialmente me retiré de los campeonatos de karate en 1974, abandonando el cuadrilátero como seis veces campeón mundial profesional de peso medio.

Me encantaba enseñar, pero extrañaba los retos constantes que enfrentaba con mis oponentes. Aún en la academia de entrenamiento, de vez en cuando tenía que enfrentar situaciones de reto fuera o dentro del cuadrilátero.

Una noche, mientras enseñaba una clase, noté que un hombre fuerte entró en la academia. Parecía tener unos veinticinco años. Se sentó en una silla y desde allí me comía con sus ojos. Hice un gesto para hacerle saber que estaba consciente de su presencia, pero él continuaba con su vista fija en mí. Sentí que iba a haber problemas.

Le pedí a uno de los cinturones negros que se hiciera cargo, caminé hasta donde estaba el visitante y le dije: «Hola, mi nombre es Chuck Norris». Él me dio la mano de mala gana. Me senté a su lado y le dije: «Estoy a la mitad de una clase, pero si tienes alguna pregunta, me gustaría responderla al final de la misma».

Dijo algo entre dientes y yo me fui a continuar con la clase. Pero sus ojos no se apartaban de mí. Tenía la seguridad de que él había entrado a la academia buscando un altercado.

Cuando la clase acabó, regresé hasta donde él estaba y de forma casual quise volver a la conversación.

Aunque sus ojos se mantenían hostiles, yo mantuve los míos amables y cordiales. Creo en mirar a los ojos porque así pueden saber qué piensas. Por lo general, uno recibe lo que da y si tu lenguaje corporal no es amenazador, normalmente se puede evitar un conflicto. Seguimos hablando y pude darme cuenta de que su ira poco a poco se iba disipando.

Finalmente, me dijo, «¿Sabes? En verdad eres un tipo agradable, Norris. Pensé que eras un arrogante, pero me agrada saber que eres una buena persona».

Él me dio la mano y se fue.

Si me hubiera acercado a él y le hubiera dicho: «Hey tú, ¿cuál es el problema?» Probablemente hubiera habido uno.

Siempre he pensado que es tan fácil hacer amigos como enemigos. Creo que si uno puede evitar una situación problemática potencial, la vida es mucho mejor para todos. Si tu atraes los lados negativos de los imanes, siempre habrá una colisión. Aunque ganes, siempre perderás.

Idealmente hablando, el aprendizaje de las artes marciales puede ayudar a una persona a evitar altercados físicos y otras confrontaciones adversas. Las investigaciones muestran que los asaltantes y otros depredadores sociales analizan a las víctimas potenciales buscando señales de debilidad, alguna indicación que ellos puedan aprovechar.

Generalmente esto tiene que ver con la forma de ser de la persona. Pero alguien que es adepto a las artes marciales se mueve y camina con cierta seguridad. Parece que reflejan una actitud física y psicológica de fuerza, conciencia y preparación. Esta actitud casi no tiene nada que ver con el tamaño o la apariencia de la persona. Es el poder bajo control.

Personalmente, nunca he tenido que usar las artes marciales en una situación de vida o muerte. Mis amigos me dicen que parte de eso es a causa de la mirada que tengo cuando estoy enojado. No me doy cuenta de que hago algo diferente y ni siquiera creo que pueda reproducir esa mirada en circunstancias comunes, pero he vivido lo suficiente como para saber que mis amigos tienen razón. Normalmente soy un tipo tranquilo, pero cuando alguien me hace enojar, aparentemente lo miro con una mirada que dice: «Mejor apártate».

No lo siento, pero mis amigos me dicen: «Es una mirada como si fueras a matar».

En las pocas veces en mi vida en donde he estado en situaciones potencialmente peligrosas, esa mirada ha hecho que los retadores se alejen. Aparentemente ellos ven esa mirada y deciden alejarse de la confrontación y siempre les muestro que hay maneras de alejarse. En consecuencia, nunca tuve que usar mis habilidades de artes marciales para hacerle daño a alguien o para defenderme de un ataque.

Pienso que Jesús exhibía un poder bajo control similar. Aunque sé que Jesús no era un karateka, (aunque la escena cuando Él saca a los comerciantes del templo es bastante similar), reflejaba una confianza que se originaba en su fuerza interior. Al leer el registro de sus actividades, es obvio que hasta cuando era atacado u hostigado, Él siempre estaba en control.

Durante todo el camino a la crucifixión, Él permitió que los soldados lo llevaran a la cruz. Ellos no le quitaron la vida, Él la dio. Eso es poder bajo control.

Irónicamente, Jesús se describía a sí mismo como «manso y humilde». Él era verdaderamente humilde. En nuestra sociedad actual, la gente confunde la mansedumbre con la debilidad, la humildad con la falta de poder o de fuerza. Nada está más alejado de la verdad.

El que una persona tenga un espíritu manso y humilde no significa que sea débil. Significa que una persona no tiene que usar máscaras de arrogancia o superioridad, tratando de dar la impresión de que es «ruda». Muchas veces esa cara de rudeza es una fachada, un intento disfrazado de esconder inseguridades y temor al fracaso.

La verdadera humildad resulta de una fuerza interna y una fe que te da confianza para demostrar esa cualidad sin que tu autoestima sufra. Un cristiano puede tener un espíritu humilde y al mismo tiempo una fuerte motivación para triunfar en sus esfuerzos.

◆

Mi madre es el vivo ejemplo de una persona que combina una fuerte fe en Dios y un espíritu manso y humilde. Mi madre nunca sermoneaba a nadie. Pero ella modelaba el verdadero cristianismo en las mejores condiciones y durante los peores momentos. Ella demostraba su fe diariamente. Hasta este día la gente va a mi madre con sus problemas pues sabe que ella los escucha. Para mi madre, cada persona atribulada con la que ella habla es una oportunidad para compartir lo que Dios ha hecho en su vida. La vida de mi madre es un verdadero ejemplo de fuerza y poder bajo control.

Aunque era un alivio saber que podía relajarme y que no tenía que estar preparándome constantemente para el próximo torneo, era desconcertante estar desempleado ¿Qué iba a hacer con el resto de mi vida?

Durante una cena, Steve McQueen hizo la pregunta que me hizo dar la respuesta con la que empecé a labrar mi nueva carrera.

—¿Qué planeas hacer —me preguntó—, ahora que vendiste todas tus escuelas de karate y ya no vas a seguir compitiendo?

—No estoy seguro, Steve.

—¿Por qué no intentas la actuación? —me dijo.

—¡Debes estar bromeando! —le respondí—. ¿Qué te hace pensar que puedo ser actor?

Steve me miró como si estuviera mirándome directo al corazón.

—Ser un actor es fácil —me respondió—, pero ser un actor exitoso es otra cosa. Se necesita presencia en la pantalla, una presencia que creo, tú tienes, pero sólo la cámara puede determinar eso. La cámara te quiere o no, pero no lo sabrás si no lo intentas. Te sugiero que hagas el intento.

Durante varios meses continué enseñando artes marciales pero no me podía quitar de la mente el comentario de Steve. Hice una pequeña investigación y descubrí que en ese tiempo, alrededor de dieciséis mil actores en Hollywood trataban de sobrevivir con una entrada de $3.000 dólares al año. Cuando le mencioné esa estadística a Steve durante otra lección, él sonrió.

—Recuerdas aquella filosofía que siempre inculcas en tus estudiantes. Establece metas, visualiza los resultados de esas metas y luego toma la determinación de vencer los obstáculos que haya en el camino. Tú me has estado sermoneando con eso por dos años y ¿ahora me dices que hay algo que no puedes hacer?

—No dije que no lo puedo hacer —le respondí a Steve—. Sólo digo que las probabilidades son muy pocas y bueno... deja de sonreír porque lo voy a intentar y daré lo mejor de mí.

—Sabía que lo harías —dijo Steve mientras sonreía.

De camino a casa pensé en la gran tarea en la que me estaba metiendo. Me estaba embarcando en una nueva carrera sin ninguna experiencia y con treinta y cuatro años de edad, dos niños y una esposa que mantener. Entonces recordé la historia del abejorro. Aerodinámicamente es imposible que el abejorro vuele. El cuerpo es demasiado grande para sus pequeñas alas, pero aparentemente nadie le dijo eso al abejón y por eso ¡vuela!

Este es básicamente el concepto de ponerse metas. Nada es imposible a menos que creas que lo es. Por otro lado, si crees en Dios y en ti mismo... ¡todo es posible!

El día siguiente fui a visitar una escuela de actuación que me quedaba cerca. Pronto descubrí que las escuelas de actuación son caras. Pero como veterano de la Fuerza Aérea, el gobierno pagaría parte de mi educación. Por medio de las páginas amarillas supe que la famosa maestra de actuación, Estelle Harbor, aceptaba estudiantes del servicio militar, así que me inscribí en sus clases. Era una escuela de tiempo completo, seis a ocho horas al día. Estudiamos introducción a la voz, comprensión de lectura y movimiento escénico junto con la actuación.

La mayoría de los otros estudiantes habían estudiado actuación en la secundaria, la universidad o tenían alguna clase de entrenamiento previo. Yo era un novato, el estudiante más viejo del aula y me sentí como si fuera otra vez un cinturón blanco. Sin embargo, estaba decidido a aprender tanto como pudiera.

Durante mi primera sesión, Estelle me pidió que leyera una escena con una actriz, pretendíamos ser un esposo y una esposa teniendo una discusión. Después de la clase Estelle me llevó a un lado y me dijo: «Para ser un atleta, eres la persona más tiesa que he visto».

«¡Nunca he estado tan asustado como ahora, Estelle. No tenía idea de lo difícil que era actuar!»

Una de las destrezas clave para una actuación exitosa que Estelle enseñaba a sus estudiantes era evocar emociones del pasado, extrayéndolas para recrear emociones similares en una escena. Ella nos animó a practicar este principio en nuestros ensayos.

Durante una sesión, Estelle hizo que cada estudiante se parara enfrente de la clase a cantar y a hacer la pantomima de una canción. Mientras esperaba mi turno, me sentía petrificado, tratando de pensar en una canción que supiera. Cuando llegó mi turno, caminé hacia el frente y estaba a punto de admitir que no podía recordar la letra de ninguna canción, cuando de repente, recordé un incidente del pasado y empecé a cantar. *Corazones queridos y gente amable*, la canción que mi madre me enseñó cuando era niño.

Pretendía que la estaba cantando mientras me quitaba la ropa para meterme en la regadera. No tenía idea de cómo sonaba mi voz, pero recuerdo que cuando terminé, sentí una gran sensación de logro.

Esta fue mi primera experiencia extrayendo situaciones personales para hacer que una escena fuera real y me di cuenta que funcionó.

Como parte normal de la clase, Estelle pedía que los estudiantes actuaran una escena y luego que los otros estudiantes analizaran a sus compañeros. Cuando Estelle me pedía que diera mi opinión sobre mis otros compañeros, siempre intentaba empezar con comentarios positivos, luego ofrecía sugerencias para progresar y concluía con una afirmación positiva. Nunca le dije a ninguno de mis compañeros que sus actuaciones eran malas. Sentía que aunque podía haber alguna mejor manera de actuar una escena, nunca existía una forma equivocada. Siempre intenté decir a los estudiantes lo que me gustaba de sus actuaciones. Algunas veces decía: «Si fuera yo, hubiera intentado esta forma», pero nunca condenaba a un compañero ni le decía que había hecho su parte mal. La mayoría de los estudiantes hicieron algo similar conmigo cuando me analizaban.

Un día me tocó hacer una escena que pensé la había hecho bien. Como siempre, Estelle escogió a un estudiante para que diera su opinión. Por alguna razón el chico me criticó. Él destruyó todo lo que había hecho en la escena, concluyendo con varias frases hirientes. «Eres el peor actor que conozco. ¿Qué te hace pensar que alguna vez serás actor?», continuó. Pude sentir como mi sangre hervía y me subía hasta el rostro mientras que el tipo seguía criticándome enfrente de Estelle y los otros estudiantes. Estaba avergonzado y me estaba enojando. «¿Quién eres tú para decirme cómo actuar?», repliqué. «No tienes más tiempo que yo aquí, no eres un actor experimentado».

Me volví a Estelle y le dije: «Estelle, aceptaré su crítica porque usted sabe de qué está hablando, pero no de este tipo». Salí de la clase de actuación y nunca regresé pero aun recuerdo algunas lecciones de Estelle con gran gratitud.

Con mi limitada experiencia de actuación, empecé a hacer algunas audiciones para partes en programas de televisión y en películas. Mi primera audición fue para una parte minúscula en una película. Imagínate cual fue mi sorpresa al ver a más de cuarenta personas esperando hacer la prueba para esa parte. Reconocí a varios actores y pensé: *¿Qué oportunidad tengo contra estos tipos?* No es necesario que diga que no me dieron la parte.

◆

Como maestro de artes marciales, siempre trato de dar un ejemplo positivo a mis estudiantes. Ahora, como un actor novato, en mi imaginación ese era el tipo de personaje que deseaba hacer algún día. Por naturaleza soy reservado y callado, pero tengo principios muy fuertes. Quería desarrollar un personaje con actitudes y valores similares, un hombre que usaba su habilidad en el karate para pelear contra la injusticia.

Una vez que tuve la imagen real exacta, la siguiente pregunta fue: ¿Cómo podré tener la oportunidad para hacer ese papel? Desde la muerte de Bruce Lee, los productores de cine no creían que las películas de karate darían ganancias. Me di cuenta que si esperaba que un productor llegara a tocar a mi puerta, entonces tendría una muy larga espera. Sólo me quedaba una cosa por hacer. Yo mismo me daría la oportunidad y se me ocurriría mi propia idea de una película. Cuando miro hacia atrás, me asombro de mi audacia, pensar que habiendo miles de escritores, productores y otras personas creativas compitiendo en Hollywood, ¿iba yo a desarrollar la idea para una película? ¡Era absurdo!

Pero las ideas son cosas muy interesantes. Sólo funcionan si trabajas en ellas. Por eso empecé a pensar en ideas.

Aunque ya había dejado de competir en el ámbito profesional, continuaba dando clases privadas, manteniéndome en contacto con muchos de mis antiguos estudiantes y más importante aún, manteniéndome en buena condición física. Luego de un entrenamiento, le mencioné a unos de los cinturones negros que necesitaba una idea para una película de karate. John Robertson, uno de mis primeros cinturones negros, dijo en voz alta que tenía una idea de una historia acerca de los Tigres Negros, un escuadrón superior de Comandos especiales en Vietnam. «La llamaremos *Los chicos buenos visten de negro*», dijo.

John y yo pasamos varios días escribiendo una bosquejo para el relato acerca de un personaje, llamado John T. Booker, un veterano de Vietnam que está sufriendo al saber que sus viejos compañeros de guerra están muriendo de uno en uno. El trabajo de John es averiguar cuál es el misterio. Ninguno de nosotros había escrito un guión antes, ni teníamos el dinero para contratar a un escritor profesional. Finalmente convencimos a Joe Fraley, un amigo, que era escritor profesional para que escribiera a especulación, o sea que él recibiría un pago si el guión se vendía. Joe escribió un guión corto basado en nuestro bosquejo y me lo trajo. ¡Me encantó! Honestamente pensé que funcionaría y por eso iniciamos el siguiente paso, por cierto uno de los más difíciles, encontrar inversionistas que dieran el dinero para hacer la película.

Mi reputación como campeón mundial de karate me abrió muchas puertas pero también de la misma forma muchas puertas se cerraron. «Las películas de karate (falta esto?) ya no están de moda», escuchaba una y otra vez. Productor tras productor tenían ideas preconcebidas de mí. Pensaban que era una estrella atlética que no podía hacer más que pelear en una pantalla. Como tenía muy pocas credenciales de actuación, no podía convencerlos de que podía ofrecerles más que sólo mis habilidades de karate. Tenía mucha experiencia vendiendo lecciones de karate a posibles estudiantes, pero casi no tenía ninguna experiencia para venderme a mí como actor, y lo poco que tenía no era impresionante. Al final de cada reunión, los productores me hacían la pregunta inevitable: ¿Por qué crees que esta película hará dinero?

Hacía lo imposible para tratar de persuadir a los productores, pero nunca tuve una respuesta adecuada para su pregunta más importante. Había visualizado algunos de los obstáculos, pero no todos los que iba a enfrentar. Aunque había recibido rechazo tras rechazo, no me desanimaba, pero me sentía agotado y acercándome al punto de desesperación.

Al igual que cualquier otra profesión, hay muchas maneras de iniciarse en la industria del cine: estudiando actuación en la universidad, asistiendo a una escuela de actuación, haciendo prácticas con directores de cine de buena reputación. En otras palabras, trabajar en la industria esperando una oportunidad, pero aceptando cualquier empleo que sea poco productivo y tal vez hasta peligroso. En mi caso, me sentía agobiado, no lograba encontrar nada.

Cuando Lo Wie, un director chino, me pidió que trabajara haciendo un pequeño papel en una película de karate de bajo presupuesto llamada *Yellow Face Tiger* que él estaba haciendo en San Francisco, le dije: «Claro, ¿por qué no?» Lo Wei me dijo que la película sólo sería presentada en Asia. A mí no me importaba; necesitaba el dinero. Dan Ivan era un amigo mío y también iba a actuar en esa película, así que ambos viajamos juntos a San Francisco.

Cuando llegamos al escenario, Lo Wei me dijo que mi papel sería el del jefe de una mafia de San Francisco y debía usar un sombrero y fumar un cigarro. Le dije que no fumaba. Eso no le importaba. Me compró un traje barato y un puro de casi treinta centímetros de largo. Mi gran escena sería pelear y ser vencido por la estrella de la película. Pues bien, hice mi parte, obtuve un poquito más de experiencia y me dieron un cheque.

Una noche mientras estábamos en San Francisco, Dianne y yo decidimos llevar a los niños al cine. Mientras veíamos la lista de la cartelera en el periódico, noté un anuncio de un filme llamado *The Student Teachers*. Recordé que un par de años antes había recibido una llamada de una compañía de películas independientes que estaba produciendo una película con ese título. Ellos querían que les trajera algunos de mis estudiantes a un parque en Inglewood, California, donde conduciría una clase con dos de sus estrellas.

Los productores me dijeron que la película era acerca de dos maestros que estaban descontentos con los métodos de enseñanza de las escuelas públicas y por eso rompieron con el sistema creando un ambiente de aprendizaje diferente. Todo parecía ser muy inocente, así que invité a mi hermano Aarón, a otros veinte estudiantes y a mis dos hijos a Inglewood. Pasamos filmando toda una tarde. En la escena le enseñaba a dos estrellas y a mis estudiantes unos movimientos de karate en el césped. Eso fue todo. Nunca volví a saber nada más sobre la película hasta ese momento en que la estaban presentando en San Francisco.

Le sugerí a Dianne que fuéramos a ver la película porque Mike y Eric disfrutarían de verse en la pantalla y yo también tenía curiosidad de cómo había salido la película. El cine se encontraba en un área no muy buena de la ciudad. Cuando llegamos Dianne dijo: «No voy a ver una película allí». Le respondí: «Ah, Dianne, no te preocupes. Entremos, vemos nuestra parte y luego nos vamos». Dianne aceptó de mala gana.

La parte interior de la sala del cine era peor que la exterior. Los asientos estaban rotos y gastados y las paredes muy descuidadas, fácilmente se podía uno imaginar las cosas horribles que se daban dentro de esas paredes. Sólo un puñado de gente estaba cuando nos sentamos. Esperamos a que empezara la película. Los títulos iniciales apenas estaban apareciendo cuando de repente, ¡la escena inicial era la de una mujer desnuda acostada en una cama!

Dianne y yo les cubrimos los ojos a los niños. «Salgamos de aquí», me dijo Dianne. Para ese momento, la mujer desnuda ya no estaba en la escena, así que le dije: «Esperemos unos minutos más. No creo que se ponga peor».

Pero sí se puso peor. La película estaba repleta de escenas sexuales, la mayoría totalmente restringidas para menores y teníamos que estar constantemente tapándoles los ojos a nuestros hijos. Finalmente nuestra escena salió. Allí estaba yo llenando toda la pantalla con una gigantesca toma cercana. Oh no, pensé, ¡la única vez en que no quería estar en la pantalla y aquí estaba a todo color!

En 1976 otra pequeña compañía independiente me pidió participar en *¡Breaker, Breaker!*, una película acerca de un camionero que usa su radio de comunicación y la ayuda de otros camioneros para atrapar a un juez corrupto que controla a un pueblo por medio de una trampa injusta de infracciones por velocidad. El título viene de la frase que los camioneros usan cuando piden ayuda con sus radios de comunicación.

Pensé que la película sería una buena oportunidad como actor. Además, me iban a pagar $10.000 dólares por el papel y necesitaba el dinero. En ese momento Dianne y yo apenas estábamos dando abasto con las facturas mensuales por medio de las clases privadas y de los seminarios. Aunque yo era el protagonista de la película, el material promocional nunca me mencionó y nunca la presentaron en Los Ángeles. Dianne, mi amigo Larry Morales (quien también participó en la película) y yo tuvimos que viajar hasta San Francisco para verla. Sólo otras dos personas más estaban en la sala ese lunes en la noche. De alguna forma, la falta de asistencia le quitó la emoción al debut. La primera semana el filme no dio gran ganancia. Pero cuando la gente empezó a darse cuenta que había muy buenas escenas de karate, la asistencia aumentó. La película eventualmente logró crear ganancias relativamente buenas pero como mi nombre casi no apareció en la publicidad, no me ayudó en nada en mi carrera de actor. Por tres años estuve tocando puertas en Hollywood con el guión de *Los chicos buenos visten de negro* debajo del brazo. Un día le conté a mi contador acerca de mis problemas de convertir ese guión en una película. Él me dijo que uno de sus clientes se llamaba Alan Bodoh y que tal vez estaría interesado. Me dio el teléfono de Alan. Estaba listo para llamarlo, pero cuando me di cuenta que Alan era joven, perdí el entusiasmo. ¿Qué podía saber un niño para conseguir financiamiento y de producir películas?

Unos meses después, mientras visitaba a Larry Morales en su

taller, le dije que ya estaba muy agotado. Había tratado de venderle el proyecto a cada productor que aceptara verme. Luego recordé a Alan Bodoh y le conté a Larry de él. «Yo lo llamaré por ti», dijo Larry. Él habló con la secretaria de Alan por teléfono y le mencionó que tenía un amigo con un guión y quería que el jefe de ella lo leyera.

—Envíalo —le dijo la secretaria.

—De ninguna manera —le contestó Larry—. Sé cómo son estas cosas. Quiero que tu jefe cene con mi amigo y entonces le damos el guión.

—Eso no será posible —respondió la secretaria.

Larry persistió.

—Pregúntale a tu jefe si conoce a Chuck Norris, el campeón mundial de karate.

La secretaria se comunicó con Alan, quien sabía de mí. Hicieron un arreglo para que nos reuniéramos en una cena en un restaurante mexicano en Hollywood. Larry, Dianne y yo fuimos a cenar con Alan y su esposa. Alan se veía más joven de lo que me imaginaba, pero era muy agradable. Desde que nos sentamos empezamos a conversar inmediatamente. Alan ya había producido dos películas exitosas de bajo presupuesto incluyendo *The Great Smokey Roadblock*, con Henry Fonda, y tenía muchas historias que contar.

Cuando llegó la cuenta, la tomé y me di cuenta que no tenía el dinero suficiente y no tenía una tarjeta de crédito. Le hice una seña a Larry para que nos viéramos en los sanitarios. «Larry, ¡no tengo suficiente para pagar la cuenta! Estamos tratando de impresionar a este tipo, no podemos dejar que pague la cuenta. ¿Cuánto dinero tienes?» Larry sacó su billetera y me dio todo lo que traía. Juntos tuvimos suficiente para pagar la cuenta y dejar una pequeña propina.

Alan nos dejó en la casa alrededor de la medianoche. Habíamos disfrutado tanto la noche con ellos que casi olvidé hablar del guión. Me bajé del auto y me estaba despidiendo, cuando Alan me preguntó: «Oye, ¿y el guión?»

«¡Ah sí! ¡Claro, el guión!» Entré a la casa y le traje una copia de

Los chicos buenos visten de negro. Se la di. «Léelo cuando tengas tiempo y me dices qué piensas».

«Lo haré», me aseguró Alan. «Gracias por la cena».

Cuatro horas después, en la madrugada, sonó el teléfono. Era Alan Bodoh que me llamaba para decirme que había leído el guión y le encantaba.

«Trataré de producírtelo. Se lo presentaré a mis inversionistas que son hombres de negocios del área de South Bay en Los Ángeles». Estaba tan emocionado que no pude volver a dormir esa noche.

A pesar de su entusiasmo, Alan no pudo convencer a los inversionistas para que financiaran el filme. La mayoría eran abogados locales, doctores y otros hombres de negocios. «Lo siento, pero no podemos apostar un millón de dólares en alguien que ni siquiera conocemos».

Alan me llamó para darme la noticia.

«Alan, ¿crees que puedas hacer que los inversionistas se reúnan contigo otra vez para que yo les pueda hablar?»

Alan prometió que iba a intentarlo después de una presentación en la cual estos inversionistas habían financiado grandes cantidades de dinero.

La noche anterior a la reunión, me senté en la cama a pensar qué podría decirles a los inversionistas. Me acosté pensando en eso. Pocas horas después me desperté a escribir la respuesta.

El día siguiente por la tarde, entré en la oficina de Alan y me encontré con una docena de inversionistas esperando. Acababan de ver su nueva película, pero no sabía si estaban complacidos o disgustados. Inicié dando una breve explicación de la trama de mi historia y luego les hablé de mi historial en el karate. Cuando supe que tenía su atención, los presioné diciendo: «Comprendo su preocupación acerca de financiar esta película. Sé que ustedes no saben quién soy yo, pero hay cuatro millones de karatekas en Estados Unidos que sí me conocen. Fui el campeón mundial invicto de karate por seis años. Como ya no participo en competencias, la única forma que los segui-

Walker, Texas Ranger.

> *Mamá y papá. En sus años mozos, papá tenía un parecido notable con John Wayne.*

∨ *Mamá Norris, con mi primo Dean Norris y abuelita Scarberry llevándome en brazos.*

∧ *Mamá y yo, a los dos meses de nacido.*

< *Mamá, papá, Wieland y yo en 1953.*

∧ *De niñero de mi hermano, mientras mamá trabajaba. A la izquierda, Wieland. Yo aparezco cargando a Aaron.*

∧ En el servicio militar en Corea, 1960, con mis compañeros. Yo, de pie sobre el vehículo militar.

< Otra foto del servicio militar, en Corea, 1958.

∨ Con mis hermanos Wieland y Aaron, la víspera de la partida de Wieland a Vietnam, en 1970. Cuatro meses después Wieland estaba con Dios.

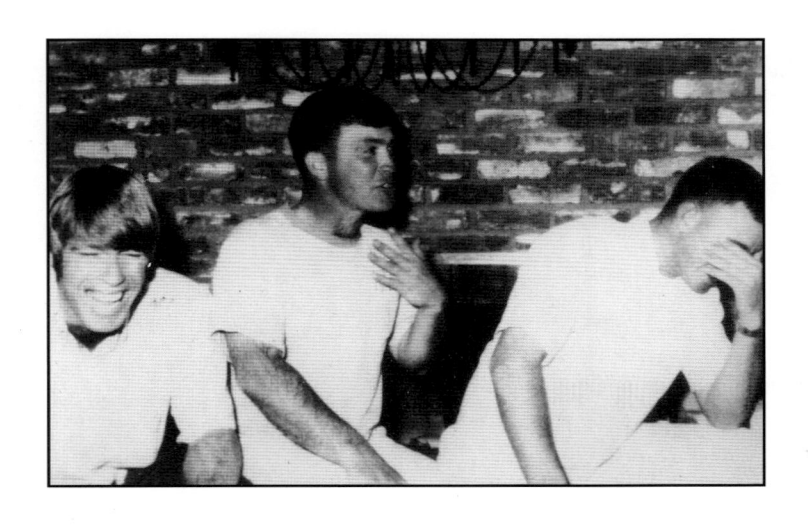

∧ Mi primera clase como instructor de karate, en 1961 en la base March de la Fuerza Aérea.

∧ Con Tac Kubota en 1965, tras ganar mi primer torneo de karate, el Campeonato All Star en Los Ángeles.

⌐ Ed Parker me entrega el trofeo del Gran Campeonato Internacional de karate en 1967.

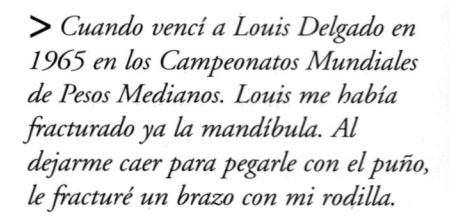

> Cuando vencí a Louis Delgado en 1965 en los Campeonatos Mundiales de Pesos Medianos. Louis me había fracturado ya la mandíbula. Al dejarme caer para pegarle con el puño, le fracturé un brazo con mi rodilla.

< *La patada aérea con talón giratorio, uno de mis golpes clásicos, que usé a menudo en películas y luego en "Walker, Texas Ranger".*

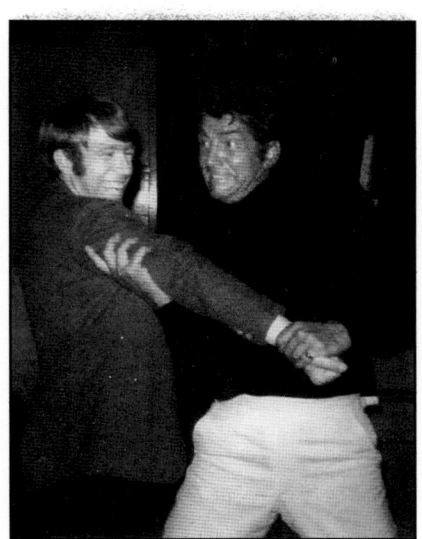

< *Dean Martin y yo en el set de "The Wrecking Crew", un filme de Matt Helm.*

> *La escena de mi duelo con Bruce Lee en el Coliseo de Roma marcó el clímax de "El regreso del Dragón" (1973).*

La secuencia se convirtió en un clásico de las artes marciales.

< *Después de la "pelea a muerte", Bruce y yo seguíamos empapados en sangre. Estábamos agotados, pero contentos por haber logrado la escena.*

∧ *Pateando a Bob Wall en un programa de la televisión de Hong Kong. El conductor creía que Bob llevaba un protector. Bob abrió su gi, pero en su pecho sólo mostraba la huella de mi pie.*

< *Arnold Schwarzenegger y yo éramos amigos durante nuestros "días competitivos". Aparece además, a mi izquierda, Bob Wall.*

> *Visitando a Arnold durante "El clásico de Arnold", un certamen de pesistas constructivistas y practicantes de artes marciales en Ohio. Arnold y yo hemos sido amigos desde 1968, mucho antes de que yo le llamara "Gobernador S.".*

◁ *Con Steve McQuenn luego de una práctica en mi estudio de karate. Aparece además el campeón mundial de kickboxing, Howard Jackson.*

◁ *Steve McQueen y yo después de una práctica a la entrada de mi escuela de karate. Ambos hablábamos de carreras de autos, artes marciales y películas, pero él no se franqueaba sobre otros aspectos de su vida.*

▽ *Poco antes de una carrera de camiones. Me inicié en las carreras por influencia de Steve McQueen. Steve decía que eran un gran escape de la filmación de películas.*

Filmando escenas de Fuerza Delta 2 (1990). Abajo, recibe una patada mi amigo Howard Jackson ¡Howard todavía se ocupa de mi seguridad!

< *En "Walker, Texas Ranger", la serie de televisión que se exhibió de 1993 a 2001, encarné a un policía que personificaba el código del oeste: lealtad, honestidad e integridad.*

∨ *Preparado para romper el récord mundial en una lancha Scarab de 13 metros de eslora.*

> *Con el presidente Reagan y su esposa, en la recepción después del evento de tennis organizado por Nancy Reagan con fines benéficos. Aprendí a jugar tenis en diez días para poder participar.*

∧ *Mike y yo trotando con el presidente Bush.*

> *La reunión donde nació KICKSTART. El presidente Bush, el director del FBI William Webster, Mike y yo. Esta es una foto rara: ¡llevo corbata!*

< En una demostración de KICKSTART con el presidente Bush. En la actualidad trabajamos diariamente con más de seis mil muchachos en las escuelas públicas.

< En la cima de mi deporte; hoy peleo por las vidas de nuestros jóvenes a través de KICKSTART.

∧ Haciendo campaña por George W. Bush cuando aspiraba a gobernador de Texas. Los senadores Phil Gramm, Kay Bailey Hutchison, y Gena.

> Agraciado por la Fundación Make-a-Wish (Pide un deseo) con el Premio Chris Greicius del Año a celebridades que conceden deseos, octubre de 2000. Durante 19 años, he sido uno de los más ardientes contribuyentes de la fundación en ese campo.

∧ El general John Handy, de la Fuerza Aérea de E.U.A., me entrega en el 2000 el Premio Veterano del Año. Siempre he apoyado fervientemente a los hombres y mujeres de las fuerzas armadas.

∧ El presidente George W. Bush y la primera dama Laura Bush. Cuando se tomó esta foto yo ignoraba que Gena estaba en el hospital en labor de parto prematuro.

∧ *Mamá, mi padrastro George y yo. George fue un hombre increíble que ejerció una influencia positiva en mi vida.*

∧ *Mis hijos mayores: Michael, Dina y Eric.*

< *Gena con sus hijos mayores, Kelley y Tim.*

> *Mi petición de matrimonio a Gena. Ella exclamó: "¡Todavía no he dicho que sí!" Supuse que debía pedírselo de rodillas.*

∨ *De regreso del altar después de la boda.*

> *Bailando con mamá en casa de Gena, en nuestra noche de bodas. Mamá me repitió: "¡Dios tiene grandes planes para ti!"*

∨ *El gimnasio Total Gyms de Gena, y el ensayo de la boda.*

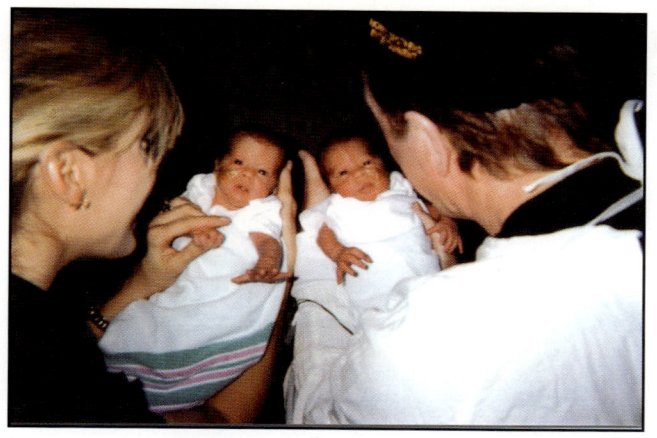

∧ *Danilee y Dakota debieron respirar y alimentarse a través de tubos durante varias semanas después de nacer.*

∧ *Divirtiéndome con los chicos en casa. Doy gracias por poder pasar este tiempo con nuestros hijos.*

< *Danilee le da a Dakota "lecciones sobre cómo besar".*

∧ *Gena y yo paseando por la sierra en el Rancho Lone Wolf, cerca de Napisota, Texas.*

› *Descansando en el rancho con Gena, esposa y alma gemela.*

∨ *Hoy día, disfruto cada momento como esposo de Gena y padre de nuestros hijos (Navidad 2003).*

dores tienen para verme es a través de una película. Si sólo la mitad de ellos vinieran a ver la película, representaría una ganancia neta de seis millones de dólares por el millón de dólares que se invirtió. ¡Ustedes harán bastante dinero!»

Eso era lo que los inversionistas querían oír. Ellos se convencieron y estuvieron de acuerdo en dar el dinero para financiar la producción de la película.

Unos días después, me reuní con Alan y su socio Michael Leone, quien me ofreció $40.000 dólares para actuar en la producción. Tragué saliva y le dije: «Está bien».

«Y si le va bien a la película, estaríamos interesados en hacer al menos otras dos películas contigo».

«¡Grandioso!»

Cuando le dije a Dianne cuánto me iban a pagar, me dijo: «¿Estás bromeando?»

«No», le dije, «¡Esta es la oportunidad que buscábamos!» Estábamos sin un centavo, pero con $40.000 dólares en camino, Dianne y yo salimos a celebrar esa noche.

CAPÍTULO 15

EL PRIMER PASO ES EL MÁS DIFÍCIL

———◆———

Ted Post, quien dirigía a Clint Eastwood en *Fuerza Mágnum*, fue contratado para dirigir *Los chicos buenos visten de negro*. Él decidió que debido a que yo no era un actor experimentado, debía estar rodeado de profesionales, entre ellos: James Franciscus, Dana Andrews, Jim Backus, Lloyd Hanes y Anne Archer. Yo estaba muy emocionado de tener semejante reparto, pero al mismo tiempo me sentía bastante intimidado.

Afortunadamente los productores contrataron a Jonathan Harris, un entrenador de drama y voz para que me ayudara con mis diálogos. Jonathan había sido uno de los protagonistas de la serie *Perdidos en el espacio*. Un hombre muy correcto, que enunciaba cada palabra como si estuviera recitando a Shakespeare. Jonathan trabajó conmigo ocho horas diarias durante tres semanas. Pasó más tiempo enseñándome a hablar que ayudándome a aprender mis líneas.

Un día Jonathan llegó hasta donde yo estaba, puso sus dedos en mi boca y la estiró.

—Abre bien la boca, ábrela bien —me gritó.

—Jonathan, eres el único hombre en el mundo que podría hacerme eso y todavía seguir caminando como si nada —le dije cuando se iba.

—Lo sé —me dijo sonriendo.

Aunque no siempre enunciaba de la forma que Jonathan lo deseaba, al menos me aprendí todo el diálogo, incluyendo una escena de ocho páginas donde tenía que debatir los méritos de la guerra de Vietnam con James Franciscus. La grabación de esa escena nos tomó dos días en terminarla. Era una escena muy difícil para mí porque tenía que estar sentado sin moverme en todo momento. Le pedí a Jonathan que hablara con el director y se asegurara que esa escena fuera la última en ser grabada para que así pudiera acomodarme al papel. Jonathan estuvo de acuerdo.

Sin embargo, cuando empezamos la filmación, todo se volvió de cabeza. James Franciscus había sido contratado para otra película y sólo estaría con nosotros por dos días. Por lo tanto, el director decidió filmar mi escena con James el primer día de la grabación, y peor aún, quería que la escena se grabara en un día en lugar de dos.

Me había aprendido mis líneas pero la noche anterior a la grabación me sentía tan nervioso que tuve problemas para dormir. A la mañana siguiente, cuando empezamos a filmar la escena, descubrí con horror que James había reescrito sus líneas en el guión. Había memorizado mi parte y sabía cuando debía entrar también. Cuando él empezó a decir cosas que no estaban en el guión, la pasé muy mal tratando de sincronizar y adaptar mis respuestas. Lo peor de todo, es que el argumento de su personaje sonaba muy convincente y yo no estaba ganando el debate, como se suponía.

Para añadir a mis dificultades, los productores invitaron a un periodista para que me entrevistara durante el almuerzo. Su artículo decía que me veía preocupado y nervioso el primer día de la filmación. ¡Tenía toda la razón!

Empezamos a filmar a las 7:00 a.m. y terminamos a las 4:00 de la madrugada del día siguiente. ¡Veinte horas de grabación continua en mi primer día de grabación! Me sentía como si alguien me hubiera lanzado al mar con cadenas en los pies y me dijera que nadara hasta la orilla. Fue una experiencia terrible, pero pensé que si podía aguantar esta escena, podía aguantar todo la filmación.

Aunque me sentía inseguro al inicio de la filmación, sabía que el negativismo sería destructivo. Los pensamientos negativos producen resultados negativos, así como los pensamientos positivos promueven resultados positivos. Me dije: *«Voy a dar lo mejor de mí y no me preocuparé por la gran diferencia de experiencia que hay entre los demás y yo».*

Cuando la filmación acabó todos me felicitaron por haber hecho un buen trabajo. Cuando ahora veo la película, sé que sólo estaban siendo amables. No era un buen actor, pero sí hice lo mejor que pude en ese tiempo. La película fue exitosa, a pesar de mi inexperiencia, porque había creado una imagen que la gente disfrutaba ver.

Lo pensé varias veces antes de invitar a Steve McQueen a una exhibición para que me diera su opinión. Después fuimos a cenar juntos. «No salió mal», me dijo, «pero déjame darte un consejo. Estás diciendo cosas en la pantalla que ya hemos visto. Las películas son visuales, así que no reiteres algo de manera verbal que la audiencia ya conoce».

«La próxima vez deja que los otros actores rellenen la trama, cuando haya algo importante que decir, tú debes ser el que lo dice. Créeme, el público se aprenderá lo que dijiste. Pero si sólo hablas por hablar, ellos no se acordarán de nada».

Me dio un ejemplo. En *Bullitt*, él hacía una escena con Robert Vaughn en la que tenía que responder con un gran discurso. Steve leyó el discurso y se dio cuenta de que era mucha palabrería. Se acercó al director y le preguntó qué quería decir. Steve se deshizo del gran discurso y escribió una sola frase: «Tú haces tu lado y yo hago el mío».

«Todos se acuerdan de esa línea», dijo Steve, «eso mismo tienes que hacer en tus películas. Lee los guiones cuidadosamente y si no te gusta algo, háblale al director. Trata de convencerlo para que digas lo menos posible y haz que tus diálogos sean memorables». Un ejemplo de esto es la famosa frase de Clint Eastwood: «Sigue adelante, atrévete». Todos se acuerdan de esa frase, se escribió una canción con ella y hasta el presidente Reagan la usó en un discurso.

«Inyecta lo más que puedas de ti en tu personaje», Steve me aconsejó. «Todos tenemos aspectos múltiples de nuestras personalidades y tú tienes que extraer de ellos lo que puedas usar; el lado gracioso y relajado al igual que el lado oscuro y agresivo.

Cuando usas estas facetas de tu personalidad, tu personaje se hará más real para ti y para la audiencia. Recuerda que siempre la verdadera estrella es aquella con la que alguien en la audiencia se identifica».

El ánimo de Steve fue muy importante para mí y a través de los años he tratado de seguir su consejo. ¡Funciona!

A pesar del entusiasmo por *Los chicos buenos visten de negro*, los productores tuvieron problemas para encontrar una compañía distribuidora ya que ninguno de los estudios tenía fe en el éxito de la película. Como medida de desesperación, los productores decidieron distribuirla ellos mismos. Pidieron dinero prestado, alquilaron salas de cine a un precio fijo por más o menos una semana en los pueblos pequeños y se embolsaron la taquilla.

Viajé de un cine a otro en los pueblitos para las inauguraciones. Hice entrevistas en las escuelas, periódicos y televisoras locales. Cualquier persona que quisiera hablar conmigo. Empezamos en Texas y viajamos por Oklahoma, Tennessee y otras partes del centro de los Estados Unidos. Luego de varias semanas recorriendo ciudades y haciendo diez a doce entrevistas por día, había aprendido a hablar de la trama de la película en sólo treinta segundos o tres minutos dependiendo de cuanto tiempo me permitían hacerlo.

Cada noche después de la película, mi hermano Aarón y varios de los cinturones negros recolectaban la taquilla directamente del dueño de la sala de cine. Como nosotros habíamos alquilado el lugar para presentar nuestra película el dinero de la venta de los boletos nos pertenecía.

Muchos analistas criticaron la película diciendo que sería mejor que volviera a la enseñanza de las artes marciales pues no servía como actor. Esos comentarios me dolieron muchísimo porque sentía que había hecho lo mejor posible. Le dije a Steve que no entendía lo que los críticos de cine esperaban.

—No estoy tratando de ganarme un Oscar —le dije—. Sólo estoy tratando de hacer una película amena y entretenida.

Steve sonrió.

—Mira, lo importante es que si tus películas hacen dinero, continuarás trabajando. Si obtienes los mejores comentarios de los críticos de cine, pero tus películas no venden, quedarás desempleado. Lo único que debe preocuparte es qué piensa el público, si les gustan tus películas, tendrás una carrera larga.

Steve tenía razón. A pesar de las críticas, *Los chicos buenos visten de negro* tuvo éxito en las ciudades donde se presentó. Le fue tan bien que Alan Bodoh empezó a buscar otro guión para mí. Le pedí a Pat Johnson, otro cinturón negro y amigo cercano que aspiraba ser un escritor, que trabajara en ideas para un guión.

«Como eres un campeón mundial de karate, escribamos una historia acerca de un luchador de karate de clase mundial», me sugirió. El guión que Pat escribió, *A Force of One* [La Fuerza de Uno], era sobre un karateka llamado Matt Logan que encabeza un escuadrón que investiga una pandilla de mafiosos que están controlando la ciudad. El líder de la pandilla era Bill Wallace, mi buen amigo y campeón de kickboxing de los pesos medio.

La escena del clímax era una pelea entre nosotros que fue filmada en el estadio deportivo de San Francisco. Hubo cientos de extras en el estadio, incluyendo alrededor de treinta rudos méxicoamericanos. Mientras Bill y yo peléabamos, ellos seguían tirando cosas al escenario, haciendo que las tomas no salieran bien. Nadie quería decirles nada porque sabíamos que estaban buscando problemas. Por supuesto que podíamos llamar a la policía, pero eso quizás hubiera causado una verdadera molestia.

Le sugerí al director que detuviéramos la grabación mientras iba a hablar con los buscapleitos. Me senté en medio del grupo y pronto noté que varios de ellos traían pistolas y cuchillos. Pero algunos de ellos habían visto *El regreso del dragón* y estaban fascinados por la escena entre Bruce Lee y yo en el Coliseo. Ellos tenían muchísimas preguntas y se las contesté pacientemente, mientras el director nos miraba y se mordía las uñas.

Finalmente uno de los miembros de la pandilla me preguntó si queríamos grabar una verdadera batalla para que la usáramos en el filme. Le dije: «Gracias, pero no será necesario. Sin embargo, les agradecería que no lanzaran cosas al escenario». Los tipos estuvieron de acuerdo en no perturbar la escena y logramos terminar sin más contratiempos.

Después que acabamos *La Fuerza de Uno*, los productores nuevamente tuvieron problemas para encontrar una distribuidora. Decidieron hacer lo mismo que habían hecho con la película anterior, básicamente distribuirla y promoverla ellos mismos. De nuevo, empecé los recorridos a los lugares donde íbamos a presentar la película e intentamos también otros recursos. Había hecho nuevos amigos en el primer viaje, así que no fue tan difícil la segunda vez, y las críticas fueron un poco más suaves. Pero me sentía como pelota de ping pong, de un lado para el otro. La primera película todavía estaba en algunos cines así que tenía que volar a una ciudad y promocionar *La Fuerza de Uno*, y en otra ciudad promover *Los chicos buenos visten de negro*. Iba de El Paso a Detroit, de San Antonio a Chicago, etc. Había momentos en que llegaba a una ciudad y no estaba seguro de cuál era la película que debía promocionar allí. El recorrido para ambas películas duró ¡nueve meses!

Además de trabajar con los medios, también hacía demostraciones de artes marciales en escuelas públicas donde las películas se estaban exhibiendo. Usualmente eso no era problema en los pueblos pequeños, pero me preguntaba si cuando empezara a hacer esas demostraciones en las escuelas de las ciudades más congestionadas, la situación sería precaria. ¿Y si alguien en la audiencia quería retarme?

Las demostraciones salieron muy bien y los muchachos en las escuelas eran amables y receptivos. Mi última demostración en Nueva

York fue en una escuela de señoritas, más de mil jovencitas. Pensé, *al menos no tendré que preocuparme por algún chico rudo que quisiera retarme.*

Me puse mi uniforme, hice mi demostración en una plataforma, casualmente mencioné que mi película estaba en el cine local y concluí mi presentación. Todo parecía estar bien. Al terminar la demostración un gran grupo de adolescentes subieron a la plataforma para darme la mano. Mientras lo hacía, una jovencita, tomó mi mano y me haló... ¡tan fuerte que me mandó volando fuera de la plataforma! Caí encima de otras chicas que estaban debajo de la plataforma y finalmente al suelo.

Ellas empezaron a romperme la ropa. Me sentí como una estrella de rock cuando los guardias de seguridad me escoltaban hacia la salida.

¡No lo podía creer! La única escuela donde creí iba a estar a salvo fue la que casi me lleva a la tumba. Espero que la chica, al menos, haya comprado una entrada para ver la película.

La Fuerza de Uno recaudó más de veinte millones de dólares y *Los chicos buenos visten de negro* más de dieciocho millones, excediendo todas mis expectativas. Los productores de mis películas habían prosperado al igual que yo. Mi salario aumentó de $40.000 dólares a $125.000 con *La Fuerza de Uno*.

Cuando hicimos esa segunda película, los productores tenían una oficina pequeña con sólo una secretaria. En dos años el personal había aumentado y ahora era de cincuenta personas. Cuando hicimos el tercer filme, *El Octagón*, la oficina tenía más de cien empleados y se había convertido en uno de los estudios de cine independiente más reconocidos de Hollywood. ¡Mis primeras tres películas lograron una ganancia neta de más de cien millones de dólares!

La compañía American Cinema tenía un capital de sesenta millones de dólares. Me sentía orgulloso de ser parte de su crecimiento.

Pero entonces Michael Leone, el jefe de Alan, le dijo que ya no quería hacer más filmes de Chuck Norris. Según él, las películas de karate ya estaban en el ocaso. Alan trató de que no terminaran mi contrato, al igual que el vicepresidente David Millar. David le dijo a

Michael: «Estás cometiendo un gran error». Pero la decisión de Michael se impuso y despidió a David. Mi contrato no fue renovado y poco después Alan Bodoh también se fue de la compañía.

Irónicamente, la compañía fue en picada con tres películas de alto presupuesto que fracasaron. Poco tiempo después, American Cinema experimentó dificultades financieras y eventualmente se declararon en bancarrota.

Me dolió saber que no me renovarían el contrato pues pensaba que Michael Leone y yo éramos amigos. Sin embargo, pronto aprendería que en el negocio de la filmación tienes amigos mientras te necesiten. Hay excepciones, por supuesto, pero son muy pocas.

Afortunadamente, otra compañía de filmación, Avco Embassy, inmediatamente me ofreció hacer una película titulada *Ojo por ojo*. Esa película me llevó a *Furia silenciosa* con Columbia y luego a *Venganza forzada* con MGM. Mi carrera se había encumbrado con el éxito de *Lobo solitario McQuade*, *Código del silencio*, *Fuerza Delta* y mis tres más grandes películas de *Perdido en Acción*.

En 1989, *Fuerza Delta 2* fue presentada en el teatro del Senado en Washington D.C. con una asistencia de ochocientas personas incluyendo muchos miembros del congreso y sus familiares. Aarón y yo nos encontrábamos sentados en la primera fila junto a los senadores Pete Wilson y Bob Dole. A la mitad de la película, el senador Dole me susurró al oído que él y Pete Wilson no podían quedarse para terminar la película porque tenían que ir a votar al Senado. «Está bien», les dije. «Gracias por venir».

Salieron del cine al igual que los otros senadores. Unos minutos después, me volví hacia la puerta y noté que los senadores Wilson y Dole seguían viendo la película desde la puerta y se quedaron allí hasta que se terminó.

Llegaron tarde para votar y fue inscrito en los registros del congreso que el voto fue retrasado siete minutos hasta que los senadores Dole y Wilson llegaron a la sala del congreso. ¡Ahora ya sabes porqué!

CAPÍTULO 16

Encuentro cercano con la muerte

---•◆•---

Uno de los sueños que guardé en mi corazón por muchos años era hacer algo para honrar la muerte de mi hermano Wieland en Vietnam. Cuando el director Lance Hool me mostró un guión acerca de prisioneros de guerra en Vietnam, sentí que este podía ser el vehículo con el cual no solamente honraría a mi hermano sino también a los más de dos mil soldados que habían desaparecido o muerto en esa guerra.

Lamentablemente, aun cuando Lance y yo estábamos comprometidos con el proyecto, nadie más en Hollywood parecía estar interesado. Vivíamos los primeros años de la década de los ochentas y Estados Unidos todavía estaba sufriendo los estragos de la vergüenza en manos del Ayatola Khomeini, quien había mantenido como rehenes a varios ciudadanos estadounidenses en Irán por más de un año. Con la inauguración de Ronald Reagan como presidente y la liberación de los rehenes, la moral del país había mejorado. Pocas personas querían revivir la idea de ver a soldados compatriotas como prisioneros. Al menos esa era la opinión que prevalecía en Hollywood.

Fui de compañía en compañía, tratando de convencerlos de que una película sobre los desaparecidos en acción, honraría a los veteranos de Vietnam y además sería un éxito de taquilla. Finalmente, la compañía Cannon estuvo de acuerdo en producir la película bajo el título *Missing In Action* [Desaparecido en acción], la historia del regreso del coronel James Braddock para rescatar a unos soldados que los políticos y otros habían dicho que ya estaban libres.

En el clímax de la película, mi personaje, James Braddock, entra a una corte en Saigón donde una audiencia está en sesión acerca de soldados estadounidenses todavía atrapados en el sureste de Asia. Los hombres y las mujeres que asistieron a la audiencia estaban por concluir que no había más estadounidenses prisioneros en Vietnam, cuando Braddock entra junto con una banda de prisioneros que él acaba de rescatar de un campo de esclavos del Vietcong.

Cuando la película fue inaugurada fui a verla a una sala de cine pública. Prefiero esto ya que así puedo saber las opiniones del público que compra los boletos y no tengo que escuchar las supuestas críticas profesionales. Una de las emociones más grandes de mi vida sucedió en una de las presentaciones de *Desaparecido en acción*, en Westwood, California, cuando toda la audiencia se puso de pie para aplaudir después de la escena del clímax en la que Braddock demuestra que todavía había desaparecidos en acción en Vietnam.

La ovación recompensó todo el esfuerzo que había puesto en la película. Ciertamente las películas de *Desaparecido en acción* (hicimos tres) fueron difíciles de hacer tanto física como emocionalmente. Las películas se grabaron en Filipinas en un lugar difícil y peligroso; muchas de las escenas eran extremadamente peligrosas.

En una escena que recuerdo vívidamente, tenía que llevar a cuatro desaparecidos en acción al océano y luego nos iban a recoger en un helicóptero. El plan era estar hundidos hasta el pecho cuando el helicóptero volara y nos lanzara la escalera. Se suponía que yo sostuviera la escalera mientras los soldados subían hasta estar a salvo. Luego, al final de la escena, el helicóptero iba a ser atacado y se iría mientras yo me mantenía colgado de la escalera.

La toma era arriesgada y peligrosa, aún para el doble que iba a reemplazarme en la escalera antes de que el helicóptero volara por el océano. Cuando hicimos la toma, el viento soplaba muy fuerte y mi hermano Aarón, que coordinaba a los dobles, temió que los fuertes vientos empujaran al doble contra las aspas del helicóptero. Para prevenir un accidente, decidimos que lo que haríamos sería que yo me quedara colgado un poco más, lo suficiente como para que el helicóptero me sacara del agua y luego me volviera a bajar.

Empezamos a grabar la escena y todo salió como lo habíamos planeado. El helicóptero se mantenía encima del agua mientras que los soldados subían la escalera y yo la sostenía. Estaba colgado debajo de la escalera con el agua hasta el cuello y un rifle M-16.

El helicóptero empezó a sacarme del agua tal como lo habíamos previsto, pero en lugar de mantenerse arriba por un momento y luego bajarme, el helicóptero levantó el vuelo. En segundos estaba a trescientos pies de altura, sintiendo el viento y agarrándome de la escalera con todas mis fuerzas. Sentía que mis brazos se estaban separando de las coyunturas de los hombros. Cuando miré hacia abajo, vi al personal de la filmación mirándome horrorizados.

Aarón se montó en un bote y empezó a seguirme mientras el helicóptero volaba encima del océano. Mientras tanto, el director asistente se comunicaba por radio con el piloto, quien no tenía idea que yo seguía en la escalera. Dio la vuelta y me bajó en la playa. Los del equipo de filmación tuvieron que hacer un gran esfuerzo para apartar mis dedos de la escalera.

Cuando todo volvió a la calma, le pregunté a Aarón: «Si me hubiera zafado de la escalera y caído al agua, ¿crees que el impacto me hubiera matado?»

«Carlos, estabas a trescientos pies de altura», me respondió Aarón. «¡Hubieras quedado muerto y aplastado como clavo de puerta!»

Una de las escenas emocionalmente más fuertes que he hecho en mi carrera, fue en *Desaparecido en Acción 2*. Braddock está intentando salvar a otros soldados que se supone no existen de acuerdo a los políticos, cuando es capturado y torturado. Uno de los soldados prisioneros está muriendo de malaria, así que Braddock acepta firmar una confesión falsa sobre crímenes en contra de la población vietnamita, a cambio de que sus captores le pongan una inyección al soldado para que no muera. El villano hace que Braddock firme la confesión pero en lugar de ayudar al soldado moribundo, hace que lo traigan enfrente de Braddock y allí lo incinera vivo mientras que Braddock es obligado a observar.

Esa fue una de las escenas más complicadas que he hecho como actor y la teníamos que hacer en dos días consecutivos. El primer día íbamos a grabar la escena del soldado quemándose, en el segundo día íbamos a grabar mi reacción ante el sádico acto. Eso significaba que tenía que aparentar una emoción pues no estaba viendo la escena. Sólo había una forma en que pudiera sacar tanta emoción de mí. Le dije al personal: «Esto tiene que hacerse en una sola toma, así que asegúrense de filmarlo».

Cuando grabamos la toma, imaginé a mi hermano Wieland allí en Vietnam, dirigiendo a sus tropas, previniendo a los soldados y luego siendo asesinado. Recordé cuando vi a Wieland en el féretro, el día en que lo enterramos.

Conseguimos la emoción que necesitábamos, pero no estaría dispuesto a hacerlo nuevamente. Fue lo mejor que pude hacer para honrar a mi hermano caído. Cuando la película de *Desaparecido en acción 2* salió al mercado, obtuvo ganancias de más de seis millones de dólares en la taquilla durante su primera semana, un éxito fenomenal en ese tiempo. Además de recibir algunos buenos comentarios. Pero la mejor respuesta vino de una joven que me dijo que había llevado a su padre, un veterano de Vietnam, a ver la película. «Fue la primera vez que lo vi llorar», me dijo.

◆

Poco después de haber hecho la trilogía de esas películas y mientras Donahue se encontraba en la cima de la popularidad como entrevistador controversial de su propio programa, recibí una invitación de los productores del programa de Phil para que apareciera como invitado. «Nos gustaría que vinieras al programa y hablaras sobre las películas de vaqueros de hoy en comparación con las antiguas que protagonizaban John Wayne, Gary Cooper, Gene Autry, Roy Rogers y otras estrellas».

«Hey, eso me parece bien», dije. «Me encantará ir».

Pensé que era un tópico intrigante, hasta llevé a mi madre y a mi hermano al estudio en Chicago. El productor les enfatizó que por ser familiares tenían que quedarse en la audiencia, podían ver pero no podían participar de la discusión.

Eso debió haberme dado una pista.

El panel de invitados ese día incluía a la analista de cine Janet Maslin, un psicólogo y un comediante, todos ellos extremadamente liberales en sus persuasiones políticas. Phil Donahue abrió el programa entrando al programa con una banda en el cabello y sosteniendo una pistola de juguete. «¿Es esta la clase de películas que quieres que vean tus hijos?», dijo, haciendo movimientos con la pistola hacia el público.

Tan pronto como vi el vestuario de Donahue supe que me habían tendido una trampa.

Por supuesto, Donahue empezó conmigo.

—¡Tus películas violentas están destruyendo a nuestros hijos! —dijo en tono de acusación.

—Un momento —protesté—. Hay una gran diferencia entre violencia y acción. Si tú notas, mis películas son siempre un tipo bueno peleando con el villano, son historias sobre el bien y el mal.

Seguí conversando un rato tratando de explicar de qué trataban mis películas.

Donahue no tenía intención de escucharme, siguió acusándome. En pocos momentos, Janet Maslin también lo hacía.

—Psicológicamente, los niños que ven tus películas son más propensos en convertirse en criminales, ¡debido a tus películas! —continuó el psicólogo.

El comediante también se metió en la conversación haciendo mofa de mis personajes.

La audiencia, que en su mayoría eran mujeres, se estaba enfureciendo con cada frase que se decía. Donahue, se fue hasta la audiencia y le daba el micrófono a los que él creía iban a estar de acuerdo con él.

Finalmente, una mujer joven se levantó y dijo: «A mí personalmente me gustan las películas de Norris y si a ustedes no les gustan, ¡no vayan a verlas!»

Las otras mujeres de la audiencia empezaron a abuchearla. Donahue y los otros miembros invitados se pusieron contra ella también. Ella se sentó y no dijo otra palabra durante el resto del programa.

Durante uno de los comerciales, Janet Maslin se me acercó y me dijo: «Chuck , lo siento por ti».

La miré y le dije: «¡Yo lo siento por mí también!»

Durante toda la hora me bombardearon con preguntas, muchas de ellas no tenían nada que ver con mis películas y mucho menos con las carreras de John Wayne, Gary Cooper o Roy Rogers.

Cuando terminó el programa, confronté a Phil en privado. «Phil, el haberme traído aquí con falsas pretensiones fue algo muy bajo de tu parte».

La respuesta de Donahue me reveló mucho acerca de los medios de comunicación y acerca de él. Me miró y sin disculparse dijo: «Este programa nos dará mucha audiencia. Es controversial y por eso el índice de audiencia subirá hasta el cielo».

Tristemente, eso es lo más importante para muchas personas como Donahue en los medios de comunicación. El asunto no es encontrar la verdad, lo bueno y lo malo, o los asuntos morales, es solamente el dinero y los índices de audiencia.

CAPÍTULO 17

Pide un deseo

Mientras me preparaba para hacer una nueva película en Atlanta, *Invasión USA*, fui a Nueva York a promocionar *Código del silencio*, la producción que en esos momentos estaba en cartelera en 1985. Me hospedaba en el Hotel Plaza cuando encontré un mensaje de Whoopi Goldberg invitándome a una de sus obras teatrales. No conocía a Whoopi en ese tiempo pero como tenía algunas horas antes de tomar el avión a Atlanta, fui a ver la obra.

Es poco decir que su actuación fue magnífica. Ella fue asombrosa, cautivando a la audiencia por más de dos horas con su humor y sus historias. Después de la presentación, fui a los camerinos a conocer a Whoopi. Cuando Whoopi me vio, corrió hacia mí y me gritó:

—¡Mi hombre, mi hombre principal!

Miré alrededor, pensando que quizás Whoopi me había confundido con alguien más. Pero entonces me explicó.

—¿Recuerdas cuando filmabas la película *La Fuerza de Uno* en San Diego? —me preguntó—. Hiciste una escena de kickboxing en el Coliseo con cientos de extras en la audiencia.

—Claro, sí me acuerdo —le dije mientras pensaba en aquellos chicos buscapleitos y cómo logramos que se calmaran.

—Bueno, yo era una de esos extras —dijo Whoopi—. En ese momento de mi vida estaba viviendo de la asistencia social del gobierno y tratando de criar a un bebé.

—Has llegado muy lejos Whoopi —le dije. ¡Eres uno de los mejores talentos que he visto!

Whoopi me agradeció y me preguntó en qué estaba trabajando. Le conté de la película que estaba haciendo en Atlanta y Miami.

—Hay un papel en la película de una reportera que se aparece en los lugares donde yo estoy atacando a los terroristas que están tratando de paralizar nuestro país. Sería perfecto para ti. ¿Estarías interesada en el papel y crees que tengas tiempo para hacerlo?

—Bueno, seguro que me gustaría hacerlo —me contestó—, y creo que tengo espacio para hacerlo.

Me explicó que iba a hacer una película titulada *El color púrpura*, con Steven Spielberg pero si podíamos acomodar los espacios, ella podría hacer la parte en *Invasión USA*.

—¡Genial! Te enviaré al director para que se reúna contigo y hablen del papel.

Cuando volví a Atlanta y le dije al director acerca de Whoopi y lo emocionado que estaba de tener una actriz tan talentosa en nuestro filme, él me dijo que no creía que Whoopi sería la persona adecuada para el papel. No lo podía creer y le dije que estaba cometiendo un gran error, pero no pude hacer que cambiara de opinión. (Si ya has visto la película, creo que estarás de acuerdo que Whoopi hubiera sido la persona perfecta para el papel.)

No necesito agregar que nunca he vuelto a utilizar a ese director.

La carrera de Whoopi comenzó a ascender después de su asombrosa actuación en El color púrpura. De allí en adelante, nadie la catalogó más como una simple comediante sino como una extraordinaria actriz.

Invasión USA fue un éxito regular en la taquilla, pero cuando el vídeo fue vendido a MGM allí fue cuando se catapultó. El video se convirtió en el segundo producto de más venta en la historia de

MGM en ese momento después de la famosa película *La novicia rebelde*. ¡Imagínate lo que hubiera podido lograr la película si Whoopi hubiera salido!

◆

Siempre he tenido un lugar en mi corazón para los niños. Cuando la actriz Barbara Mandrell y sus hermanas me invitaron a Nashville a mediados de los ochentas para participar en un juego para la caridad de softball para niños. ¿Cómo podía resistirme? Había una gran cantidad de estrellas: Bob Hope, Roy Acuff, Sheena Easton, Dick Clark, Betty White, Lynda Carter, Morgan Fairchild, Gladys Knight y Chuck Woolery. También músicos como The Oak Ridge Brothers, Lee Greenwood, Alabama, Tanya Tucker, Reba McEntire, algunos atletas profesionales como Walter Peyton y Herschal Walter, y la entrevistadora Oprah Winfrey.

Nos reímos tanto, jugamos un partido muy divertido y ayudamos a recolectar dinero para una de las caridades de Mandrell. Cuando me iba oí, la voz de Oprah llamándome: «¡Chuck, Chuck, ven aquí!»

Oprah había escuchado a un pequeñín llorar, ella se acercó a él para ver porqué lloraba y él le dijo que estaba triste porque quería conocerme, pero me vio cuando me alejaba. Oprah, le limpió las lágrimas y con el permiso de sus padres tomó al niño y lo llevó hasta donde estaban los autobuses que nos llevarían de regreso al hotel.

«Chuck, este jovencito quiere conocerte». Me bajé del autobús y Oprah me dio al pequeñín. «Aquí está», le dijo al niño. «Tu deseo se cumplió».

«Hey, amiguito», le decía mientras lo tomaba en mis brazos. «¿Cómo te llamas?»

Él era tan sólo un rostro entre la multitud, pero Oprah notó sus lágrimas. Estábamos allí para recolectar dinero para los niños y aquí teníamos a uno a quien podíamos animar, a quien decirle una palabra amable y a quien podíamos dejarle una impresión positiva. No es muy difícil ser amable... especialmente con un niño.

◆

Un día recibí la llamada de la fundación *Make a Wish* (Pide un deseo), una organización que se dedica a cumplirle los sueños a los niños que tienen una enfermedad terminal. Me dijeron que Michael Majia, un niño de cinco años que sufría de leucemia, me consideraba su ídolo y me pedían si podía enviarle una fotografía autografiada.

«¿Dónde vive Michael?», pregunté.

«Bellflower, California», me dijeron.

Bellflower estaba a cuarenta y cinco minutos de distancia. «¿Te parece bien si llamo a la madre del niño para ir a dejarle la fotografía en persona?»

«¿En serio? ¡Eso sería fantástico!»

Llegué al apartamento de Majia con la fotografía y otras cosas de mi carrera fílmica. La madre de Michael, June, me dijo que él había salido con su padre. Mientras regresaban, June me dijo que Michael tenía leucemia desde los tres años. Confinado a un cuarto de hospital, él vió *Lobo solitario McQuade*, una y otra vez en una videocasetera. «Me caes muy bien», dijo June bromeando, «pero he tenido que ver esa película más de treinta veces. Ya me aprendí los diálogos y me estoy aburriendo de eso».

Me reí y le dije: «Pues tengo que quitarme el sombrero ante ti, no podría verla tantas veces».

Michael finalmente volvió con su padre. Michael era un niño frágil y estaba usando una gorra de baseball en su cabeza ya que estaba totalmente calvo debido a la quimioterapia. Él se paró en la puerta y me miró.

June señalándome le preguntó: «¿Sabes quién es este hombre?»

Michael asintió con su cabeza, corrió hacia mí, saltó a mi regazo y me abrazó. Hablamos por casi una hora, mayormente de mi experiencia en karate y de cómo me inicié en las películas. Luego nos fuimos a la sala y le enseñé algunos movimientos de karate.

Después de esa visita nuestra amistad floreció. Michael y sus padres vinieron a varias exhibiciones privadas de mis películas y Michael se sentaba junto a mí mientras las veíamos. Algunas veces se sentaba en mi regazo. Mientras me encontraba en Miami filmando *Invasión USA* lo llamé para desearle una feliz Navidad. Hablamos por unos minutos y cuando íbamos a colgar, me dijo: «Te quiero mucho Chuck».

«Yo también te quiero mucho, Michael».

Cuando regresé a casa unos meses después, llamé a Michael de nuevo, June me dijo que había muerto el mes anterior. Lágrimas llenaron mis ojos. «Desearía haber hecho más por él». Dije en voz baja, hablándome más a mí mismo que a la mamá de Michael.

«Hiciste todo lo humanamente posible» me dijo. «Cuando Michael estaba en el hospital, él me dijo: "Mamá, Dios quiere que me vaya con él". Murió viendo *Lobo solitario McQuade* y con tu foto en sus manos».

Después de colgar el teléfono, me senté mientras lágrimas rodaban por mis mejillas. Michael sólo tenía siete años y no tuvo suficiente tiempo en esta tierra para experimentar muchas cosas, pero el hecho de saber que Dios lo quería en el cielo, me hizo reevaluar la dirección que mi vida estaba tomando.

Además de enseñarme sobre el valor, el ejemplo de Michael también me llevó a reafirmar mi fe. Cuando llegue mi día quiero saber que Dios me quiere en el cielo.

Desde la muerte de Michael he continuado trabajando con la fundación *Make a Wish* y durante todos estos años he invitado a cientos de niños a visitar el escenario de *Walker Texas Ranger*. Cada uno de esos niños es especial para Dios y para mí, pero Michael siempre tendrá un lugar en mi corazón.

CAPÍTULO 18

Los asombrosos Gracies

En 1987, Bob Wall y yo viajamos a Río de Janeiro, Brasil en un viaje de buceo. Mientras andábamos por allá quise ver los diferentes estilos de artes marciales que se practicaban en el país. Entrenamos en varias academias y en todo lugar donde íbamos, alguien nos contaba acerca de la asombrosa familia Gracie, unos íconos locales de *jujitsu*. «Nadie se mete con los Gracies», decían todos. «¡Esa gente es muy ruda!»

Bob y yo decidimos que queríamos conocer a la familia Gracie y empezamos a buscar su academia en Río. Allí conocimos a Helio Gracie, el padre del clan, un hombre pequeño de poco más de setenta años, quien era un practicante de artes marciales bastante capaz. Su hijo, Rikson, era el líder de los más jóvenes de los Gracies. Bob y yo les pedimos entrenar con ellos y los Gracies con gusto aceptaron.

Había aprendido algo de *jujitsu* antes con Gene LaBelle en los Estados Unidos y soy cinta negra en judo, por eso sentí que podría mantenerme a nivel con estos muchachos. Pero cuando entramos en el área de combate, rápidamente descubrí que todos los movimientos de artes marciales que conocía no eran efectivos contra los Gracies. ¡Era como si nunca hubiera tomado una lección de artes marciales en mi vida! Fue la experiencia más humillante que alguna vez haya tenido como practicante de artes marciales. ¡Esos tipos me dejaron por el suelo!

Helio Gracie entró en el área de combate y quería que practicáramos un combate. Luchamos por toda el área de combate y en un momento pude estar encima de él. Entonces el señor Gracie me dijo: «Chuck, pégame».

«Oh no, señor Gracie, no le voy a pegar».

«No, no hay problema. Adelante pégame», el anciano insistió.

Le dije: «Bueno... está bien» mientras levantaba mi brazo... y eso fue lo último que recuerdo. Me noqueó.

Cuando desperté y miré a mi alrededor, pensé que el anciano me había hecho una llave en el cuello y me había dejado inconsciente. Me parecía que mi garganta iba a estar adolorida por días.

El señor Gracie sonrió y me dijo: «Chuck, quédate aquí en Río con nosotros y te haré uno de los mejores practicantes de *jujitsu* en el mundo».

«Gracias, señor Gracie, pero en verdad tengo que volver a los Estados Unidos», le dije mientras trataba de tragar. Estaba por comenzar a hacer otra película y por eso no pude quedarme más tiempo en Brasil.

Un tiempo después, los Gracies se mudaron a California y abrieron una academia de *jujitsu*, junto con los hermanos Muchado, cuatro de los mejores practicantes de *jujitsu*. Desde ese entonces, los Gracies y los Muchados se convirtieron en amigos muy queridos.

Su forma de practicar el *jujitsu* es una de las más efectivas en el mundo, especialmente cuando hay ataques cercanos inesperados, lo cual es lo más común en las peleas callejeras. Los Gracies pueden derribar a un atacante más rápido que cualquiera. Aún en prácticas, ellos pueden someter a una persona de tal forma que no haya forma de escapar a menos que se rompa un brazo, pierna o tobillo. Además tienen una manera espectacular de cambiar de movimientos rápida y sigilosamente, dejando a sus oponentes pensando qué fue lo que pasó.

Su secreto tiene que ver con las palancas, no con la fuerza física, pero créeme, ellos verdaderamente son los asombrosos Gracies.

Desde 1978 he encabezado una organización de practicantes de artes marciales cinturones negros conocida como la Federación de las Artes de Lucha Unidas. Cada año en julio, invito a todos mis estudiantes cinturones negros a una convención en Las Vegas, donde entrenamos juntos por varios días. Por diez años seguidos empezando desde 1993, los Gracies y los hermanos Muchado han impartido seminarios en la convención.

Una vez que mis estudiantes se vuelven eficientes en chun kuk do (el camino universal), los insto para que se hagan adeptos del *jujitsu* y no hay nadie mejor en *jujitsu* que los Gracies y los Muchados.

Durante la convención de 1999, Carlos Muchado, el hermano mayor de la familia, me pidió que le ayudara con los principiantes.

«Muy bien, Carlos. Será divertido».

Carlos estaba enseñando una clase a veintidós de nuestros nuevos cinturones negros. Jóvenes, fuertes y ágiles, estos eran la crema y nata de los artistas marciales y yo estaba contento de pasar un rato con ellos.

Carlos me pidió que participara demostrando algunas llaves y cómo salirse librado. Le estaba mostrando a uno de los estudiantes cinturón negro cómo escapar de una llave cuando de repente él empezó a agarrarme, tratando de lanzarme al suelo.

Eso no era exactamente lo que tenía en mente.

Pero ya estábamos en la mitad de la lucha, así que maniobré mi cuerpo y le hice una palanca a su brazo, una llave muy dolorosa que él no hubiera querido aguantar por mucho tiempo. Casi inmediatamente, le pegó con su mano al suelo, indicando que se rendía.

Otro estudiante nos vio luchando y me dijo: «¿Señor. Norris puedo luchar con usted?»

«Oh, ah...oh, bien». Ese estudiante y yo luchamos por unos minutos antes de que le aplicara una llave y lo forzara a rendirse.

Pronto, otro cinturón negro también quería luchar. Empecé a ir de uno en uno, todo el grupo. Muchos de los jóvenes cinturones negros, fueron luchadores colegiales. Pensé, *¿En qué me metí?*

Victor Matera, un joven cinturón negro entusiasta, estaba dentro de ese grupo. Me observaba en cada uno de los combates. Cada vez que vencía a alguien, Victor iba hasta donde estaba Carlos Muchado y le preguntaba: «¿Qué haría usted para defenderse de eso?»

Carlos le enseñaba qué debía hacer para evitar caer en esa llave. Mientras yo seguía luchando con los estudiantes, Carlos continuaba diciéndole a Victor cómo contraatacar cada una de las llaves o cómo vencer mis movimientos. Con cada uno de los combates mi repertorio sorpresa iba disminuyendo.

Finalmente le había ganado a todos los estudiantes, excepto a Víctor, quien entonces se acercó y me dijo: «¿Señor Norris podemos luchar?»

«No sé», le dije. «Estoy muy cansado».

«Por favor, señor Norris, permítame ser el último».

«Muy bien, de acuerdo».

Empezamos a luchar y con cada intento de aplicarle una llave, él encontraba la forma de evitarla. Él tenía la ventaja de haber visto mis movimientos, además de las sugerencias de Carlos para contrarrestar y escapar de mis llaves.

No obstante, en aproximadamente dos minutos, tenía a Victor rindiéndose.

Estaba casi exhausto, pero la demostración aumentó mi reputación con esos estudiantes. «¡El señor Norris hizo que veintidós cinturones negros fueran sometidos consecutivamente!» Escuché a uno de ellos decir. Sonreí sabiendo que mi ego iba a estar inflado por un buen rato.

◆

Me encanta entrenar con antiguos estudiantes o con estudiantes de mis antiguos estudiantes, pero cada año se hacía más difícil. En otra convención, los estudiantes estaban lanzando patadas a un muñeco que medía electrónicamente la potencia en libras por pulgada cuadrada con la que los estudiantes estaban pateando. La mayoría de los estudiantes pateaban en el rango de las trescientas libras por pulgada cuadrada. Eso es un golpe muy fuerte y yo estaba muy impresionado.

«Señor Norris, ¿por qué no lo intenta? Queremos verlo pateándolo», sugirió uno de mis estudiantes cinturón negro.

Vacilé por un momento: «Ah... no creo».

«Por favor, señor Norris, patee el maniquí»

Finalmente acepté y dije: «Bueno, lo voy a intentar».

Salté y pateé al maniquí. No sé qué fue lo que hice diferente a los demás, debí haberle pegado al muñeco perfectamente ¡porque el medidor registró un impacto de seiscientas libras por pulgada cuadrada!

«¡Ay caramba!», gritó uno de los estudiantes. «¡Nadie ha logrado hacer eso antes! ¡Nadie ha podido pasar el medidor arriba de los trescientos y el señor Norris lo duplicó!»

Créeme, estaba tan asombrado como los estudiantes. Volvieron a verme asombrados e intentaron de nuevo mejorar sus marcas. Ninguno pudo patear al muñeco con la mitad de lo que yo lo había logrado.

Estoy seguro de que mi increíble patada debió haber marcado eso por algún mal funcionamiento del medidor, pero para mis estudiantes, ¡yo era un Adonis!

CAPÍTULO 19

Un defensor inesperado

———•◆•———

Como instructor de artes marciales por quince años, enseñé a miles de jovencitos y jovencitas que sufrían una gran inseguridad que causaba una baja autoestima. Me encantaba enseñarles porque con su mejoría en las artes marciales también desarrollaban una actitud más positiva y se sentían más seguros de sí mismo. Pero estos eran estudiantes que tenían padres que podían pagarles las lecciones y traerlos a la academia.

Con frecuencia pensaba en los millones de jovencitos que no tenían padres que pudieran pagarles clases de artes marciales o cualquier otro programa con el cual pudieran recibir grandes beneficios. ¿Cómo podría ayudar a esos niños? Esa pregunta rondó en mi cabeza por muchos años pero estaba tan ocupado con mi carrera fílmica que no podía buscar la respuesta.

Mi deseo de ayudar a los niños menos privilegiados no se desvanecía con el tiempo, más bien iba en aumento. Sin embargo, estaba tan sorprendido como cualquiera al descubrir cómo Dios hacía que esa semilla creciera y quién vendría a mi vida para hacer que se fortaleciera y diera fruto.

En 1988 recibí una llamada de Lee Atwater, administrador de

campaña (en ese entonces) del candidato presidencial George H. Bush. Lee me preguntó si podía ser el maestro de ceremonias de una reunión política en Riverside, California, para el señor Bush. Yo estaba renuente a hacerlo, parcialmente porque nunca lo había hecho. Sin embargo, le dije: «Si el señor Bush quiere que yo sea su maestro de ceremonias, con gusto lo intentaré».

Había estado involucrado políticamente con Ronald y Nancy Reagan en un evento de tenis con fines benéficos que la señora Reagan estaba patrocinando. Era una campaña antidrogas titulada «Solamente di no». Mi primer acercamiento con los Reagan se dio cuando mi secretaria me llamó y dijo: «La señora Reagan quisiera que jugaras en un torneo de tenis con fines benéficos en diez días en Washington. ¿Quieres ir?»

«Claro, dile que con gusto iré», le dije. Al momento que colgué el teléfono pensé, *yo no sé jugar tenis! ¡Nunca he tomado una raqueta en mi vida!* Pero tenía diez días para aprender. Contraté a un instructor de tenis y me esforcé como un loco tratando de aprender el juego. Diez días más tarde, me encontraba jugando en el torneo de caridad. No lo hice tan mal, aunque algunos tiros fueron a dar más allá de la cerca hasta la calle. ¡La señora Reagan no parecía molesta, y yo tampoco!

Aunque algunos críticos no han estado muy contentos con la posición nacionalista que he asumido en mis películas y mi vida personal, siempre he estado agradecido por los Estados Unidos. Soy un gran entusiasta del voto y ejerzo mi derecho al voto para poder opinar. Tal como me decía mi madre: «Si no votas, no tendrás derecho a quejarte. Estás cosechando lo que sembraste».

Me mantuve políticamente involucrado durante los períodos presidenciales de Reagan y Bush, pero usualmente a la distancia, hasta esa llamada de Lee Atwater en 1988 invitándome a participar en Riverside.

La reunión en Riverside a favor de George Herbert Walker Bush fue un gran éxito. Asistieron alrededor de quince mil personas. Fue muy buena y me sentía honrado de hablar a favor del vicepresidente

Bush. Cuando el señor Bush tomó el micrófono, bromeó diciendo: «¡No saben lo seguro que me siento al estar junto a Chuck Norris!»

Eso le encantó a la multitud. Era obvio que el señor Bush y yo habíamos hecho una mancuerna desde el inicio. De verdad creía en él como candidato y como una persona de gran integridad. Hubiera votado por él aún si no hubiera estado involucrado en la campaña.

La reunión de Riverside salió muy bien. Lee me preguntó si tenía el tiempo para acompañarlos en el recorrido de campaña para amenizar las otras reuniones. Me agradaba George Bush y tenía tiempo libre, así que con gusto acepté la oferta.

Viajamos a través del norte de California en un autobús especial, de ciudad en ciudad. El señor Bush había sido catalogado con la imagen de «un buen tipo» por los medios al principio de su campaña, pero tan pronto empecé a viajar con él, la prensa cambió el tono. «Aquí vienen dos tipos rudos». Eso le gustaba al señor Bush.

Durante la campaña, Lee Atwater y yo nos hicimos buenos amigos. Lee era un joven brillante que tenía una memoria fotográfica y le encantaba ver películas. Él había visto todas las mías y con frecuencia me probaba haciéndome preguntas sobre ellas. «¿Recuerdas cuando dijiste esto y aquello en esa escena de una de tus películas anteriores?»

«No Lee, no me acuerdo, esa película fue hace mucho», le respondía.

Luego, cuando tenía una oportunidad de volver a ver dicha película me daba cuenta que era como me había dicho Lee.

También llegué a conocer al señor Bush durante la campaña presidencial y me di cuenta que en verdad era una persona muy especial. Cuando comencé a viajar con él en la campaña, yo era bastante tímido, lo cual es mi naturaleza, pero el señor Bush inmediatamente me hizo sentir como si nos conociéramos por años.

Pronto descubrí que el señor Bush es increíblemente leal con sus amigos. Él no se olvida de aquellos que sacrificaron su tiempo, su dinero o su esfuerzo a su favor.

Cuando el señor Bush fue elegido Presidente, fui invitado a la inauguración y a la celebración de gala donde se me pidió dar un discurso junto con Arnold Schwarzenegger. Me senté junto a Arnold y me tocaba pasar a dar mi discurso antes que él. Arnold bromeaba diciéndome en voz baja: «Te vas a equivocar Chuck, se te va a olvidar lo que vas a decir. Vas a meter las patas». Arnold es famoso por hacer esas cosas con sus amigos, pero le seguía diciendo: «¡Cállate, Arnold, tengo que concentrarme!»

Afortunadamente, lo hice bien y luego tuve la oportunidad de sentarme y molestar a Arnold.

Arnold y yo nos conocemos desde hace mucho tiempo; desde 1968, antes de que él fuera una estrella de cine internacional. Cuando Arnold se mudó a California, él era un conocido físiculturista de clase mundial. Arnold y yo hacíamos ejercicio juntos de vez en cuando y durante nuestros períodos de descanso hablábamos de nuestras ambiciones. Yo decía: «Estoy satisfecho con enseñar artes marciales».

«Yo no», decía Arnold. «El físiculturismo es sólo una grada en la escalera. Planeo convertirme en un gran agente de bienes raíces y luego me meteré a actuar en el cine».

Tenía que sonreír mientras pensaba: *«¿Cómo quiere ser actor, apenas puede hablar inglés?»*

No fui el único que tuvo obstáculos. Cuando Arnold anunció que quería ser actor fue rechazado tres veces. Primero le dijeron que su cuerpo era muy grande y musculoso (¿Qué te parecería haber sido la persona que le dijo eso?) Segundo, que él tenía un acento extranjero muy fuerte y con frecuencia su inglés tenía errores gramaticales o de pronunciación. Tercero, le aconsejaron que se cambiara el apellido.

Arnold no se dio por vencido. Inició una dieta especial para pulir su cuerpo. También estudió el idioma inglés y se esforzó por mejorar su pronunciación. Sin embargo, Arnold no se cambió su apellido, más bien, decidió hacer de su apellido un nombre famoso.

No conozco a nadie tan resuelto como Arnold. Hoy nos referimos a mi amigo como ¡el Gobernador Schwarzenegger!

Lee Atwater había hecho arreglos para la inauguración de la gala. Había una banda de *rythm and blues* para celebrar la elección de George Herbert Bush. Lee, quien tocaba la guitarra en sus tiempos libres, llamó al presidente Bush al escenario y le dio su guitarra para que tocara. El presidente Bush pretendía con gestos ser parte de la banda. Me divertí tanto durante todo el tiempo que miraba el espectáculo. Pensaba, *«no puedo creer que Lee haga que el Presidente de los Estados Unidos se ponga a jugar con una banda»*.

Después de la elección, Lee me invitó a la Casa Blanca y me llevó a un recorrido. Fuimos a la oficina de John Sununu, el jefe de personal, quien se encontraba en una reunión. Lee interrumpió la reunión y dijo: «John, quiero que conozcas a Chuck Norris». John, se levantó de su escritorio, caminó hacia mí y me saludó. Lee me dijo que también quería presentarme a Jim Baker, el secretario de estado.

Le pregunté: «Lee, ¿estás seguro que podemos interrumpirlo?»

«Ah, claro, él es un gran tipo», me contestó. Lee Atwater no se sentía intimidado por nadie.

Me invitaron varias veces a la Casa Blanca para participar en cenas estatales o para dar la bienvenida a líderes de otras naciones. Una vez llevé a mi hijo Mike a una cena estatal para honrar al presidente de Polonia. Mientras el presidente Bush esperaba en la plataforma para dar la bienvenida al invitado de honor, Mike y yo nos encontrábamos entre la multitud. Un agente del Servicio Secreto se me acercó y me dijo al oído: «¿Señor Norris?»

«Si, soy Norris, ¿en qué puedo servirle?»

«El Presidente quiere saber si usted y su hijo desean ir a trotar después de la ceremonia?»

Mi primer pensamiento fue *¿podré mantenerme a nivel?* El presidente Bush tenía una condición física excelente y corría casi todos los días.

Yo estaba en buena forma, pero correr era sólo una parte de mi rutina de ejercicios. No obstante, no quería perderme esta oportunidad.

Le dije al agente: «Claro que sí, nos encantará hacerlo».

Luego de las ceremonias oficiales de bienvenida, los agentes nos escoltaron a un cuarto en la Casa Blanca donde Mike y yo podíamos cambiarnos. Poco tiempo después, el presidente Bush entró y se empezó a cambiar, igual que en un vestidor de colegio.

Mike y yo corrimos varias millas con el presidente, rodeados de varios agentes del Servicio Secreto. Uno de los agentes llevaba una Uzzi, guardada en su maletín, mientras corría con nosotros.

Fue una experiencia rara pero inolvidable.

Esa noche Mike y yo fuimos a una cena estatal con otros cientos de invitados. Después de la cena, fuimos a uno de los salones de gala donde observé al Presidente y a su esposa conversando con los invitados. Luego de un rato, los vi subir las escaleras y retirarse del evento. Nosotros también estábamos cansados así que decidimos irnos. De camino a la salida alguien me llamó «Chuck». Me di vuelta y vi al presidente hablándome. Estaba en las escaleras diciéndome adiós.

Pensé, *¿quién soy yo para que el presidente de los Estados Unidos diga mi nombre?*

Me acordé de la historia de Zaqueo, el hombre pequeño que Jesús vio subido en un árbol. Jesús dijo: «Zaqueo, bájate, voy a ir a tu casa a comer». Pienso que Zaqueo se maravilló al pensar, *«Jesús sabe mi nombre»*.

En una escala diferente, me sentí de la misma forma cuando George Bush se despidió de mí en la escalera. ¡Que gran hombre! Aún con el peso del mundo en sus hombros, él no olvida cómo hacer que alguien se sienta especial. Me siento privilegiado de conocer a George Herbert Walker Bush, no sólo como presidente, sino también como un buen hombre que respeto, un padre y esposo maravilloso. Estés o no de acuerdo con su política o sus decisiones como presidente, él es un hombre de integridad. Es un hombre de verdad.

Al día siguiente, Mike y yo almorzamos con el presidente y el director del FBI, William Webster. Durante la comida, el presidente me pregunto que planes tenía fuera del ambiente del entretenimiento. Le dije que quería trabajar con los jóvenes de los Estados Unidos, enseñándoles artes marciales.

—Ya hiciste eso —me dijo.

—Sí, pero ahora quiero enseñar a los niños que económicamente no puedan pagar por las clases.

—Y ¿cómo piensas hacer eso? —me preguntó.

Le dije que me gustaría contratar instructores que enseñaran en las escuelas públicas específicamente a los niños de sexto, séptimo y octavo grado que es donde los niños sienten más presión para meterse en actividades de pandillas, drogas y violencia.

—¿Por qué crees que las artes marciales pueden ayudar en esa área? —me preguntó el presidente.

—Siempre he creído que un niño que desarrolla una buena autoestima tendrá una fuerza interna que le ayudará a resistir la presión de los demás, incluyendo al abuso de drogas o alcohol, al igual que las pandillas —le dije—. El entrenamiento de las artes marciales aumenta la autoestima y forja el tipo de disciplina y respeto que le hace falta a muchos chicos hoy día. En otras palabras, desarrolla un carácter fuerte y positivo y le ayuda al joven a resistir la presión de las drogas que es una gran preocupación en este país.

Me detuve abruptamente al darme cuenta que prácticamente le estaba dando un sermón al presidente. No tenía que preocuparme de todas maneras.

El presidente escuchó cuidadosamente y luego me preguntó cómo implementaría ese programa en las escuelas públicas. Le dije que las clases de artes marciales podían ser ofrecidas como una alternativa a las clases regulares de educación física. Si enseñáramos a treinta niños en cada clase, dando cinco clases al día podríamos alcanzar a ciento cincuenta niños al día en cada escuela.

—En mi opinión el programa tendría buenos resultados con estos chicos —le sugerí al presidente.

Aunque la idea de tal programa había estado en mi mente por más de veinte años, literalmente la estaba desarrollando con claridad mientras le describía las posibilidades al presidente de los Estados Unidos.

—Es una gran idea —me dijo.

En ese momento la señora Bush entró.

—¿Cuál es la gran idea? —preguntó.

Le repetí toda la historia, pero esta vez la descripción era más clara. El programa «Patea las drogas fuera de los Estados Unidos» empezaba a moldearse con la conversación.

—Empecemos a hacer este programa. ¿Con cuál ciudad quieres comenzar? —me preguntó el presidente Bush.

—No lo sé, realmente no había pensado en eso.

—¿Qué tal Houston?

—Me parece bien —le dije—, pero ¿cree usted que las escuelas estén de acuerdo?

—Creo que puedo convencerlos —dijo sonriendo el presidente Bush—. Pero necesitarás a alguien que te ayude a dirigir el programa. Me gustaría recomendarte a Lloyd Hatcher.

—¿A qué se dedica él? —pregunté.

—Primeramente, no es un él. Lloyd es una dama. Ella es una amiga cercana de mi hijo Marvin y mi nuera Margaret. Es graduada de la Universidad de Carolina del Norte y una mujer muy brillante —me respondió el presidente.

El presidente también recomendó a Brad O'Leary, un reconocido político y hombre de negocios de Washington D.C. para que me ayudara.

«Patea las drogas fuera de los Estados Unidos», el programa de artes marciales en las escuelas públicas, fue fundado por Lloyd Hatcher, Brad O'Leary, mi representante Miron Emery y yo. Hicimos un estimado de aproximadamente $50.000 dólares para iniciar el programa por un año. Con eso se pagaría al instructor, los uniformes y los cinturones para los estudiantes, además de un salario para Lloyd y otros gastos básicos. Mi trabajo era conseguir donantes para empezar el programa.

Me comuniqué con varios hombres de negocios de Houston, pero ninguno estaba interesado en financiar o ser parte del programa. Frustrado, le dije a Lloyd que yo mismo lo pagaría.

«Eso sería bueno sólo para una escuela», me dijo Lloyd. «Pero la meta no es una sino cientos de escuelas. ¿Vas a pagar los gastos de todas?»

«Entiendo», le dije.

Poco después de esa conversación asistí a un evento de caridad en Houston y conocí a Jim McIngvale, dueño de Gallery Furniture, una de los negocios de muebles de mayor éxito de Texas. Acababa de empezar a contarle sobre los planes de la fundación cuando llegó su esposa Linda. Les comenté a ambos lo que quería hacer y que estaba buscando personas que quisieran involucrarse. Jim y Linda me escucharon y acordamos tener otra reunión, el siguiente día, para discutir el tema más a fondo.

En esa reunión les expliqué a los McIngvales más sobre el programa.

Linda sacó su chequera y empezó a escribir un cheque. Pensé: *¿De cuánto será el donativo? Quizás $5.000*. Quedé boquiabierto cuando vi que el cheque era por $50.000, lo suficiente para pagar un año entero en una escuela. Con la contribución de los McIngvales, el programa «Patea las drogas fuera de los Estados Unidos» dio su inicio oficial en 1990.

Gracias al apoyo de Jim y Linda pudimos encontrar más personas que se involucraran. Jim, quien es un orador público increíble, comenzó a hablar de la fuerza del programa y de esa forma el PDFEU pronto empezó a escucharse fuera de Houston.

El distrito escolar independiente de Houston acordó poner a prueba el programa por un año en la escuela M.C. Williams. Contraté a Roy White, uno de mis estudiantes cinturón negro, para que enseñara allí. Sabía que iba a ser un reto grande para Roy porque M.C. Williams tenía una reputación de ser una escuela ruda.

Nuestro programa está diseñado para ayudar a los niños a creer que pueden vivir vidas productivas y que puedan alcanzar sus metas y sueños.

La elección es de ellos. Enseñamos a nuestros estudiantes: «Si crees que puedes, lo harás; si no crees que puedes, no lo lograrás».

Dos semanas después de que iniciáramos el programa, me encontraba en Los Ángeles preparándome para ir a Israel a hacer una película, cuando recibí una llamada de Roy.

—¡Nunca había trabajado con niños tan indisciplinados! —me dijo—. Estos niños me han insultado con cada apodo que existe y ninguno es amable. No sé si esto va a funcionar.

Pensé por uno segundos y le dije:

—¿Puedes aguantarte un poco más hasta que vuelva de Israel?

—¿Cuánto tiempo? —me preguntó Roy.

—Cuatro meses.

Luego de una gran pausa me dijo:

—Bueno, lo intentaré.

—Gracias. Tan pronto regrese, iré a Houston y evaluaremos el programa.

Roy se rió.

—Muy bien, espero verte en cuatro meses... si todavía estoy vivo.

Cuando regresé de Israel, volé directo a Houston y fui a la escuela M.C. Williams. El director me saludó y me escoltó hasta el gimnasio donde los niños estaban esperando. Mientras íbamos caminando hacia el gimnasio, algunos chicos me vieron, corrieron hacia la ventana y empezaron a gritar mi nombre. Empecé a hacer gestos de saludo con mi mano cuando uno de ellos le dijo al director: «¡Mi papá te va a matar!»

Caramba, pensé, *y esto es sólo una escuela.*

Cuando llegamos al gimnasio, quedé impresionado. Vi a ciento cincuenta chicos en uniformes de karate, firmes. Al entrar, todos gritaron en unísono: «Señor Norris, es un placer tenerlo aquí». Saludé a todos los estudiantes, tuvimos un período de preguntas y respuestas, y luego hicieron una demostración de artes marciales.

Cuando se iban, le pregunté a Roy:

—¿Qué pasó? Hace cuatro meses estabas a punto de rendirte.

—No fue fácil —me dijo—. Seguí contraatacando sus actitudes negativas con afirmaciones positivas cada día y lentamente empezaron a responder. El punto decisivo vino cuando un día mientras enseñaba una clase, uno de los estudiantes, el más rudo de la escuela, que pesaba ciento ochenta libras me pidió que hiciéramos un combate libre.

Roy siguió contándome.

—Un estudiante nunca desafía al instructor, eso es falta de respeto —le dije.

—Cuando la clase terminó, hice que todos los estudiantes se fueran y le pedí al chico que se quedara. ¿Todavía quieres combatir? —le pregunté.

—Sí —me dijo.

—Peleé con él y le daba leves toques en su cara con patadas para demostrarle que estaba en control total de la situación.

—La verdad es que soy mejor en lucha libre —dijo el chico.

—Ah, entonces, ¿prefieres luchar?. Le apliqué unas cuantas llaves y lo vencí fácilmente.

—Gracias, señor White. ¡Muchas gracias señor! —me dijo al final.

Él se fue y le contó a todos los chicos. «No se metan con el señor White». El chico más rudo de la escuela se convirtió en mi defensor más fuerte y de pronto las cosas empezaron a salir mejor.

Al final de ese primer año, M.C. Williams había aceptado el programa totalmente. Por otra parte, después de un par de años era obvio, según las evaluaciones independientes, que PDFEU era más que sólo un programa para resistir las drogas. Sus notas mejoraron y había menos problemas de disciplina con nuestros jóvenes.

Recaudábamos más dinero y empezamos a desarrollar y expandir el programa a otras escuelas en Houston. Para el quinto año estábamos en ocho escuelas y alcazábamos a mil doscientos niños. En el octavo año ampliamos el programa a Dallas. Para nuestro décimo año, tres mil novecientos chicos eran enseñados en veintiséis escuelas. Actualmente, el programa se da a más de seis mil niños cada año y ¡el número sigue creciendo!

Seis mil chicos puede que no parezca un gran número para algunas personas, pero cada uno de esos chicos tiene una esfera de influencia. Además, sólo se necesita una persona para cambiar al mundo, positiva o negativamente.

Hoy nuestra fundación ha sido reconocida como un programa de desarrollo de carácter y aptitudes para la vida con el propósito fundamental de darles a los muchachos las herramientas para fortalecer su autoimagen. Recientemente nos dimos cuenta que nuestro nombre original, «Patea las drogas fuera de los Estados Unidos», implicaba un enfoque demasiado estrecho para lo que estábamos logrando. Decidimos darle un nombre que describa mejor nuestra misión: KICK START (Patada de inicio), iniciar el desarrollo de un carácter moral fuerte en nuestra juventud por medio de las artes marciales.

Sigue siendo mi trabajo recaudar fondos para mantener y expandir el programa. Cada vez que estoy tratando de involucrar a personas o corporaciones para que patrocinen Kick Start, con frecuencia me preguntan si nuestro programa realmente funciona.

Mi respuesta es que miles de estudiantes se han graduado de nuestro programa y muchos de ellos ya están en la universidad, algunos hasta tiene sus títulos académicos. Seis estudiantes que empezaron con nosotros en el sexto grado han regresado después de la universidad y ahora son instructores en el programa. Una de las mejores historias de éxito que han emergido del programa es la de Gerardo Esparza. Gerardo entró al programa poco después de su inicio. Gerardo usó los principios y la disciplina del programa para motivarse y tener éxito académico, una jornada que recientemente completó al graduarse del Instituto Técnico de Massachussets (MIT) como licenciado en finanzas y economía.

Angelina Beltrán es otra graduada exitosa. Después de tres años en el programa, Angelina se convirtió en la primera persona de su familia en terminar la secundaria. No sólo fue la mejor de la clase, sino que dio el discurso de despedida en la graduación y se ganó una beca para la universidad. Angelina habló en uno de nuestros eventos de recaudación y dijo que ella esperaba ser la primera en la familia que no tuviera que utilizar asistencia benéfica del gobierno.

Hace unos años el mundo miró con horror mientras los reporteros seguían el evento que estaba ocurriendo en una secundaria de Colorado, donde dos chicos causaron dolor en la vida de muchas familias. No podía hacer otra cosa más que pensar *«si estos dos chicos que mataron a varios de sus compañeros de secundaria en Columbine hubieran estado en nuestro programa, tal vez hubiéramos podido inculcarles el sentido de autoestima que aparentemente no tenían»*.

Hay muchos chicos que han sido heridos emocionalmente y necesitan ser curados.

Nuestro programa Kick Start les enseña a ser una parte constructiva y no destructiva de la sociedad.

Creo de corazón que si podemos instituir Kick Start en cada una de las escuelas de la nación, eventualmente veremos una reducción tremenda en la actividad de padillas, la violencia escolar y hasta en la necesidad de asistencia de bienestar social.

Es mi opinión que la decadencia moral avanzada de la juventud de hoy empezó en 1962, cuando los líderes de la nación empezaron a interpretar los comentarios de Thomas Jefferson acerca de la separación de la iglesia y el estado en una forma que los padres de la patria de los Estados Unidos nunca se lo hubieran imaginado. La oración fue sacada de las escuelas públicas y eventualmente ni siquiera la Promesa a la bandera era requerida. «Dios y país» se volvió un concepto impopular en las escuelas públicas de los Estados Unidos.

Además, el código de vestuario en muchas escuelas fue alterado de tal forma que los estudiantes podían vestir como les daba la gana, no importa cuan ofensivo, arriesgado o rebelde fuera.

Creo que muchas de las escuelas de Estados Unidos han ido en declive por más de cuarenta años y que es tiempo de volver a las bases.

Soy un fuerte partidario de los códigos de ropa estrictos para los estudiantes y para los maestros. Estoy convencido que los estudiantes realizan mejor o peor desempeño de acuerdo con la forma en que visten.

Hasta estoy abierto a la idea de que los estudiantes usen uniforme. Crecí en la pobreza y estaba extremadamente consciente de mi ropa de segunda. Soy testigo de los efectos negativos de nunca tener lo que otros chicos consideraban como ropa normal y aceptable. Quizás un uniforme común podría ayudar a muchos estudiantes a que se sientan mejor consigo mismos. Además, usar un uniforme les quitaría a las pandillas una de las armas más fuertes que tienen: su apariencia. Nuestros estudiantes en Kick Start usan uniformes cuando entrenan y su sentido de orgullo es obvio cuando lo usan.

※

Mientras escribía este capítulo, mis pensamientos se remontaron hasta Lee Atwater quien era uno de los hombres más notables que he conocido. Durante la segunda campaña del presidente Bush, Lee contrajo un tumor inoperable en el cerebro. Su cabeza se hinchó hasta tener el tamaño de una calabaza. Sólo ciertas personas podían verlo y yo fui una de ellas. Lo visité en el hospital poco antes de que muriera. Estaba al pie de su cama con otras tres personas, cuando Lee hizo un gesto para que me acercara. Me incliné hacia él porque apenas podía hablar. Puse mi oído cerca de su boca y oí a Lee susurrarme: «Confía en Dios, Chuck... ¡Te quiero!»

Lo besé en la frente y salí rápidamente del hospital, luchando desesperadamente por aguantar las lágrimas. Llegué al auto y allí empecé a llorar. Fue un día muy triste para Estados Unidos cuando Lee Atwater murió. Creo que Lee hubiera hecho que este mundo fuera un mejor lugar. También creo que si Lee viviera y hubiera dirigido la reelección del presidente Bush, el resultado hubiera sido muy diferente.

Para mí, personalmente, la muerte de Lee no sólo fue la muerte de un amigo querido, también fue otra llamada de atención en mi vida espiritual. Me impactó saber que alguien como Lee, tan vibrantemente vivo y vigoroso, podía ser consumido tan rápidamente. Quizás yo tampoco era invencible. Pensé, *debo ponerme a cuentas otra vez acerca de mi fe y compromiso con Dios.* Si eso le pasó a Lee, puede pasarle a cualquiera. Debes estar preparado para cuando sea tu turno.

CAPÍTULO 20

Movimientos peligrosos

———•◆•———

Dianne, mi esposa por treinta años y yo nos divorciamos en 1989. ¿Cómo es que llegamos al divorcio después de estar juntos tanto tiempo? Es una pregunta difícil de contestar. Nuestra relación había sobrevivido varios períodos rocosos durante tres décadas. Nuestros hijos Mike y Eric ahora eran hombres maduros. Un día Dianne y yo nos miramos en la mesa preguntándonos: «¿Quién eres tú?» Nos habíamos alejado demasiado. Aun cuando estábamos en líneas paralelas, nuestras vidas ya no encontraban una intersección.

Yo estaba trabajando constantemente y Dianne había abierto un restaurante en Newport Beach, California que le demandaba una gran cantidad de tiempo. Sus responsabilidades de negocios le impedían viajar conmigo adonde yo estaba filmando. Ella dirigió el restaurante exitosamente por cinco años y luego decidió venderlo. Dianne, una mujer brillante con un buen sentido de los negocios, abrió una compañía de producción de música que le demandaba aún más de su tiempo.

Hay un viejo adagio que dice: «La ausencia hace que el corazón se apegue más a la persona amada». No lo creo. Entre más tiempo me pasaba lejos de la casa y entre más sus negocios o los míos nos mantenían separados físicamente, más nos alejábamos emocionalmente.

La disolución de nuestro matrimonio no fue del tipo violento o ruidoso como el que muchas parejas experimentan. Más bien fue como esa ruptura que hace que un globo vaya perdiendo lentamente su forma, su belleza y su atracción. Para cuando descubrimos lo que estaba pasando, ya era muy tarde. Dianne era y es una increíble mujer, y aunque ya no seguimos casados, todavía hoy día somos amigos.

El divorcio fue un impacto profundo a mi sistema. Además de los asuntos emocionales de lidiar con un sentido de fracaso, súbitamente fui lanzado a un estilo de vida completamente nuevo, uno que particularmente creía que no me iba a gustar. Toda mi vida había estado acostumbrado a ser cuidado por grandes mujeres; primero, mi madre y mi abuela y luego por mi esposa, Dianne. Debo admitir que tenía miedo de estar soltero y solo en Hollywood. Sin embargo, la idea de estar disponible para las mujeres en Hollywood era intrigante. Así que empecé a salir y a salir y a salir en citas amorosas por casi ocho meses. Eso fue todo lo que duró la emoción.

Estaba haciendo de una a tres películas por año y para el momento que terminaba cada una, me sentía totalmente exhausto emocional, física y espiritualmente. Para contrarrestar mis tendencias adictivas a trabajar demasiado, saqué un tiempo para relajarme y para descansar. Como no soy el tipo de persona que puede estar quieto por mucho rato, busqué alguna actividad que llenara el vacío en mi vida y que a la vez transportara mi corazón y mi mente lejos del trabajo por un rato.

Recuerdo que Steve McQueen me decía que su manera favorita de relajarse era corriendo autos o motocicletas ya que eso lo hacía enfocarse totalmente en la carrera y no en su última película. Cuando la carrera terminaba, él se relajaba completamente. El método de Steve parecía algo que me podía funcionar.

Por naturaleza soy competitivo y por eso entré a una carrera de camionetas de estrellas que se celebraba en Las Vegas. Estaba compitiendo con otras celebridades, muchas de ellas lo hacían desde hacía varios años. De forma asombrosa, ¡llegué en primer lugar! No es sorprendente entonces que luego de esa carrera, quedara «enganchado» a las carreras de autos.

Poco después de mi primera victoria, entré a otra carrera de estrellas con mi hijo Eric, como copiloto, quien en ese momento tenía diecinueve años. Íbamos a la cabeza, hasta que volteamos y el auto dio tres vueltas antes de detenerse. Afortunadamente, no salimos heridos pero el accidente nos dejó en el desierto por varias horas.

Seguí compitiendo y ganando varias carreras. Un día, los promotores de las carreras de Las Vegas me dijeron que había alguien que quería competir contra mí en la Mint 400. La noche de la fiesta anterior a la carrera, un hombre entró usando un casco que le cubría la cara. Lo miré, tratando de adivinar quién podría ser. Él caminó hasta donde yo estaba y se quitó su casco… ¡Para mi sorpresa, era mi hermano Aarón!

Aarón era tan competidor como yo y había sido doble de autos en muchas películas, así que supe que sería un gran reto. La mañana siguiente, cuando la carrera inició, Aarón tomó la ventaja e iba a la cabeza, yo le seguía a un segundo de distancia.

En este tipo de carreras, los competidores reciben unas marcas en las paradas designadas para probar que no han tomado un atajo ilegal. Cada vez que llegaba a alguna de estas paradas, preguntaba: «¿Qué tanta distancia me lleva Aarón?».

Primero me dijeron: «Diez minutos». En la segunda parada me dijeron: «Seis minutos» y en la tercera: «Dos minutos».

Aarón me contó después que él creía que me llevaba mucho tiempo de ventaja, así que bajó la velocidad cuando se acercaba a la línea de meta. Se quedó pasmado cuando cruzó la meta y me vio llegando seis segundos más tarde. Steve McQueen tenía razón. Mi mayor relajación la sentía después de la carrera.

En 1985, el hijo del presidente Reagan, Michael, rompió el récord mundial de botes de carrera de Chicago a Detroit con un tiempo de doce horas, treinta y cuatro minutos, veinte segundos. En 1989 me hicieron la oferta de romper el récord de Michael en una carrera dirigida por la asociación de botes de carrera de Estados Unidos. Tomé la oportunidad.

Tenía que manejar un Scarab de cuarenta y seis pies, tipo V con dos motores de 425 caballos de fuerza con los que podía alcanzar una velocidad de ¡setenta millas por hora!

La carrera era de 612 millas, desde la bahía de Chicago hasta el Centro renacentista de Detroit. Mi copiloto era Walter Payton, afamado jugador de los Osos de Chicago y el encargado de los motores era Eddie Morenz. También mi amigo Bob Wall nos acompañaba.

Salimos de la bahía a las 7:00 a.m. y tuvimos una carrera muy tranquila por los grandes lagos y hasta la isla Mackinac, donde volvimos a llenar los tanques y continuamos por el Lago Hurón en dirección a Detroit. Estaba a menos de diez millas de la línea de meta y con muy buenas posibilidades de romper el récord, cuando nos encontramos con una tormenta que inhabilitó nuestro sistema de navegación. Nos perdimos en los canales de Detroit por más de tres horas antes de encontrar de nuevo nuestra ruta a la meta final. Cuando finalmente llegamos, Walter se bajó y dijo: «¡No vuelvo a hacer esto nunca!»

El siguiente año, decidí intentarlo de nuevo, pero por más que lo intenté no pude convencer a Walter que nos acompañara, así que piloteé solo el bote. Eddie Morenz me ayudó con los motores otra vez.

Tuvimos una carrera tranquila, no nos perdimos y llegamos a Detroit con un tiempo de doce horas, ocho minutos y cuarenta y dos segundos, ¡rompiendo el récord por veintiséis segundos!

Pensé que ese sería el fin de mis carreras en bote, pero unos meses después, Al Copeland, el dueño de Popeye's Chicken, me pidió que lo reemplazara como piloto de su súper bote de carrera.

Había visto esos botes en la televisión y estaba muy impresionado. Los botes eran catamaranes de cincuenta pies de largo con motores jet capaces de alcanzar las 140 millas por hora. La carrera consistía en una docena de botes compitiendo alrededor de unas boyas ubicadas a varias millas en el agua. Nuevamente mi espíritu de competencia me llevó a aceptar.

Mi primera carrera iba a ser en Long Beach, California. Llegué el día de la carrera y Al me llevó a ver el bote por primera vez. Parecía una nave espacial, más increíble que como se veía por la televisión.

Le pregunté a Al si podía hacer una prueba de manejo con el bote. «Oh no, lo siento está afinado para la carrera», me dijo. «Lo vas a tener que probar cuando lo corras».

Cuando llegó la hora, lo llevamos hasta la línea de salida. Empezó la carrera y en segundos estaba punta a punta con los otros cinco botes, ¡llegando a velocidades de más de 120 millas por hora! La primera boya que teníamos que pasar estaba a cinco millas de distancia. Al acercarnos, le dije a Bobby, el encargado de los motores, que no estaba seguro como darle la vuelta a la boya con tantos botes alrededor de nosotros.

Bobby dejó de acelerar y los otros cinco botes nos pasaron y se pusieron frente a nosotros. De pronto, el bote que estaba exactamente frente a mí, le pegó a una estela y salió volando seis metros en el aire. Apenas pude pasar antes de que el catamarán impactara el agua. Cuando finalmente mi corazón había bajado de mi garganta, pensé, *¡Hey, esto es algo peligroso!* Esta será mi única carrera, pero al menos puedo decir que lo intenté.

Corrimos lo más rápido que pudimos y cuando parecía que no íbamos a tener oportunidad, los dos botes que iban a la cabeza fallaron y así terminamos ganando la carrera. ¡Ahora sí que estaba enganchado!

Corrí súper botes nueve veces más ese año y terminé el año en tercer lugar.

El siguiente año, mi equipo y yo ganamos el Campeonato Nacional de Súper Botes.

Tristemente, Stefano Casiraghi, el esposo de la princesa Carolina de Mónaco, murió en una de esas carreras y su muerte se dio a conocer internacionalmente. Él tenía treinta años de edad. Yo estaba bajo contrato con la compañía de películas Cannon y Yoram Globus cuando mi jefe supo del trágico accidente. «¿Es esa la clase de carreras en las que estás metido?», me preguntó Yoram.

«Si, así es», le respondí.

«Ya no más», me dijo abruptamente.

Las carreras en botes se habían acabado para mí. Había ganado el Campeonato Nacional de Súper Botes y había roto un récord mundial. ¿Qué más podía pedir? Bueno...

Como dije antes, siempre he tenido un gran respeto por los hombres y las mujeres que sirven en el ejército de los Estados Unidos. Como antiguo piloto de la Fuerza Aérea, sé muy bien los sacrificios que estos hombres y mujeres hacen por defender nuestro país, y por la paz y la justicia del mundo entero.

Por esa razón, cuando me invitaron a volar con los *Blue Angels*, nuevamente me arriesgué al peligro. Volé con los *Blue Angels* dos veces. Durante mi primer vuelo en 1991, Kevin, el piloto, me puso el cinturón de seguridad y me dijo: «Chuck, el noventa por ciento de mis pasajeros vomitan».

«¿Por qué tenías que decírmelo?», le pregunté. «La idea no se me había ocurrido hasta ahora».

Poco después de despegar, Kevin trató de hacerme vomitar haciendo varias maniobras. Ganas no me faltaron. Saqué la bolsa para vomitar, pero sabía que si lo hacía, Kevin les diría a todos que lo había hecho, así que me aguanté. Cuando aterrizamos estaba pálido, pero ¡no vomité!

La próxima vez que volé en uno de los *Blue Angels*, le pedí a Wayne, el piloto, que no me hiciera pasar otra vez por la misma agonía. Me dijo que no lo haría y no lo hizo. Me preguntó si quería ver como se acercaba a un carguero para aterrizar. «Claro», le dije.

Wayne me dijo por el intercomunicador que tendría que bajar el jet de 550 nudos velocidad crucero hasta 140 nudos velocidad de aterrizaje. Para hacer eso tendría que inclinar el avión hacia la derecha, lo cual produciría una fuerza G de alrededor de seis Ges.

Cuando inclinamos el avión, sentí como si estuviera viendo un túnel brillante de luz que se ennegrecía hasta llegar a la oscuridad total. Perdí el conocimiento por un momento. Cuando el túnel finalmente se aclaró, le pregunté a Wayne cómo se encontraba.

«Bien», me dijo, «traigo puesto un traje para presión».

«Qué bueno», le dije, «¿puedo ponerme un traje para presión la próxima vez?»

Un día en una función de la Casa Blanca, tuve la oportunidad de conocer al Secretario de la Marina. Le dije: «Señor Secretario, he estado dos días en el USS Constellation. He estado en el USS Kennedy y he volado con los *Blue Angels* dos veces, pero mi sueño es aterrizar en un carguero».

«¿En serio?», me preguntó.

«Sí, señor».

Él sonrió y me dijo: «Veré que puedo hacer».

Como cuatro meses más tarde, me invitaron a ir a las instalaciones Top Gun en Miramar, cerca de San Diego, donde iba a ser entrenado por dos días para prepararme para montar en un F-14 Tomcat y aterrizar en el USS Nimitz, que estaba a 250 millas mar adentro.

Cuando llegué al lugar, me presentaron con varios pilotos Top Gun, incluyendo al que volaría conmigo. Su apodo era Maverick, tal como el que usó Tom Cruise para su personaje en la película.

El primer día tenía que aprender técnicas de supervivencia en el agua ya que íbamos a volar por el océano. Me llevaron a una piscina que parecía ser de trescientos metros de largo. Estaba vistiendo mi uniforme de volar y unas botas que parecían pesar como diez libras cada una. Me dijeron que debía nadar hasta el otro lado. Estaba pensando: *No sé si podré hacerlo con todo este peso.* De un momento a otro, ya estaba nadando hasta el otro lado. Apenas llegué al otro lado. Me estaba aguantando del borde de la piscina mientras pensaba: *No puedo creer que lo haya logrado.* En ese momento, escuché a alguien gritar «Ahora vuelve hasta aquí». *Caramba*, pensé y empecé mi nado de regreso. Como a la mitad de la piscina, ya me sentía tan cansado que dejé de patalear y con el peso de mis botas me hundí hasta el fondo de la piscina. Salí como tres veces, pero me volvía hundir y pensaba: *¡Me irán a dejar ahogarme aquí!* Finalmente vi una balsa salvavidas viniendo hacia mí.

«¡Súbete!», escuché.

Con dificultad me subí a la balsa, usando mi última onza de fuerza.

El día siguiente fui a la cámara de altitud con varios oficiales militares, incluyendo un almirante con el que hacía equipo. Le conté sobre mi experiencia de supervivencia en el agua. «No tenías que hacer eso», me dijo riéndose. «Ellos sólo querían ver cuanto aguantabas».

«¡Pues ahora ya lo saben!», le dije.

El tercer día me pusieron el traje para la presión y estaba preparado para ir. Maverick y yo despegamos de la base Miramar y nos dirigimos al mar rumbo al Nimitz. Cuando íbamos llegando al carguero, Maverick decidió hacer lo que se conoce como toque de aterrizaje tres veces antes de que aterrizáramos en serio.

Nos acercamos al carguero a 140 nudos, entonces en el último segundo, Maverick retrocedió para frenar haciendo que la fuerza gravitacional alcanzara los siete Ges y me empujara fuertemente hacia mi asiento.

Después del tercer toque de aterrizaje, Maverick acomodó el jet perfectamente, haciéndolo frenar con mucho espacio en el carguero. Salí del avión, recorrí el carguero y saludé a los soldados. Luego fui al puente para conocer al capitán.

El tiempo pasó muy rápido y tuvimos que despegar de regreso a la base. Maverick me dijo que me iba a mostrar como sería experimentar una «pelea de perros aérea» contra un avión enemigo. Él dio vueltas, hizo cambios súbitos y maniobras increíbles. Después de unos minutos sentía que mi estómago estaba haciendo lo mismo. Me sentía muy mareado, presioné el intercomunicador y le dije a Maverick: «Lo perdimos»

Él se rió y dijo: «Ah, entiendo el mensaje».

CAPÍTULO 21

UN PECADO QUE SE CONVIRTIÓ EN UNA BENDICIÓN

—•◆•—

Una mañana mientras abría mi correo, me encontré con una carta de Dianna DeCioli. Abrí la carta y empecé a leerla, preguntándome quien era esta persona. Pronto lo averigüé.

«Soy tu hija», decía la carta.

Las palabras casi me hacen trastabillar.

«Mi madre es Johanna», decía la escritora y al instante me acordé de una mujer que había conocido hacía muchos años. Dianna siguió diciendo que ya era adulta, que estaba casada y que tenía una hija. Ella expresó el deseo que tenía de reunirse conmigo para obtener un historial médico más exacto. Concluyó la carta diciendo que si no me comunicaba con ella, no me volvería a molestar. Mis pensamientos volaron hasta 1962, una semana antes de que terminara mi servicio en la Fuerza Aérea. Me encontraba en la Base Aérea March en Riverside, California. Mi hermano, Wieland, se había venido a Riverside para hacerme compañía hasta que terminara el servicio. Mi esposa Dianne se encontraba en Los Ángeles preparando el apartamento donde viviríamos tan pronto volviera a casa.

Una noche, Wieland y yo, decidimos salir a divertirnos. Fuimos a un club nocturno donde una banda estaba tocando y la gente bailando.

Nos sentamos en una mesa y ordenamos de tomar al mismo tiempo que escuchábamos que el club iba a hacer un concurso de baile.

Wieland, quien era un bailarín profesional, le pidió a una chica atractiva que bailara con él. Ellos barrieron con el club y ganaron el concurso. El premio por ganar era cerveza gratis toda la noche.

Wieland trajo a su compañera de baile y a otra chica a nuestra mesa y fuimos presentados. Su compañera de baile se llamaba Joyce y la otra chica era su hermana mayor, Johanna. Los cuatro nos pasamos bailando toda la noche.

Wieland y yo salimos un par de veces más esa semana, y luego de manera romántica varias veces más durante los siguientes meses. Para mi vergüenza, nunca le dije a Johanna que era casado. Una noche Johanna y yo fuimos al auto cinema y allí tuvimos relaciones íntimas. Fue la única y la última vez que pasó eso.

Aunque Johanna y Joyce eran chicas muy especiales, yo sabía que lo que estaba haciendo estaba mal. Decir que me sentía mal, sería suavizar el dolor que sentía por serle infiel a mi esposa y al no ser sincero con Johanna. Era una situación que debía acabarse, así que aunque la herí, dejé de ver a Johanna. Eso había sucedido hace ya muchos años. Ahora súbitamente parecía como si fuera ayer, mientras leía la carta de una mujer que decía ser la hija de Johanna. Cuando me recuperé de la impresión, me quedé mirando la carta un buen rato, preguntándome qué debía hacer. El remitente de la carta era de un pueblo cercano al de mi madre y como a setenta millas de mi casa. Llamé a mi madre y le leí la carta.

—¿Estará diciendo la verdad? —me preguntó mi madre.

—No lo sé... es probable —admití.

—¿Qué quieres hacer, hijo?

—¿La llamarías tú, le hablarías y luego me dirías que piensas?

Mamá hizo más que eso. Ella se puso de acuerdo para verse cara a cara con la mujer que decía ser mi hija.

Mi madre invitó a Dianne a su casa para que se conocieran. Esa tarde yo estaba al lado del teléfono ansioso de saber cuál era el informe de mi madre. Cuando recibí la llamada, mi madre fue directo al grano: «Quiero que vengas aquí en este momento. Dianna está aquí». Ambas me estaban esperando.

No tenía idea de qué esperar, así que le pedí a mi hermano Aarón que me acompañara. Mientras manejábamos hacia la casa de mi madre, me preguntaba: *¿Cómo sabré si ella es mi hija en realidad?*

Cuando llegamos a la casa, estaba nervioso, ansioso y asustado. Entré a la sala y casi me quedé sin aire. Allí estaba una hermosa jovencita. Quedé asombrado y al momento en que la vi, lo supe. No necesitaba ninguna prueba de ADN o de sangre. No había duda de que ella era mi hija. Fui hasta donde estaba ella, nos abrazamos y empezamos a llorar. En ese momento sentí como si la hubiera conocido toda la vida.

Después Dianna me contó que su madre había quedado embarazada esa vez que fuimos al auto cinema y que cuando nació, su madre le puso Dianna pero le decía Dina. Johanna se casó poco después de que Dianna nació y por eso Dianna siempre pensó que el hombre que se había casado con su madre, era su padre. Johanna nunca le mencionó una palabra y probablemente no le hubiera revelado que yo era su padre biológico si no hubiera sido por una charla que oyó cuando ella tenía dieciséis.

Un día, Dina llegó a la casa y sin querer oyó una conversación entre su madre y una amiga. «¿Chuck Norris? ¿Qué tiene que ver con nosotros?» Dina quería saber. Johanna después le confirmó que yo era su padre biológico, pero que estaba casado, que tenía hijos y que no debían molestarme.

Diez años después, Dina leyó en los periódicos que yo me había divorciado. Fue entonces que con la aprobación de su esposo, me escribió.

Dina y yo tuvimos que terminar la conversación de forma abrupta porque yo tenía que viajar a Israel para empezar a trabajar en una nueva película. Nos aseguramos que volveríamos a vernos cuando regresara. Sin embargo, mientras estaba en Israel, la compañía donde trabajaba el esposo de Dina, lo transfirió a Dallas. Dina me contó después que ella estaba muy molesta por la mudanza pues sentía que después que finalmente encontró a su verdadero padre, no nos íbamos a poder ver tan frecuentemente.

Pero, tal como dice la expresión, «Dios obra de formas misteriosas». Mientras estaba en Israel, acepté la oferta para grabar la serie de televisión *Walker, Texas Ranger* en Dallas. Cuando supe que Dina y su familia se habían mudado a Dallas, me convencí más de que era el plan de Dios unirnos.

Desde ese día en la sala de la casa de mi madre en 1991, Dina, Damien y sus tres hijos, Gabriela, Dante y Elías se han vuelto una parte sagrada de mi vida. También he hablado con Johanna varias veces y me disculpé por mi engaño.

—Johanna, ha pasado mucho tiempo y no puedo regresar los años —reconocí—. Desearía haberte ayudado más cuando nació Dina. Éramos tan jóvenes y yo no tenía nada que ofrecerte, pero puedo ayudarte ahora si me permites. Me gustaría hacer una restitución y tratar de compensarlas a ti y a Dina. Sé que he cometido muchos errores en el pasado. Lo siento muchísimo. ¿Podrías perdonarme?

—Por supuesto que te perdono —dijo Johanna— y sé que Dios nos ha perdonado. Pero de no haber sido por esa noche, Dina no estaría aquí y no puedo imaginar mi vida sin ella.

Ciertamente, Dios no acepta las relaciones sexuales premaritales o extramaritales. Pero también he descubierto que no hay tal cosa como un «hijo ilegítimo». Cada bebé es legítimo a los ojos de Dios. Cada niño es precioso ante Dios. Nuestras acciones fueron malas y trajeron a esa bebé. Pero Johanna tiene razón. Dina es una increíble persona y yo me siento bendecido de tenerla como mi hija; de tener a Damien, su increíble esposo, como mi yerno. De tener a Gabriela (Gaby) que es un ángel. A Dante que es todo un muchacho y a Elías que me dice «Paka». Como Gabriela estaba pequeña, ella había pronunciado así la palabra «Papa» (una forma muy cariñosa de llamar a los abuelos en Estados Unidos) y de allí en adelante me siguieron diciendo «Paka».

Lo más especial que hizo Dina fue que desde la primera vez que nos vimos me llamó «Papá». Mis hijos Mike y Eric la han aceptado como su hermana y ella también a ellos. Hoy somos una gran familia unida. Mi pecado fue horrible, pero Dios tomó lo que Satanás podía usar para dañar y lo usó para bien. Tal como dijo Johanna: «Fue un pecado que se convirtió en una bendición».

CAPÍTULO 22

WALKER, TEXAS RANGER

———◆◆———

Mientras estaba en Israel filmando la película *Hellbound*, en 1992, mi representante, Mike Emery, me llamó y me preguntó si estaría interesado en hacer una serie semanal llamada *Walker, Texas Ranger* con CBS, una historia moderna de un guardabosques texano que tiene valores chapados a la antigua y que representa el bien contra el mal. Al principio, no estaba muy interesado, pero Mike me motivó cuando me dijo que la serie era sobre un oficial de la ley tipo vaquero que luchaba contra el crimen en la ciudad moderna de Texas.

«Déjame pensarlo, Mike. No estoy seguro que quiera hacer televisión», le dije. «Después de todo, sería un gran riesgo. Además, si la serie no tiene éxito, podría afectar mi carrera en el cine».

Pero la idea de personificar a un guardabosque de Texas me intrigaba. Cuando era un niño, mis películas favoritas eran las de vaqueros. El mensaje implícito era el código de la amistad, la lealtad y la integridad de los valores del Oeste. Decidí aceptar el riesgo de saltar del cine a la televisión.

Creo que el público quiere y necesita más héroes. Un héroe americano, tipo John Wayne. Mucha gente, especialmente los niños, quieren alguien con quien identificarse, un hombre o una mujer que sea valiente y no tema a la adversidad. Decidí que si iba a ser una serie de televisión tenía que ser esta. Mi creencia personal se volvió el rasgo principal de mi personaje en la serie de televisión, Cordell *Walker*.

Empecé a filmar la serie de *Walker* en enero de 1993 y había completado sólo cuatro episodios cuando la compañía de películas Cannon, que estaba pagando la mayor parte de los costos de producción de la serie, se declaró en bancarrota y la serie tuvo que ser colocada en un estante en espera de alguna respuesta.

Fue un tiempo triste para mí porque realmente disfrutaba hacer el programa. Afortunadamente, aproximadamente cuatro meses después CBS decidió correr con todos los gastos de la serie, algo no muy común en estos días. La mayoría de los programas de televisión son financiados por grupos externos y vendidos a las cadenas televisivas para que salgan al aire, pero CBS estaba muy convencida de que *Walker* tenía potencial y por eso decidieron arriesgarse.

Poco tiempo después volví a grabar y me encargué de la producción ejecutiva también. Mi hermano se encargó de la coproducción ejecutiva. Ya para este momento, Aarón se había convertido en un muy buen director y productor de películas. Lo más importante era que Aarón y yo teníamos el mismo corazón y la misma actitud. Él comprendía lo que quería hacer. Mi hijo, Eric, era el coordinador de dobles y luego se convirtió en uno de mis mejores directores.

Nunca he trabajado tan duro en mi vida como en esos primeros días de *Walker*. Trabajamos dieciséis horas al día, usualmente seis días a la semana y a veces siete. Cada semana Aarón y yo trabajábamos editando y afinando todos los detalles hasta el momento en que teníamos que entregar el producto completo a CBS. Durante la Navidad, tomábamos unas pequeñas vacaciones y luego, otra vez a grabar en Dallas, con frío o con calor sofocante. Nos sentábamos a escribir los guiones y producíamos lo que sentíamos era una mini película cada semana en el escenario de *Walker*.

Fue un tiempo de mucha creatividad pero también de mucho

cansancio. Sin embargo, los seguidores del programa estaban encantados con *Walker*, y eso me ayudaba a seguir haciendo más capítulos. *Walker* se convirtió en la serie más exitosa de la televisión los sábados por la noche desde la legendaria serie *Gunsmoke*.

No era de sorprenderse que muchos críticos de la televisión la catalogaran como muy violenta. Estaba decepcionado pero no estaba molesto. Nosotros teníamos un ambiente tipo vaquero de antaño en el programa y nuestros personajes frecuentemente se metían en peleas y disparaban pistolas y por supuesto, *Walker* ganaba muchos altercados, incorporando sus conocimientos de artes marciales. Eso hizo que algunas personas lo consideraran violento. Lo que los críticos escogieron ignorar, por supuesto era el hecho que los buenos en *Walker* nunca usaban violencia si había otra manera de arrestar a los criminales y aún en esas instancias, siempre mostramos que la violencia que era usada era un último recurso y sólo como un medio de que el bien conquistara el mal.

A pesar de ser golpeados por la crítica, el público aceptó la serie y pronto *Walker* no solamente era un programa bien establecido en CBS, sino que también era el número uno de las series de televisión. Tal vez esa es la razón por la cual Peter Jennings, estrella de reportaje de noticias de ABC, me escogió para ser parte de un programa especial que hablaba sobre los problemas en las escuelas.

Cuando Peter me invitó a venir a Washington D.C. me dijo: «Sabemos que tienes una fundación que ayuda a los niños en riesgo. Vamos a tener niños de varias escuelas de Estados Unidos en la audiencia y vamos a hablar de lo que está pasando en las escuelas. Vamos a tener a varios invitados; entre ellos, Janet Reno, una cantante de rap y un psicólogo. Nos encantaría que vinieras y hablaras de los problemas en las escuelas pero también de cómo tu fundación está ayudando a resolver algunas de estas situaciones».

Estaba trabajando de lleno en el escenario de *Walker* y verdaderamente no tenía tiempo en mi agenda para hacer el programa. Pero pensé: *Debo hacer esto. Será una gran oportunidad para presentar nuestro programa Kick Start a los Estados Unidos, para mostrarles lo exitoso del programa y los tremendos resultados que estamos viendo en las vidas de los chicos en las escuelas de Texas.*

Hice arreglos con las grabaciones de modo que tendría ese día libre para volar a Washington y estar en ese especial de Jennings.

El escenario estaba dividido en cuatro secciones, con cada invitado en una de ellas y varios niños sentados en unas gradas enfrente de nosotros. Peter Jennings empezó a presentar a los invitados. «Estamos complacidos de tener con nosotros hoy a la estimada Secretaria de Justicia, Janet Reno. Gracias Secretaria Reno por estar aquí». Luego presentó al psicólogo y a la cantante de rap. Peter entonces se dirigió hacia mí y dijo: «Y quiero presentarles a Chuck Norris, quien tiene el programa más violento de la televisión».

Esa fue mi presentación.

Me di cuenta que me habían tendido una trampa. Había caído en una trampa muy similar a la que Donahue me hizo años atrás. Peter Jennings no estaba interesado en cómo Kick Start podría ayudar a los niños a aumentar su autoestima, alejarse de las drogas o de las pandillas y estar viviendo vidas productivas. Obviamente, tenía una agenda totalmente diferente de la que me había propuesto cuando me invitó al show. No iba a permitir que lo que él acababa de decir se quedara así. No sabía si era mi turno para hablar o no, pero de todas maneras empecé a hablar. «Me gustaría debatir eso, Peter. Si alguna vez has visto el programa, lo cual dudo, te darías cuenta que *Walker, Texas Ranger* trata del bien contra el mal. *Walker* es un programa familiar y si pudieras ver nuestro correo, sabrías que hay familias que se sientan a verlo juntos».

Eso hizo que el programa se transformara en una hora de debate entre Peter, el panel y la audiencia. Cuando Peter le preguntó a una joven de la audiencia su opinión acerca de la violencia en la televisión, ella respondió: «Nosotros diferenciamos entre la realidad y las películas. ¡Si tú no puedes hacerlo, entonces eres un tonto!»

Peter no le volvió a preguntar nada más a la joven. Él comenzó a enojarse cuando la discusión empezó a irse en una dirección que él no anticipaba. El debate empeoró cuando presentó una canción de rap con una letra violenta, en un esfuerzo de ilustrar el material pernicioso que los raperos estaban grabando. Mientras la canción se oía por los parlantes, la cantante de rap solo se quedó allí, mirando hacia el frente.

Cuando la canción terminó, ella miró a Peter Jennings y le dijo: «¡Peter, esa no soy yo! ¡Esa ni siquiera es mi canción, esa es otra persona!»

El departamento de producción había cometido un error; habían escogido la canción equivocada de otra cantante como ilustración. Peter Jennings estaba pasmado. «¿Qué quieres decir con que esa no eres tú?»

«Esa no es mi canción», repitió la cantante de rap.

Me podía imaginar cuantas personas iban a ser despedidas del departamento de producción.

No puedo decir que me sentía mal de ver a Peter Jennings tan abiertamente desacreditado enfrente de su propia audiencia. De alguna forma fue una cucharada de su propia medicina, por querer manipular las cosas para apoyar sus propios prejuicios, un procedimiento muy común en la mayoría de los programas noticiosos y de los supuestos «documentales imparciales» que hay en la televisión hoy. Esa es una de las razones por la que muchos líderes conservadores rehúsan participar en estos programas. El prejuicio del anfitrión limita la representación justa de los temas. Por otro lado, por eso los programas que tratan de presentar un debate justo de ambas partes sobre un tema son tan prósperos.

No sentí lástima por la situación embarazosa de Peter Jennings. Yo estaba demasiado enojado y muy disgustado por haber caído en la trampa, y por haber perdido tiempo de mi trabajo. Había venido a promover algo maravilloso, algo bueno y casi no había podido mencionar nada de Kick Start ni de cómo ayudaba a los jóvenes.

Desde ese momento en adelante decidí que haría mi propia publicidad para Kick Start y cuando la gente se diera cuenta de los beneficios que trae, la gente se pondría de nuestro lado. Cada vida es importante para Dios y por eso cada vida debe importarnos a nosotros también.

◆

Tenía un objetivo en mente con *Walker, Texas Ranger*. Quería un programa que toda la familia pudiera ver. Que tuviera la suficiente acción para entretener al papá pero no tanta violencia que los niños no pudieran verlo. Además quería representar relaciones buenas y saludables entre hombres y mujeres al igual que un humor limpio de tal modo que las mujeres, especialmente las madres, pudieran disfrutar del programa.

Creo que logramos esa meta con *Walker, Texas Ranger*. Uno de los aspectos más notables de nuestros programas en CBS era la oportunidad de inyectar varios episodios con temáticas sobre la fe en el horario de mayor audiencia televisiva. Poner contenido espiritual en la televisión en la actualidad no es tan difícil como lo era en el pasado. Hoy día, los productores y los ejecutivos de las cadenas televisivas están bastante abiertos a los conceptos espirituales. Consecuentemente, hay toda clase de sectas y de chantajistas religiosos en la televisión. No obstante, presentar valores e ideas bíblicas judeo-cristianas; personajes o guiones que reflejen de manera correcta el punto de vista moral y bíblico en la televisión, eso es otra cosa.

Por eso cuando pudimos crear y poner al aire episodios de *Walker* con una trama convincente y emocionante que genuinamente glorificaba a Dios, me emocionaba mucho. Esos programas fueron algunos de los episodios más gratificantes y como dato interesante, ¡unos de los que tuvieron el índice de mayor audiencia! De hecho, la primera vez que Walker se convirtió en parte de los mejores diez programas de la televisión de acuerdo con el índice de audiencia (un verdadero logro para un programa que saliera los sábados en la noche), fue el episodio con temática de fe titulado: «La comunidad».

La trama era acerca de una niña afroamericana de doce años que vivía en los barrios pobres de la ciudad. Mientras caminaba rumbo a su casa después de la escuela, quedó atrapada en medio de una batalla entre pandillas y accidentalmente le dispararon y cayó al suelo herida de gravedad.

Ella está en el hospital cuando llega *Walker* para investigar el incidente y uno de los doctores le dice que ella está sangrando internamente y no se puede hacer nada. La niña está muriéndose.

Milagrosamente, ella se recupera, dejando a los doctores perplejos. Ella les dice que iba de camino al cielo cuando un ángel la detuvo y le dijo que todavía no era su hora. Tenía un trabajo que hacer en la Tierra: limpiar su comunidad. Al final del episodio, ella hace que la gente en su comunidad borre el graffiti y saquen a los traficantes de allí. En una cruzada de evangelismo, ella convence a las dos pandillas rivales a vivir en paz.

Ese episodio me encantó, junto con muchos otros que tenían mucho que ver con mi corazón y que reflejaban mi fe en Dios. Las veces que puedo de manera sutil y cuando hay oportunidad, trato de inyectar un mensaje positivo en nuestros programas.[1]

Uno de mis invitados especiales en *Walker* fue Gary Busey, un cristiano sincero, que como todos, ha tenido sus montañas y sus valles pero que continúa confiando en Dios.

Durante uno de los recesos de la grabación, Gary y yo empezamos a hablar de nuestra fe y le dije que mi esposa Gena y yo leíamos la Biblia juntos cada mañana y que las Escrituras me ayudaban no sólo en mi caminar espiritual sino también en mi actitud emocional acerca de la vida.

Gary dijo: «Para eso es la Biblia, para darnos instrucciones básicas mientras nos vamos al cielo».

«¿Sabes Gary? ¡Tienes toda la razón!», le dije mientras analizaba sus palabras.

Por varios años tuvimos numerosas celebridades como invitados en los episodios de *Walker*. Desde famosos actores como Stuart Whitman, estrellas de televisión como Lee Majors, deportistas como Dion Sanders hasta cantantes de la talla de Colin Raye, Leanne Rimes y Barbara Mandrell.

Bob Green, uno de mis cinturones negros que vivía en Oklahoma, me llamó un día y me dijo que un amigo suyo, Turk Wilder, había escrito una canción acerca de *Walker*. La canción se titulaba «The Eyes of a Ranger» (Los ojos de un guardabosques). Bob me preguntó si quería oirla.

«Claro, envíamela a Dallas», le dije. Cuando llegó la canción, leí la letra y pensé: *¡Esto es genial!* El autor realmente había capturado de lo que trata el programa. Mi siguiente idea era conseguir que Randy Travis la cantara. Randy es un buen amigo y sabía que él tenía y tiene una gran fe en Dios y en la clase de valores que queríamos reflejar en *Walker*. Sin mencionar que una voz increíble que sería muy acorde para el estilo del programa.

Envié la canción a CBS, diciendo: «Encontré una canción que creo funcionaría muy bien como el tema de la serie *Walker*. Me gustaría que Randy Travis la grabe».

CBS respondió: «Nos gusta la canción, pero no creemos que Randy Travis la deba cantar. Creemos que tú debes cantarla».

«¿Yo? ¡Yo no soy cantante! Quizás en el baño de vez en cuando, pero eso es todo...»

«No, creemos que tu deberías cantarla, sino, no la usaremos».

La mayoría de los actores tienen un deseo secreto de cantar y la mayoría de cantantes tienen un deseo secreto de actuar. Yo no soy diferente, así que dije: «Muy bien, iré al estudio de grabación y veremos que sucede». Estaba seguro que en cuanto los de CBS oyeran lo mal que lo haría, se retractarían y llamarían a Randy para que cantara la canción.

Fui a un estudio de grabación de Los Ángeles para grabar la parte vocal de la canción. La pista ya había sido grabada, así que lo único que tenía que hacer era cantar. Sentí que lo estaba haciendo mal, pero el productor y el ingeniero de sonido se mostraron pacientes y motivadores. Seguí tratando de cantarla mejor. En algunas partes de la canción, hablaba como Johny Cash lo hacía, porque simplemente no había manera de que la pudiera cantar. Supongo que eso me hace un «rapero de música country».

Me tardé casi doce horas en grabar la parte vocal, pero gracias a los milagros de la tecnología moderna, la canción no sonaba tan mal. Apenas podía creer que la voz que estaba oyendo en los parlantes era la mía.

A CBS le encantó y la canción se convirtió en el tema de la serie *Walker, Texas Ranger*. Cantar la canción en el estudio con la ayuda de la tecnología moderna era una cosa, pero dos años después CBS quería que la cantara en vivo para un programa especial de año nuevo que ellos estaban produciendo. CBS había invitado a varios cantantes de todo el país para que cantaran ese día y ellos querían que yo representara a Dallas-Fort Worth. Mi segmento en el programa iba a ser transmitido en vivo desde Billy Bob´s, un gran club nocturno de baile country que recibió publicidad nacional como resultado de la película de John Travolta, *Urban Cowboy* (Vaquero Urbano).

Por alguna razón que hasta el momento no puedo explicar, accedí. Fui a Fort Worth a Billy Bob's, y Turk Wilder, el compositor de la canción, trajo su banda para tocarla.

Una multitud se había aglomerado en Billy Bob's y yo me encontraba tras bastidores, esperando mi turno, ¡estaba sudando ríos! ¡Estaba muy, pero muy nervioso! Pensé: *¿Qué estoy haciendo aquí? ¿Me volví loco?* Caminaba de un lado al otro, recriminándome por haber aceptado hacer esta locura.

Escuché a la banda tocar la introducción de la canción, al maestro de ceremonias y la multitud vitoreando.

Sabía que no había marcha atrás. Caminé al escenario y Turk me pasó un micrófono. Yo hacía lo que podía para cantar los versos y Turk junto con su banda se me unían en los coros. La multitud se había vuelto loca, No había duda que sus gustos musicales habían sido ligeramente discapacitados a causa del alcohol que habían ingerido, pero yo apreciaba su respuesta tan entusiasta de todas maneras.

Después obtuve una copia del video del evento y de mi parte. Me moría de la risa al ver mi actuación. Me había parado en el escenario, parecía un venado sin movimiento por las luces, mis ojos los tenía tan abiertos como platos mientras intentaba cantar, aguantando el micrófono y sin mostrar ni pizca de emoción.

Me reí y dije: «Muy bien, eso me enseña una lección. ¡Nunca volveré a hacer eso! ¡Prefiero enfrentar a diez cinturones negros que cantar en vivo!»

No obstante, la experiencia en el Billy Bob's fue buena para mí porque una vez más había hecho algo que pensé que nunca podría hacer. Eso hizo que valiera la pena la vergüenza. Fue una aventura de diversión, pero me disculpo ante los seguidores de la música country que tuvieron que aguantar mi debut.

◆

El último episodio de *Walker, Texas Ranger*, un gran final de dos horas, fue el 6 de abril del 2001. Fue un momento muy emotivo para todos nosotros. Muchos en el reparto habíamos trabajado juntos por ocho temporadas; éramos como una familia. Cuando terminamos nuestro último día de trabajo, hablé brevemente al personal y al reparto. No me atreví a hablar demasiado por temor a terminar llorando. Sin embargo, hubo bastantes lágrimas al ir diciéndonos adiós.

Cuando cerramos el escenario de *Walker*, miré a mi esposa Gena y le dije: «Vamos a casa».

Cuando empezamos a trabajar para la serie, pensé que *Walker* tenía el potencial para mantenerse por tres o cuatro años. ¡Nunca creí que pudiéramos llegar a ocho! CBS tal vez hubiera continuado otro año más pero para ese momento, Gena estaba embarazada y no quería estar atado a los horarios demandantes de la serie. Gena iba a tener gemelos y yo sabía que iba a necesitar de mi ayuda. ¡Nunca me hubiera imaginado cuánta ayuda y oración Gena y los bebés iban a necesitar!

●◆●

[1] Si deseas ver alguno de los 203 episodios, los repiten por USA Network. También debo mencionar que Walker, Texas Ranger es el programa sindicalizado de más alta audiencia en ese canal.

CAPÍTULO 23

La historia del *Total Gym*

———◆———

Hace como veinticinco años me lesioné el hueso rotor de mi hombro levantando pesas.

Estuve haciendo ejercicios de rehabilitación por un período de cuatro meses, usando pesas ligeras y tratando así de reconstruir la fuerza en esa área; sin embargo, el hombro seguía mal.

Estaba a punto de ceder ante los doctores y practicarme una operación en el hombro cuando recibí una llamada de dos muchachos de San Diego para hablarme de una máquina de ejercicios que ellos habían diseñado que podía usarse para rehabilitación.

«Supimos de tu lesión a través de las noticias», dijo uno de ellos, «y antes de que te operes, tal vez quisieras probar nuestra máquina. La acabamos de inventar y pensamos que te podría servir para evitar las molestias y complicaciones de una operación».

Debido a la fama que tenía dentro de la comunidad de artes marciales y en el cine, con frecuencia recibía llamadas sobre nuevos productos que los dueños querían que yo probara. Algunos inventos eran interesantes, la mayoría no. Pero por alguna razón cuando los muchachos de *Total Gym* llamaron, sentí la necesidad de considerar su nuevo aparato de ejercicios. Pensé: *Si no funciona, todavía puedo someterme a la operación.*

Llamé a mi doctor y le dije que quería posponer la operación por un tiempo. Le expliqué que iba a utilizar otro aparato de rehabilitación antes de pasar por el bisturí.

Tom Campero y Larry Westfall, los inventores de *Total Gym*, vinieron a mi casa en Rolling Hills y ensamblaron la máquina. El equipo se veía bastante simple: una serie de poleas y una banca acolchonada. En lugar de usar discos de pesas o complicados ajustes, *Total Gym* incorpora tu propio peso, mientras tu empujas tu cuerpo sobre una tabla deslizante. El ángulo de la tabla aumenta o disminuye la dificultad de los ejercicios. Se veía muy simple, la verdad demasiado simple, mientras veía a este par de inventores enseñándome varios de los ejercicios que podía hacer. Sin embargo, era claro que los ejercicios que ellos prescribían proveían un ejercicio fuerte en las áreas del cuerpo que me preocupaban. Probé el aparato y definitivamente sentí los efectos.

Tom y Larry me dijeron que empezara desde abajo. Antes de irse me dijeron: «Haz los ejercicios diariamente de diez a quince minutos, manteniendo la tabla en una posición baja durante tres semanas y verás el beneficio en tu hombro».

Fielmente me ejercité con el *Total Gym* diariamente y al ir sintiendo que la fuerza en mi hombro iba en aumento, entonces subía el ángulo de la tabla.

Asombrosamente, en tres semanas mi hombro ya se había recuperado totalmente. Llamé al doctor y cancelé la operación.

Seguí utilizando *Total Gym* y descubrí que mi fuerza era mayor que antes cuando utilizaba las pesas. *Total Gym* estaba estirando mis músculos y reforzándolos sin dolor casi como lo hace un bailarín o un gimnasta en sus ejercicios de estiramiento. Mi cuerpo adquiría mayor flexibilidad, y sentía que mis brazos y piernas eran más fuertes que antes. Cuando me ponía a hacer combates de lucha con mis estudiantes de artes marciales, me di cuenta que mi agarre era más poderoso también. Era asombroso. Había utilizado cuanta máquina existiera y toda clase de pesas, pero esta sencilla máquina estaba dándome los mejores resultados en menos tiempo y con menos tensión.

Todavía continúo haciendo mi entrenamiento de artes marciales, de ejercicios aeróbicos y manteniendo una dieta muy saludable hasta la fecha, pero desde el momento que empecé a utilizar *Total Gym* esta se ha convertido en parte de mi rutina de ejercicios.

He utilizado otras máquinas y métodos pero siempre vuelvo a *Total Gym*.

El único defecto de *Total Gym* es su falta de portabilidad. Este sistema había sido diseñado originalmente para ser usado en los centros de rehabilitación, no para el público en general. No obstante, para el año 1995 Tom y Larry ya casi habían completado el mercado de *Total Gym* en los centros de rehabilitación. Habían vendido algunas máquinas a los gimnasios pero nadie sabía como utilizarlas.

Un día, mientras hablábamos de su situación les pregunté:

—¿Han pensado en modificar la máquina de tal forma que la puedan usar en las casas?

—No, no realmente.

—Si pudieran cambiar el diseño de tal forma que se pueda doblar y guardar debajo de la cama o de un ropero, pienso que podrían tener más ganancias.

—¿Tu crees, Chuck?

—Claro, yo conozco los beneficios que este aparato me ha dado. Estoy seguro que también puede ayudarle a mucha gente más.

—¿Estarías dispuesto a recomendar el producto?

—Claro que lo haría. Ustedes siempre me han ayudado mandándome la máquina cuando viajo a hacer alguna película. Con gusto les ayudaré.

Tom y Larry se pusieron a diseñar un nuevo modelo de *Total Gym* que pudiera guardarse fácilmente después de usarse.

Cuando vinieron a Dallas para que lo viera, me emocioné tanto como ellos. La nueva máquina tenía todos los beneficios de la original, pero ahora era fácil de movilizar. Lo mejor de todo es que se podía ensamblar o desmontar en cuestión de segundos, y se podía guardar en el mismo lugar que ocuparía una tabla para planchar. Estaba seguro que estos muchachos iban a hacer algo en grande.

Larry comentó: «¡Genial! Ahora tenemos que encontrar a alguien que la pueda posicionar en el mercado». Ellos hicieron una investigación de las compañías de mercadeo y optaron por American Telecast, una compañía que se especializa en infomerciales.

Tom y Larry me dijeron: «Chuck, nadie conoce esta máquina mejor que tú. ¿Estarías dispuesto a hacer el infomercial para *Total Gym*?»

«Estoy encantado de promocionar la máquina, pero no había pensado en hacer nada para la televisión», les expliqué. Estaba haciendo mi programa de televisión y no quería hacer cosas que pareciera una exposición extrema. Pero algo dentro de mí me decía: «Hazlo por estos tipos».

Ahora estoy convencido de que Dios me estaba dirigiendo para involucrarme con Larry y Tom. Sabía que eran personas de confianza. Eran y son hombres cristianos devotos y su integridad personal es total. Cada mañana antes de empezar a trabajar, empiezan con un tiempo de oración con sus empleados.

«Yo no respaldo muchos productos», le dije a los representantes de American Telecast, «pero haré lo que sea por Tom y Larry».

Estaba dispuesto a hacer el infomercial de forma gratuita por la amistad que tengo con ellos, pero debido a las políticas de American Telecast tuvimos que llegar a un arreglo.

«No hay problema. Firmaré cualquier contrato», les dije. Firmamos un contrato con el cual yo iba a ganar algunas regalías por las ventas de *Total Gym*.

En American Telecast pensaron que podían alcanzar a una mayor audiencia si incluían a una mujer en el programa y por eso trajeron a Christy Brinkley para que me acompañara. No conocía a Christy previo al infomercial, pero es una persona maravillosa con la que se trabaja muy bien y tiene una actitud de cooperación muy grande, además de pronunciar muy bien las palabras. La pasamos muy bien haciendo el infomercial.

Más importante aún, creíamos en el producto. Nunca he recomendado un producto en el que no tenga una confianza total y no hubiera hecho el infomercial de no haber estado seguro de la efectividad de *Total Gym* para aquellos que le dedican tiempo y hasta a los principiantes.

Siempre es bonito ver que le ocurran cosas buenas a la gente buena. Cuando el infomercial empezó a salir en televisión en el país, Tom y Larry que habían estado luchando por encontrar un mercado para su máquina por más de veinte años, de pronto se encontraron con otro problema. Las ventas empezaron a aumentar tanto que la fábrica que hacía los aparatos no estaba dando abasto. Hasta la fecha, las ventas de *Total Gym* ¡han superado el billón de dólares! Christy Brinkley y yo hemos hecho varias ediciones del infomercial de *Total Gym*. Es el infomercial sobre un producto de ejercicios que más se ha mantenido en la televisión comercial. ¡Y todavía se mantiene!

Total Gym es muy efectivo. Mi yerno Damien y su familia vinieron un día a visitar a nuestro rancho de Texas y me pidió que si podíamos hacer ejercicio juntos.

—Seguro —le dije.

Damien me vio utilizando la máquina de *Total Gym* en el nivel alto. Cuando era su turno, coloqué la tabla en un nivel bajo. Damien hizo la rutina con relativa facilidad. Él quería seguir haciendo ejercicios con la máquina, pero me mostré preocupado.

—Damien, no debes exigirte demasiado, no es correcto que te pases del límite.

—No te preocupes, estoy bien, puedo hacer más.

—Sólo te quiero avisar que mañana te vas a sentir dolorido porque no has hecho esta clase de ejercicio antes. Estas trabajando músculos que no has trabajado antes. Estás usando muchos músculos al mismo tiempo. Esto no es lo mismo que usar una barra de pesas.

—No hay problema, lo puedo hacer.

—Muy bien...

Damien continuó en la máquina de *Total Gym* y lo estábamos disfrutando, aunque él estaba haciendo más de lo que yo pensaba que debía hacer.

A la mañana siguiente, Damien apenas podía levantar sus brazos para lavarse los dientes. Tenía que agacharse para poder acercar el cepillo dental a su boca.

—Te lo dije —comenté mientras me reía.

—La próxima vez te escucharé —me respondió.

◆

Aun cuando nunca lo he usado con ese propósito, descubrí que *Total Gym* era muy efectivo también para ayudar a que una persona pierda peso. Me encontraba en un programa de radio muy popular en Dallas cuando recibí una llamada de un oyente.

—Chuck, estoy utilizando una de tus maquinas *Total Gym*.

—¿En serio? ¿Qué te parece?

—Quiero agradecerte porque desde que he estado usando *Total Gym* ¡he perdido setenta libras!

Ahora tengo tres aparatos de *Total Gym* en mi casa y todavía los uso, y los seguiré usando como parte de mi rutina. La belleza de *Total Gym* se encuentra en que tanto principiantes como avanzados, si siguen las instrucciones, obtendrán un ejercicio vigoroso y completo.

Más allá de los beneficios que recibo por ejercitarme con *Total Gym*, la historia del éxito de este aparato es una ilustración de la fidelidad de Dios. Larry y Tom me dieron *Total Gym* cuando ellos no estaban recibiendo ninguna ganancia por el aparato. Luego, pude devolverles el favor en una forma mínima y ver cómo Dios los recompensaba por ello.

Sólo ha habido otro producto más del cual he hecho un infomercial hasta el momento. Es un producto que se llama Max.com, un proveedor de servicios de Internet que filtra y bloquea la pornografía antes de que penetre tu computador y alerta a los padres cuando sus hijos están tratando de ingresar en sitios que no son recomendables. Es una increíble herramienta en la Internet y estoy orgulloso de ser parte de ello.

Hice el infomercial en el 2003 junto con Patricia Heaton, coestrella de la serie de televisión *Everybody Loves Raymond* (Todos quieren a Raymond). Patricia es una mujer cristiana sincera, que al igual que yo está harta de la perversión que llega directamente a nuestros hogares por los traficantes de pornografía. Patricia es madre de cuatro niños, por eso protegerlos de la pornografía es un asunto muy importante para ella y para su esposo David Hunt. «Si mis hijos no pueden penetrar esta cosa, sé que entonces funciona», decía Patricia.

«Probamos varios programas de bloqueo y descubrimos que con dos clicks del ratón uno podía escapar del sistema y entrar en un sitio de pornografía». Con Max.com no sucede eso. Cuando Patricia se convenció de que el programa si funcionaba, entonces aceptó hacer el infomercial.

Aprecio mucho la preocupación de Patricia por su integridad y sus altos valores.

Aplaudí su valor al salir de un programa de premiaciones, cuando los Osbournes dijeron una gran cantidad de malas palabras desde el escenario. «No voy a sentarme aquí a escuchar esta clase de basura», dijo ella cuando salió del auditorio.

«¡Amén, hermana!»

Y tampoco debemos sentarnos sin hacer nada mientras que los mercaderes de la pornografía pervierten la mente y sabotean el tiempo, la energía y el dinero de nuestra juventud.

Luchar contra la obscenidad que está siendo impuesta sobre nuestros hijos (y los adultos también) en las computadoras en la actualidad es para mí una obligación moral que se da por mi compromiso cristiano.

CAPÍTULO 24

Almas Gemelas

———◆———

Puede que te cueste creer esto, pero Hollywood puede ser un lugar extremadamente solitario. A pesar de las luces, a pesar de los espectáculos, a pesar del ambiente, no hay emoción ni distracción que pueda llenar el vacío en tu alma cuando estás solo.

Durante los primeros años después de mi divorcio de Dianne, no tenía ningún deseo de volverme a casar. Evitaba cualquier cosa que parecía ser una relación seria y me metí de lleno a trabajar. Conocí a una mujer atractiva por medio de unos amigos. Comenzamos a salir y pronto nuestra relación iba en serio. Sin embargo, por alguna inexplicable razón, la relación empezó a declinar. Nuestra relación duró cinco años y casi nos casamos. Le compré un anillo de compromiso y cuando estábamos a punto de casarnos, nos dimos cuenta que sólo nos estábamos engañando. Nuestra relación no tenía el compromiso total que los buenos matrimonios requieren. Terminamos y yo volví a las citas informales. Pero también me seguía sintiendo solo y miserable.

Durante los primeros años de *Walker*, me consumía totalmente en la serie, desarrollando las tramas, escribiendo, produciendo y editando el programa. Regresaba a casa, comía algo y me tiraba en la cama exhausto. Cuando trataba de socializar, lo hacía de forma superficial.

En ese tiempo Larry Morales, uno de mis mejores amigos, vino a visitarme a Dallas y se quedó unos cuantos días. El se dio cuenta de lo solitario que estaba y me dijo que quería presentarme a una mujer que yo debería conocer. «Ella es hermosa y no te arrepentirás. Me gustaría invitarla a Dallas y tal vez pueda tener una pequeña parte en *Walker*».

«Si tú lo dices, lo haré», le dije.

Un tiempo después, estaba comiendo *sushi* en un restaurante en Dallas junto con unos familiares, unos amigos y una chica a la que había invitado a salir. Mientras estaba conversando con ella, Larry entró al restaurante y les presentó a Gena a todos los que estaban en mi mesa. Cuando me tocó el turno de saludarla, la miré y por primera vez vi a la mujer más hermosa del mundo.

«Ah... gusto en conocerte, Gena», le decía mientras la bella mujer me extendía su mano. Continué hablando con mi cita de esa noche, pero la imagen de Gena se mantuvo en mi mente.

Después de la cena, Larry llevó a Gena al hotel y yo me fui a mi casa. La chica con la que estaba esa noche no estaba muy contenta con la forma en que me había fijado en Gena, o quizás porque ella notó que la tenía en mi mente. No me lo dijo y yo tampoco quise preguntarle.

Gena llegó al escenario de *Walker* e hizo una pequeña parte del programa. Estuvo fabulosa y su actuación también. La invité a cenar esa noche. Hablamos de nuestras vidas y me comentó que tenía dos hijos y que toda su familia vivía en California en un pequeño pueblo llamado Chester. Me dijo que había estado casada y que desde la partida de su esposo, ella tenía dos empleos para mantener a sus hijos, como modelo y como policía municipal.

Durante los pocos días que estuvo en Dallas, me di cuenta que no sólo era bella externamente sino también internamente. Ella parecía irradiar un amor, una paz y un gozo que yo sabía que existía, pero que rara vez había experimentado en mi vida. Quería conocer mejor a Gena, así que le pedí que volviera lo más pronto posible a Dallas.

Volvió un par de semanas después y nuestra amistad se convirtió en noviazgo. En poco tiempo estaba completamente enamorado de Gena.

No obstante, no quería pedirle que nos casáramos todavía. Ambos acabábamos de terminar unas relaciones largas y pensaba que no estaba listo para un compromiso tan serio como lo era el matrimonio. Sabía que no estaba preparado. Pero quería que Gena fuera parte de mi vida, así que la convencí que se mudara a Dallas y que continuara su carrera de modelo desde aquí.

Uno de sus trabajos en Dallas fue modelando vestidos de novia. Asistí a una presentación y estaba asombrado de lo bien que se veía en esos vestidos. Uno de los vestidos que le tocó modelar tenía una cola muy larga y cuando Gena pasó por una de las esquinas de la pasarela, un florero se le adhirió a la cola del vestido. ¡El florero paseó por toda la pasarela pegado a la cola del vestido de Gena!

Cuando Gena se dio cuenta de que el florero se le había pegado a la cola de su vestido, se incomodó, pero guardó su compostura y siguió caminando, halando esa pieza decorativa con ella.

Después del espectáculo Gena y yo nos reímos del incidente. «Ese florero se veía muy bien en tu vestido, hasta pensé en comprarlo», dije bromeando.

Gena me dio un leve golpe en mi brazo mientras se reía de lo sucedido.

Esa noche llamé a mi madre y le conté sobre la presentación de Gena. Debí haber mostrado mucha emoción cuando le dije lo hermosa que Gena se veía en esos trajes porque mi madre me dijo: «¿Estás tratando de decirme que ella se vería muy bien como una novia de matrimonio?»

«Sin comentarios», respondí sin emoción. El matrimonio no estaba en mis planes.

El hijo de diez años de Gena, Tim, vino con ella; pero su hija, Kelley, de trece, no quiso ni siquiera pensar en mudarse a Dallas.

—¡Por favor, mami, por favor! —le rogó—, no me hagas mudarme. Todos mis amigos están aquí.

La hermana de Gena, Maureen, tenía una hija, Caitlin, que era de la misma edad de Kelly.

—¿Por qué no dejas que Kelley se quede a vivir un tiempo con nosotros? —le sugirió Maureen—. Así puede estar con sus amigos y continuar con sus estudios aquí en Chester y cuando esté emocionalmente preparada, puede mudarse a Dallas con ustedes.

Gena me llamó y me comentó la idea de Maureen.

—¿Cuál es tu opinión? —me preguntó.

—No sé. —respondí— va a ser difícil para ella de cualquier manera. Ora al respecto y haz lo que tu corazón te dicte.

Fue muy difícil para Gena dejar a su hija, aun cuando iba a quedar al cuidado de su amorosa familia, pero ella acordó hacer el intento ya que Kelley era una niña muy aplicada y le iba bien en la escuela y los deportes.

Gena se trajo a Tim con ella y yo los recogí en el Aeropuerto de Dallas. Gena me dio un abrazo efusivo, pero Tim se mostró distante. Desde el primer momento, me demostró que no se sentía muy cómodo conmigo. No lo culpo, pues se había tenido que mudar del único lugar donde había crecido y ahora iba a vivir con un hombre que apenas conocía. Peor aún, Gena y yo no estábamos casados.

Fui cuidadoso con él, tratando de evitar la impresión de que estaba intentando usurpar la posición de su padre en su vida. Después de todo, Tim idolatraba a su padre. Supe que se iba a necesitar tiempo antes de que él se abriera conmigo. Mis hijos pasaron por el mismo proceso para aceptar a Gena, hasta que llegaron a conocerla bien. Gena tuvo que ser paciente con mis hijos de la misma forma que yo tuve que ser paciente con los de ella. Conquistar a nuestros hijos no iba a ser fácil.

◆

Gena y yo somos personas espirituales, y esto fue lo que nos unió después de nuestra atracción física inicial. Quizás, por eso no me sorprendí cuando un día la encontré leyendo la Biblia. «Yo conozco ese libro», le dije mientras me reía.

«¡Ah Carlos! Ven y siéntate. ¡Mira lo que encontré en la Biblia!», me dijo mientras señalaba el pasaje que había estado leyendo. Las palabras del pasaje parecieron saltar de la página. Leí la Biblia con ella esa vez y desde ese momento casi todo los días lo hacemos.

Gena y yo empezamos a buscar una iglesia donde pudiéramos aprender las verdades de la Biblia y crecer espiritualmente. Dallas tiene muchas iglesias, se puede decir que hay para todos los gustos y sabores. Encontrar una iglesia no era problema. Encontrar una buena iglesia, eso si era algo difícil.

Una amiga invitó a Gena a que fuera a una iglesia dinámica localizada en una de las peores áreas de Dallas. El pastor, Jerry Howell, era un antiguo músico de *rock and roll* y todavía se parecía a uno de ellos. Jerry tenía un amor especial para la gente que está sufriendo, que ha sido herida y decepcionada. Él enseñaba la verdad de una manera que todos pudieran entender.

Gena y yo visitamos esa iglesia varias veces y quedamos impresionados por la sinceridad de Jerry y su esposa. Sin duda ellos hubieran hecho un excelente trabajo en cualquiera de las mega iglesias del área, pero en lugar de eso, decidieron entregar sus vidas al servicio de Dios en esa área tan difícil.

Esa iglesia no denominacional era pequeña y acogedora. Disfrutamos asistir a esa iglesia y los mensajes de Jerry estaban llenos de esperanza, pero sentíamos que ese no era el lugar. Dios nos estaba llamando a otro lugar.

Durante el año en que Gena y yo vivimos juntos, ninguno de los dos mencionó el matrimonio y aunque no hablábamos al respecto, el hecho de que estábamos «viviendo en pecado» no nos permitía definir bien lo bueno de lo malo. Sabía que nos amábamos; sin embargo, algo faltaba. No había un compromiso completo e irrevocable entre nosotros. Cualquiera de los dos podía levantarse un día y simplemente irse de la relación. Pero lo más importante, al asistir a la iglesia y leer la Biblia juntos, nos dábamos cuenta que el plan de Dios era el matrimonio y no la unión libre. Más allá de eso, nosotros sabíamos que el vivir de esa manera era un terrible ejemplo para Tim, el hijo de Gena, en un tiempo en que realmente necesitaba ejemplos positivos. Para dos personas de principios como lo somos Gena y yo, la contradicción entre lo que creíamos y cómo vivíamos se hizo muy clara. La conveniencia de vivir juntos fuera del matrimonio no valía el descontento que estábamos pasando.

Una noche mientras estábamos sentados en el sofá viendo la televisión, le dije:

—¿Gena, quieres casarte?

—¿Por qué? —me preguntó.

—Porque te amo y porque quiero vivir el resto de mi vida contigo.

—¿Cuándo?

—El único tiempo disponible que tengo es el día de Acción de Gracias, dentro de seis semanas, pues tengo un receso en la película que estoy filmando.

—¿Podrías preparar una boda con tan poco tiempo de anticipación?

—Todavía no he aceptado.

Me puse de rodillas y le dije:

—Gena, ¿quisieras ser mi esposa?

—¡Sí —dijo sonriendo.

—Muy bien, tienes seis semanas.

No obstante, antes de anunciar nuestro compromiso, quería tener la aprobación de una persona más. Fui a buscar a Tim, el hijo de once años de Gena y le pregunté si me daba su permiso para casarme con su mamá. Recordé lo importante que fue para mi madre saber que yo le daba la aprobación para casarse con George y podía imaginar cómo Tim se sentiría si sólo llegáramos con la noticia así como así. ¡Afortunadamente Tim aceptó!

En menos de dos meses, Gena preparó una boda hermosa y

conmovedoramente espiritual. Nos casamos en la iglesia de Carrolton, un suburbio de Dallas, dirigida por el pastor Lawrence Kennedy, quien nos dio la consejería prematrimonial antes de la ceremonia. La consejería fue muy valiosa para Gena y para mí ya que ambos habíamos estado casados antes y traíamos una gran cantidad de equipaje emocional a nuestra relación.

Además de eso, tratamos con los asuntos del arrepentimiento y el perdón de nuestros pecados y Lawrence nos ayudó a comprender y a analizar esos temas.

Incluimos a toda la familia en la ceremonia. Los parientes de Gena y los míos. ¡Casi sesenta personas participaron en la ceremonia!

Gena me sorprendió al traer a la boda a Sammy Kershaw y a algunos de su banda, para que cantaran una de nuestras canciones favoritas: «You are the love of my life». Fue un momento especial cuando Sammy cantaba las palabras que expresaban lo que Gena y yo estábamos sintiendo mutuamente.

Sin embargo, por poco no iba a caminar por ese pasillo al altar. Tres días antes de la boda, Tim y yo estábamos jugando baloncesto cuando sentí un tirón fuerte en mi espalda. El dolor era inmenso, ¡apenas podía caminar! Ese día, Gena me llevó al hospital de la Universidad de Baylor, donde estuvimos toda la mañana en la sala de emergencia.

Los doctores no podían hacer mucho, excepto prescribirme unos calmantes. La medicina me permitía caminar y funcionar, pero me sentía drogado.

El día del ensayo para la boda Gena me hizo una broma muy divertida. Al principio pensé que Gena estaba hablando en serio cuando me hizo la broma.

La iglesia estaba llena de gente y ella dijo: «Mi amor, sé que adoras la máquina *Total Gym* y pensé que allí podríamos intercambiar nuestros votos». La miré y en ese momento dos hujieres trajeron dos máquinas de *Total Gym* y las colocaron en el altar.

«Adelante, colóquense en sus máquinas y repitan después de mí», dijo el pastor.

Gena se colocó en una de las máquinas y yo me senté en la otra. El pastor Kennedy procedió a guiarnos durante todo el intercambio de los votos, mientras que Gena y yo intentábamos hacer ejercicios con las máquinas. Fue muy divertido y la forma en que el pastor lo hizo, ayudó a aliviar cualquier tensión que nuestras familias hayan tenido acerca de nuestra boda.

Cuando nos tocó practicar el beso durante el ensayo, Gena había preparado de antemano que veinte personas levantaran letreros de puntuación similar a la que se usan en los juegos olímpicos. «¡Que bueno que nos dieron una buena puntuación».

La noche anterior a la boda, seguía teniendo dolor en la espalda. Mi dolor era tan severo que Gena llamó a nuestro amigo, el doctor Hunt Neuhour, por ayuda. El doctor Neuhour fue a su oficina y trajo algunos medicamentos contra el dolor. Me puso una inyección. Como casi nunca uso medicamentos, la inyección me hizo efecto muy rápidamente y me ayudó a no sufrir ese dolor tan intenso durante la boda.

Afortunadamente tenemos la boda en video y de vez en cuando la volvemos a ver. ¡La ex policía de Chester y *Walker* ahora estaban casados!

Tres días después de casados, tuve que volver al escenario de *Walker*, así que Gena y yo acordamos posponer la luna de miel hasta que verdaderamente pudiéramos disfrutarla.

Cuando finalmente pudimos irnos de luna de miel, volamos a Bora-Bora. Cuando regresamos, me esforcé en asegurarle nuevamente a Tim que yo era su padrastro y no sería su padre. Constantemente le decía: «Tim, no estoy tratando de reemplazar a tu padre. Soy tu padrastro, no tu verdadero papá. Pero eso no significa que no te amo como si fueras mi propio hijo y quiero que sepas que siempre estaré a tu lado para apoyarte. Si tienes algún problema, puedes contármelo».

Tim era un muchacho inteligente y callado, con una voluntad

muy firme. Ambos, Kelley y él no estaban muy contentos al principio con nuestra unión. Ellos sospechaban de mí por que era una celebridad. Me dijeron después que ellos pensaban que yo iba a tratar a su mamá de la misma forma que otras personalidades de Hollywood trataban sus matrimonios. «Cuando se aburren, simplemente se van». En lugar de estar enamorados de Hollywood o del hecho que yo era un actor famoso en Dallas, ellos preferían no decirle a nadie que su mamá y yo nos habíamos casado.

Su resistencia para aceptarme me hirió mucho pero yo comprendía sus sentimientos. Sabía que tenía que ser paciente y expresarles mi amor humildemente.

Como Tim vivía con nosotros, constantemente le reiteraba que entendía lo que era vivir con un padrastro. Después de todo, yo había vivido con uno también. Le hacía saber que por la situación que vivíamos, sería tolerante con él.

Pero lo que Gena y yo no toleraríamos de parte de Tim o Kelley era la falta de respeto. Tim respondió bien a eso y aún cuando él y yo tuvimos que enfrentar alguna que otra conversación drástica al pasar de los años, nunca tuvimos que tocar el tema de la falta de respeto.

Gena y yo inscribimos a Tim en una escuela cristiana en Dallas, y él lenta pero constantemente empezó a salir de su concha. Nuestro agente de seguridad, Phil Cameron se comportó como un hermano mayor para Tim y siempre estaremos agradecidos con él por su influencia positiva en Tim. Poco tiempo después él me aceptó completamente.

Oraba con frecuencia pidiendo que de alguna forma Dios lograra unir a los miembros de nuestras familias. Nunca hubiera imaginado como Él respondería a esa oración.

CAPÍTULO 25

Diamantes en bruto

---•◆•---

Cuando Gena y yo nos casamos el 28 de noviembre de 1998, lo último que se nos ocurría era tener más hijos. Nuestra familia, ahora combinada, era bastante grande. Yo tenía tres hijos ya grandes y nueve nietos. Gina, por su parte, tenía dos hijos, una adolescente y otro que estaba por entrar a la pubertad. Se puede decir que tener más bebes no era nuestra prioridad.

Un día, poco después de nuestra boda, Gena y yo fuimos a almorzar con Alan Autry y con su esposa, Kim. Alan era un ex jugador profesional de fútbol americano del equipo de Green Bay Packers y además había personificado a Bubba en la exitosa serie de televisión *In the Heat of the Night*. Alan era ahora el alcalde de Fresno. Al igual que nosotros y muchas otras parejas en la actualidad, Alan y Kim se habían divorciado, pero luego de un tiempo se reconciliaron y se volvieron a casar.

—Volver a tener hijos por segunda vez ha sido lo mejor que me ha pasado —nos dijo Alan—. Cuando tuve mis primeros hijos era joven e inmaduro y estaba obsesionado con mi carrera. No dediqué el tiempo que debía, en mi primer matrimonio, para apreciar de verdad el gozo de la paternidad, ¡pero ahora sí lo estoy disfrutando muchísimo. Mirándome a los ojos, nos dijo:

—Verdaderamente les recomiendo que tengan más hijos.

De regreso a casa Gena me preguntó:

—¿Cuál es tu opinión sobre lo que Alan dijo?

—Amor, aún si quisiéramos, no es posible.

Me había hecho una vasectomía veinticinco años atrás y las probabilidades de revertir el proceso eran mínimas.

No volvimos a hablar del tema, pero un tiempo después en uno de los eventos de KickStart en Houston, Bernie Koppell, de la serie *El crucero del amor*, me comentó lo feliz que se encontraba de volver a tener hijos en una edad en que más bien debería ser abuelo.

Luego, mi representante Henry Holmes, un hombre cincuentón, me contó la realización que su hijo, Benjamín, le había traído en esta etapa de su vida. Por todo lado, me estaban inundando con historias de hijos en una edad avanzada.

Mientras regresaba a casa después de un extenuante día de filmación de *Walker*, me preguntaba: *¿Por qué estaba siendo bombardeado por amigos que estaban en sus segundos matrimonios y que me estaba diciendo lo maravilloso que era tener bebes en esa etapa de sus vidas?*

Cuando llegué a casa, Gena me tenía preparada la tina para que pudiera relajarme mientras ella preparaba la cena. Mientras estaba recostado en la tina, recordé un momento, hacía varios años atrás, cuando visitaba a mi buen amigo, Burt Sugerman. Él y su esposa, Mary Hart, quién era presentadora del programa televisivo *Entertainment Tonight*, acababan de tener un bebé. Burt me llevó a ver al bebé. Nunca olvidaré la mirada en el rostro de Burt mientras veía a su bebé. Creo que nunca había visto a un padre tan feliz.

Burt, quien también tenía un hijo adulto de su primer matrimonio, me dijo que el nacimiento de este bebé había sido uno de los mejores momentos de su vida. «No sólo tengo una maravillosa esposa y un hijo adorable» dijo, «pero ahora tengo el tiempo para dedicárselo a mi hijo».

Luego de terminar mi baño, me vestí y fui a la cocina.

—Si fuera humanamente posible, me encantaría poder tener un bebé contigo —le dije mientras la abrazaba.

—He estado orando e investigando al respecto. ¿Estarías dispuesto a viajar a Houston para hablar con un especialista acerca de la vasectomía? —me dijo.

—Estoy dispuesto, pero creo que no va a servir de nada.

Gena sonrió.

—Pongámoslo en las manos de Dios —me dijo—, que se haga su voluntad.

◆

Gena y yo volamos a Houston para reunirnos con el doctor Larry Lipshultz en su oficina. Mientras hablábamos de la situación, le dije al doctor que no creía que se pudiera revertir el proceso ya que la vasectomía se había hecho hacía muchos años.

—Oh no —me dijo—. No estoy planeando revertir la vasectomía. Voy a ir directamente a tu epidídimo y extraeré el esperma.

—¿Podría repetir eso? —le pregunté.

—Si no pudiera sacar suficiente esperma de tu testículo derecho, entonces continuaré con el izquierdo.

—¿Está seguro de que eso funcionará? —le pregunté cuando logré reponerme de la impresión.

—Oh si —me dijo—, es un nuevo procedimiento pero es muy efectivo. El procedimiento se llama MESA (siglas en inglés para Aspiración Microquirúrgica de Esperma del Epidídimo).

Le pedí al doctor que me explicara el procedimiento en un lenguaje simple.

—Haré una incisión en el escroto de tal forma que el epidídimo quede expuesto, el epidídimo es el tubo que transporta el esperma. Usando un microscopio, se puede hacer una incisión en ese tubo y de allí se puede aspirar el esperma.

—Oh —le dije asintiendo con la cabeza como si hubiera entendido. No tenía idea de lo que el doctor planeaba hacer, pero de todas maneras no se oía muy divertido. Sin embargo, había dicho que estaba dispuesto a intentarlo.

En diciembre del 2000 fui a hacerme el procedimiento. Estaba nervioso, pero no sentí nada. Luego el doctor Lipshultz dijo: «Salió muy bien, extrajimos lo necesario».

El 1 de enero del 2001 Gena empezó con las inyecciones diarias de fertilidad para estimular sus ovarios de tal modo que así produjera múltiples óvulos. Durante ese mes, ella fue varias veces al doctor para monitorear su progreso. Los doctores indicaron que todo iba viento en popa.

Un mes después los óvulos en los ovarios de Gena estaban listos para ser ovulados. La aspiración del esperma fue realizada y quince óvulos fueron extraídos de Gena. De los quince óvulos, once se consideraban viables para intentar un ICSY (siglas en inglés para Inyección de Esperma Intracitoplásmica). De esos once óvulos, seis eran embriones saludables. El doctor nos dijo que iban a hacerle la transferencia de embriones el día siguiente.

Cuando llegamos al hospital, su doctor sugirió que todos los seis embriones fueran implantados en su útero para que las probabilidades de embarazo fueran más altas.

Gena y yo fuimos a otro cuarto a conversar sobre las opciones. Si se implantaban seis embriones, las oportunidades de tener un bebé aumentarían pero también las oportunidades de tener un nacimiento múltiple. Deseábamos tener un bebé, dos no estaría mal, pero ¿seis? Nosotros decidimos que cuatro sería lo más que pudiéramos tener. Las enfermeras prepararon a Gena para la implantación y la llevaron a cirugía. No me permitieron ir con ella, así que me senté nervioso en la sala de espera.

Mientras Gena se encontraba en la sala de operaciones, la enfermera le dijo: «Quiero enseñarle algo». Ella llevó a Gena a la incubadora donde estaban los cuatro embriones y abrió la puerta suavemente. La incubadora estaba cubierta por una luz cálida y se escuchaba música clásica de fondo. Gena me comentó después, que eso fue algo increíble para ella. «Era como ver desde el cielo».

Los cuatro embriones fueron implantados directamente en el útero de Gena y luego fue llevada a la sala de recuperación. Esa misma noche pude llevarla a la casa, donde ella tenía que mantenerse acostada por tres días para darle a los embriones tantas posibilidades como fuera posible.

Al principio todo parecía marchar bien y nos maravillábamos de la sabiduría de Dios en la creación de nuestros sistemas reproductivos y por los avances de la ciencia moderna que hacían posibles tales procedimientos.

Once días después de la implantación, Gena notó que su abdomen se empezaba a hinchar. Ella llamó a su doctor quien le recomendó que viniera a su oficina inmediatamente. La examinó y le dijo que creía que ella estaba experimentando lo que se denomina OHSS (siglas en inglés para Síndrome de Hiperestimulación de los Ovarios). Gena fue ingresada al hospital y las pruebas de emergencia confirmaron un caso severo de OHSS. La buena noticia era que la prueba de sangre diagnosticó que estaba embarazada. «Pero OHSS puede ser algo peligroso para ti y tu bebé», dijo el doctor. «Sigue mis instrucciones y mantente en cama descansando. Esta complicación puede tardar varias semanas».

En pocas semanas, el estómago de Gena se había hinchado con tanto fluido que parecía como si tuviera ocho meses de embarazo. El doctor nos dijo que sus ovarios habían crecido del tamaño de pelotas de futbol americano, llenos de sangre y de quistes. Él le dijo a Gena que tenía dos opciones: esperar a ver si el OHSS se corregía por sí mismo o abortar el embarazo.

El aborto no era una opción para nosotros. Creíamos que si Dios nos había bendecido con el embarazo, Él nos ayudaría a pasar por esta dificultad.

Tres semanas después fuimos a ver a la doctora Karen

Bradshaw, la obstetra de Gena, para un sonograma. La doctora Bradshaw comenzó a mover el sonograma por el vientre de Gena para buscar señales del bebé. Estábamos viendo el monitor, cuando dijo: «Aquí está un chiquitín». Siguió moviendo el sonograma y dijo: «¡Un momento, aquí hay otro pequeñín!».

«Caramba», dije tragando saliva y respirando profundo. «¡Gemelos!»

Entonces, la doctora movió el sonograma hacia la izquierda y dijo: «Puede que haya otro».

«¿Trillizos? ¿Está segura?» Tuve que sentarme.

Nos dijo: «No, tenemos que esperar una semana para saber si van a tener dos o tres bebés».

Toda la semana estuve pensando: *¿Iremos a tener gemelos o trillizos? Si Gena tiene trillizos, ¿cómo vamos a arrullarlos y alimentarlos? ¿Cómo pueden los padres de cuatro o cinco niños cuidar de todos al mismo tiempo?*

La semana pasó y nos dieron los resultados. Íbamos a tener gemelos. Respiré profundo y suspiré. ¡Sí podíamos con dos!

Gena tuvo que estar confinada a su cama por varias semanas más. Necesitaba constantemente oxígeno para ayudarle a respirar y una enfermera venía cada día a sacarle sangre y revisar sus signos vitales. Otra enfermera venía por las noches para asegurarse de que se encontraba estable. Parecía que las noches le daban las mayores dificultades.

Como no debía moverse, las fiestas no estaban en nuestra agenda, pero para mi cumpleaños, Gena hizo arreglos para que disfrutara de un sauna. Fue un gran regalo. Me acosté en la mesa, me estiré, cerré los ojos y la masajista empezó a trabajar en mí. Estaba tan relajado que casi me duermo en esa mesa.

Pero en ese momento, tuve un presentimiento de que Gena y yo íbamos a tener un niño y una niña. Que el niño se llamaría Dakota Alan y que la niña se llamaría Dani Lee. Alan por mi suegro y Lee por mi madre. Aproximadamente en la semana número catorce, descubrimos a través de uno de los ultrasonidos que nuestros gemelos iban ser niño y niña, tal como lo había imaginado.

En las siguientes semanas, la condición de Gena pareció mejorar; su ovario izquierdo estaba volviendo a la normalidad, pero el derecho seguía hinchado.

Un especialista nos explicó que eso podría ser muy riesgoso para los bebés o para Gena y nos dijo que sería bueno remover el ovario derecho mientras ella estaba embarazada. Él dijo que si su condición no mejoraba para la vigésima semana, el ovario debería ser removido. Oramos constantemente que Dios intercediera, aún usando la ciencia médica para hacer un milagro. ¡Nuestras oraciones fueron contestadas! Cuando Gena llegó a la vigésima semana, ambos ovarios se habían encogido y la cirugía se volvió innecesaria.

◆

Cuando Gena le contó a Kelley, mi hijastra acerca de los nombres de los bebés, ella nos dijo: «Pienso que Kelly debería ser parte del nombre de mi hermana». Lo analizamos y acordamos hacerlo. Cambiamos el nombre de Dani Lee o Danilee Kelley Norris.

Steve Scott, un amigo cercano y miembro de la junta directiva de la fundación Kick Start, me dijo que cuando su esposa experimentó dificultades en su embarazo, él la llevó con el doctor Greg Davore, un pionero especialista en medicina fetal, que tenía su consultorio en Pasadena, California. Él creía que el doctor Devore fue el responsable de salvar a su bebé.

Gena estaba contenta con el hospital y los doctores en Texas, pero no podía quitarme las palabras de Steve de la cabeza. Puedes llamarlo instinto, pero creo que más bien era el Espíritu de Dios diciéndome que Gena necesitaba estar cerca de este doctor en particular en caso de que se suscitara otra emergencia. Gena no estaba muy contenta cuando le dije que nos íbamos a mudar a Los Ángeles para estar cerca del doctor Devore y que allí íbamos a tener los bebés.

Al contrario, ella empezó a llorar y llorar. Estaba muy contenta con los doctores y quería que los bebés nacieran en Texas. Además, tendría que buscar en California una buena obstetra que la cuidara y que le ayudara en el parto.

Le expliqué lo mejor que pude lo que estaba sintiendo y entonces ella accedió. Nos mudamos a Los Ángeles cuando Gena estaba en su vigésima semana de gestación.

Una vez que llegamos a Los Ángeles, Gena encontró una obstetra que estaba a unos cuantos minutos de la casa al igual que un hospital cercano. Además ella comenzó las citas de manera regular con el doctor Devore.

Cuando se encontraba en su semana vigésimo tercera, Gena empezó a sentir un poco de presión en su útero, unido con contracciones, pero no le prestó mucha atención pensando que estaba relacionado a su embarazo múltiple.

Esa misma semana yo tenía que ir a Washington a la primera cena del Presidente Bush en la Casa Blanca. Gena me dijo: «Ve, no te preocupes por mí, estaré bien. Tú y los chicos vayan y diviértanse».

Invité a mi hermano Aarón y a nuestros amigos, Dennis Berman y John Hensley, ex director oficial del Departamento de Aduanas de los Estados Unidos, para que nos acompañara en la cena de gala. Phil Cameron, mi guardaespaldas personal, también nos acompañó.

Mientras estaba en Washington, Gena tenía que ir a una de sus citas regulares con el doctor Devore. Ella había pensado no ir, pero sentía que algo no andaba bien, así es que tomó el auto y fue a verlo.

Cuando Gena le contó al doctor Devore sobre la incomodidad que estaba sintiendo, el doctor decidió examinarla. Por medio del ultrasonido, examinó su cuello uterino y revisó a los bebés. Cuando terminó el examen, el doctor parecía perplejo. Él le explicó a Gena que el corazón de Dakota estaba trabajando en exceso y eso estaba desarrollando un fluido alrededor. Además le comentó que se sentía preocupado por que el cuello del útero estaba empezando a suavizarse. Ella iba a entrar en lo que se denomina como parto prematuro.

«Gena, necesitamos ingresarte al hospital ahora mismo», le dijo el doctor Devore. «Debemos suturar quirúrgicamente el cuello uterino». El doctor le explicó la situación: «Los bebés no se encuentran en una buena etapa del desarrollo, pesan aproximadamente una libra cada uno. Si dieras a luz ahora, es probable que los bebés no sobrevivan».

CAPÍTULO 26

Bebés Milagrosos

Caminaba de un lado al otro en mi habitación en un hotel de Washington y sentía que las horas se hacían eternas. Estaba enojado con el piloto por haberse tomado una copa, aunque en realidad no era su culpa que no pudiéramos volar a California ya que el vuelo estaba planificado para el día siguiente. Eso era lo planeado pero tuvimos que cambiar los planes cuando supimos que Gena estaba en el hospital, pasando por momentos muy difíciles.

Cuando hablé con Gena esa noche le aseguré que tan pronto pudiera estaría con ella, así que tan pronto como los pilotos estuvieron listos, despegamos rumbo a California. Durante el vuelo estuve orando todo el tiempo, pidiéndole a Dios que permitiera vivir a Dakota y a Danilee.

El día de la cirugía el doctor le habló de otra complicación que podía ocurrir. Había una probabilidad de que el saco amniótico donde se encontraban los bebés se rompiera, causando entonces la pérdida de los bebés.

Asustada, Gena empezó a orar, pidiéndole un milagro a Dios. Una vez más nuestras oraciones fueron contestadas y la cirugía fue todo un éxito.

Después de la cirugía, Gena tuvo que mantenerse en cama todo el tiempo, una tarea muy difícil para una mujer activa. Sólo se podía levantar para bañarse o usar el baño. También le pusieron un aparato que tenía que usar alrededor de su vientre para monitorear sus contracciones y una enfermera venía a visitarla dos veces a la semana para escuchar los latidos de los bebés.

En la semana vigésimo séptima, el doctor Devore notó que se estaba desarrollando un fluido alrededor del corazón de Danilee. La bebé estaba sufriendo de una anormalidad en el ritmo del latido de su corazón, a veces un ritmo muy rápido y a veces un latido muy lento. El doctor Devore estaba preocupado por ello y dijo que necesitaría vigilar mucho más de cerca a los gemelos.

El vientre de Gena se había hinchado demasiado y la incomodaba muchísimo. Ella deseaba que los días se acabaran rápido. Leímos mucho la Biblia y eso nos ayudó a mantenernos firmes y con ánimo. Cuando Gena no estaba leyendo la Biblia, se dedicaba a leer cuanto libro de medicina existiera que hablara sobre los embarazos múltiples.

Los latidos de Danilee seguían siendo irregulares, pero sabíamos que ella era una gran campeona. Se movía constantemente dentro de Gena. ¡Esa niña nunca dormía! A veces por las noches, mientras Gena trataba de dormir, le tocaba el vientre y podía sentir sus pataditas. Algo interesante es que los movimientos de los bebés eran distintivos. Dakota no se movía tanto como Danilee, pero cuando lo hacía, lo hacía con tal fuerza que nos daba a entender que no estaba contento con algo. ¡Probablemente estaba enojado por tanto movimiento de su hermana!

Las visitas al doctor aumentaron a dos veces por semana. Nos gustaba ir a las citas porque así podíamos ver a nuestros bebés en el ultrasonido, no sólo para saber si estaban bien sino también para ver su desarrollo. La Biblia dice que Dios nos conoce desde antes del nacimiento y que cada uno de nosotros ha sido maravillosamente diseñado. Esas palabras se hacían cada vez más reales al ver el crecimiento de nuestros bebés en el vientre de mi esposa. Gena y yo hacíamos competencias sobre el peso de los bebés. El doctor Devore nos decía en broma, cuando revisaba a Dakota: «Creo que lo que tienen aquí es un jugador de fútbol americano».

Alrededor de la trigésima semana, el doctor Davore nos dijo que estaba por recibir una máquina de ultrasonido que proyectaba imágenes de cuatro dimensiones diferentes. Él quería usar la máquina en Gena porque así podría mostrar más detalles de los bebés. Esa nueva tecnología se convirtió en un instrumento imprescindible para la vida de los bebés.

La cirugía de Gena iba a ser el 23 de octubre y esto le parecía una eternidad. En su trigésimo primera semana del embarazo Gena comenzó a sentir un dolor agudo en su lado derecho. Trataba de cambiarse de posición pero nada disminuía el dolor. «Quizás es porque estoy teniendo dos bebés», decía Gena, «pero nunca había sentido un dolor tan intenso durante mis embarazos anteriores». Después de cinco días de aguantar el dolor, llamó al obstetra. El doctor le pidió a Gena que fuera a la oficina inmediatamente.

Le hicieron pruebas de sangre para asegurarse que no hubiera una ruptura del apéndice e hizo otro ultrasonido. El doctor le dijo: «Todo parece marchar bien, quizás fue sólo un ligamento».

Aunque Gena no se sentía segura de ese diagnóstico, regresó a casa para continuar con su trigésimo segunda semana, lo que era un gran acontecimiento para ella.

El número treinta y dos es un número mágico para los doctores neonatales y obstetras. Los bebés que nacen en ese momento tienen mucho mejores probabilidades y tienen menos complicaciones que los que nacen antes de esa semana.

Antes de que Gena y yo nos fuéramos a dormir esa noche, oramos al igual que las otras noches.

Entonces Gena me dijo: «Por alguna razón tengo un poco de temor y no sé por qué, pero quiero que sepas algo. Si algo me pasara, por favor recuerda siempre cuanto te amo y mantén a Jesús cerca de tu corazón».

Al día siguiente Gena notó que Dakota no se movía y que su

cicatriz de cesárea anterior se veía peculiar. Parecía como si se estuviera hinchando. Llamamos al doctor Devore inmediatamente. Cuando el doctor examinó a Gena con su nuevo ultrasonido de cuatro dimensiones, vi sus ojos de preocupación. Nos explicó que Danilee ahora tenían aún más fluido alrededor de su corazón y que el corazón de Dakota estaba haciendo demasiado esfuerzo. Hizo otro análisis con el ultrasonido y nos dijo: «Los bebés necesitan nacer ahora, el útero de Gena está por romperse». El doctor Devore insistió: «No vayan a la casa ni a ningún otro lado, váyanse directo al hospital». Pasmados y horrorizados, nos fuimos al hospital. Gena lloraba diciendo que los bebés no estaban listos para nacer todavía. Manejé como un loco, pensé que no podía hacer otra cosa.

Gena fue ingresada a la sala de operación y preparada para una cirugía de emergencia. Mientras tanto, una enfermera me daba instrucciones; me daba una bata azul, con todo y su gorro y unos protectores para los pies.

Al mismo tiempo Gena estaba experimentando una protección especial de otra clase.

Mientras que Gena estaba en la camilla de la sala de operación, una enfermera gentilmente le dijo: «¿Quisiera que oráramos antes de su cirugía?»

Sorprendida y en medio de su dolor Gena asintió: «¿Podría orar por los bebés también?»

La dulce mujer hizo una oración sencilla, pidiéndole a Dios que estuviera con Gena y con los bebés durante la cirugía y que guiara a los médicos mientras practicaban la operación. Luego, guió a Gena mientras repetían el Salmo 23: «Jehová es mi pastor, nada me faltará... Cuando ande en valle de sombra o de muerte, no temeré mal alguno porque tú estarás conmigo...»

Poco tiempo después me uní a Gena en la sala de partos, junto a su hijo de catorce años, Tim, quien quería filmar el nacimiento de los nuevos miembros de la familia. Tim se encontraba tan nervioso que olvidó encender su cámara.

Cuando el cirujano empezó la operación, confirmó lo que el doctor Devore había dicho. «Puedo ver claramente las cabezas de los bebés por fuera del útero; está tan delgado como un papel celofán. Que bueno que lograron llegar aquí».

Observar el nacimiento de nuestros bebés era una experiencia nueva y grandiosa para mí.

Cuando mis otros hijos nacieron, no me permitieron estar en la sala de partos. ¡Ahora no me quería perder el momento!

Sólo un padre que ha experimentado estar en la sala de partos y que ha visto a su bebé (en mi caso, bebés) nacer y escuchar el primer llanto puede comprender la felicidad de esa experiencia. No pude aguantarme las lágrimas. Dakota nació primero, dio su primer llanto saludable, y pesó cuatro libras y seis onzas. Danilee nació después, llorando muchísimo y haciéndole saber al mundo que había llegado. Ella pesó tres libras y trece onzas. Tan pronto como cada gemelo nació, corté su cordón umbilical y luego los llevaron a la unidad neonatal.

Cuando el cirujano terminó la cirugía, Gena fue trasladada a la sala de recuperación, donde la estábamos esperando. La abracé, la besé y le dije lo orgulloso que estaba de ella. Gena quería ver a los bebés y entonces las enfermeras la llevaron a la unidad neonatal de cuidado intensivo. Juntos pudimos ver a través de la ventana a nuestros pequeños hijos milagrosos. Danilee estaba bien y respirando por sí misma, pero ambos bebés tenían numerosos cables adheridos a ellos, tubos intravenosos insertados en sus diminutas venas y tubos de alimentación que iban por sus narices hasta sus estómagos. Los cables terminaban en monitores que medían los latidos de los bebés y su respiración. Si algún problema ocurría, las alarmas sonaban y alertaban a la enfermera en turno a algún doctor.

Un par de días después, Gena y yo pudimos sostener a los gemelos en nuestros brazos. ¡Que bella experiencia! Pero cuando estaba sosteniendo a Dakota y mirando su bello rostro, su alarma empezó a sonar. Había dejado de respirar. ¡Casi me da un ataque a mí también! La enfermera en turno tomó a Dakota de mis brazos y empezó a sacudirlo levemente. La alarma se detuvo. Ella sonrió y me volvió a poner a Dakota en mis brazos. Todavía no salía de la impresión.

«¿Qué sucedió?», pregunté con voz entrecortada.

«Es común que los bebés prematuros dejen de respirar», nos dijo. «Cuando eso sucede, estimulamos al bebé y lo hacemos respirar de nuevo».

La enfermera lo hizo sonar tan simple y quizás lo era para ella, pero no es ninguna rutina cuando es tu propio bebé. Aun cuando nosotros comprendíamos la razón, Gena y yo sentimos temor.

Aun cuando Dakota era el más grande de los bebés, él era el que estaba teniendo más problemas. Por alguna razón los varones prematuros tienen mayor dificultad para respirar. Lo sé, es difícil de creer, pero sus pulmones no son tan fuertes. Dakota tenía un caso moderado de dificultad respiratoria. Él necesitaba la asistencia de una unidad de respiración tres cuartas partes del tiempo y sólo podía ser alimentado intravenosamente. Finalmente empezó a respirar normalmente por sí mismo.

Danilee y Dakota debían mantenerse en la unidad de cuidado intensivo por al menos ocho semanas, pero luego de cuatro semanas en el hospital, Gena y yo decidimos traerlos a nuestro hogar. Hicimos los preparativos para tener enfermeras las veinticuatro horas.

Dakota y Danilee tenían que ser monitoreados permanentemente durante los siguientes tres meses.

Ellos dejaron de usar esos aparatos poco antes de la navidad del año 2001. Fue el mejor regalo de navidad que Gena y yo podíamos recibir.

●◆●

La euforia que sentimos al traer a Danilee y a Dakota a nuestra casa era indescriptible. Muchos amigos nos enviaron regalos y buenos deseos a los bebés. Una de las notas escrita a mano fue sumamente especial:

Queridos Dakota y Danilee:

Su maravillosa madre me envió una foto de ustedes cuando acababan de nacer. Solía ser el presidente de Estados Unidos, ahora soy sólo un tipo que le encanta estar con su familia y sus amigos. Nosotros, la familia Bush, queremos a tu papá y a tu mamá. Nos sentimos muy afortunados de sentir su amor incondicional. Bienvenidos a este mundo grande y emocionante. Que sus vidas sean llenas de felicidad, amor y maravillas.
Con todo el amor de nuestra familia.
George H. W. Bush

Mis amigos tenían razón. Tener niños a mi edad fue uno de los momentos más placenteros y emocionantes de mi vida. La primera vez estaba muy ocupado tratando de mantener a la familia y me perdí mucho de la crianza de mis hijos. Pero con los nuevos miembros de la familia, podía estar en casa y criar a los niños junto con Gena.

Los meses pasaron y pude ver a los niños crecer de infantes a bebés gateando y luego a pequeñines que empezaban a caminar y a expresar sus personalidades. Fue una experiencia que atesoraré por el resto de mi vida. Ahora es nuestra responsabilidad, como padres, inculcar en nuestros gemelos una buena autoestima, no un orgullo egocéntrico sino herramientas para desarrollar el carácter basado en principios bíblicos.

Ya cuando empezábamos a descansar y a respirar más calmadamente, notamos que nuestro hijo de catorce años, Tim, el menor de los hijos de Gena, se puso celoso por la atención que le estábamos dando a los recién nacidos. Tim no quería nada con los gemelos. Kelley, por el contrario les tomó un afecto instantáneo. Con frecuencia Kelley regañaba a Tim: «¿Por qué no puedes amar a estos bebés?» Tim gruñía y se alejaba de la habitación.

Pero el cambio sucedió un día cuando los bebés tenían seis meses de nacidos. Tim pasó cerca de las cunas de los bebés y vio que Dakota levantaba sus manos hacia él. Tim no lo pudo resistir. Tim lo sacó de la cuna y empezó a mecerlo en sus brazos. Actualmente, Tim disfruta su parte como hermano mayor.

Kelley y Danilee son inseparables. Cuando ella terminó los torneos de básquetbol y béisbol, Kelley tomó a Danilee en sus brazos, mientras saludaba al equipo contrario.

Desdichadamente, Kelley no me tenía el mismo afecto. Por casi seis años, cada vez que yo abrazaba a Kelley, ella se mostraba indiferente. Lo único que podía hacer era orar y esperar que ella me amara tanto como yo la amaba a ella.

Cuando terminaba un partido, yo me quedaba atrás mientras Gena iba y la abrazaba. No quería destruir ese momento: madre e hija y no quería pasar mis límites como padrastro.

Tenía una reunión importante el día del campeonato de básquetbol de Kelly y por eso Gena había planeado ir al partido sin mí. Pero algo dentro de mí me decía «esto es más importante». Cancelé la reunión en el último momento y viajé a California con Gena. Sabía que era el último juego de Kelley y no quería perdérmelo.

El equipo de Kelley perdió el juego por cuatro puntos y Kelley lloraba decepcionada al igual que por la idea de que sus partidos de preparatoria se habían acabado.

Gena la estaba abrazando como de costumbre y al igual que siempre, yo esperaba atrás. De pronto, Kelley soltó a Gena y me abrazó. Puso su cabeza en mi hombro y lloró. La consolé diciendo que ella había jugado un partido excelente, pero por dentro estaba saltando de alegría, no por que ella había perdido sino porque finalmente ¡me aceptaba como su padrastro!

Gracias a la gracia de Dios, Danilee y Dakota se han convertido en el pegamento que une a las dos familias. Ahora tenemos una familia combinada. De hecho, mi hijo mayor, Mike, llama con frecuencia a Gena cuando necesita un consejo y mis nietos afectuosamente le dicen a Gena «uelita», lo cual ella considera maravilloso.

CAPÍTULO 27

Sorpresas espirituales

—◆—

Es paradójico como durante muchos años simplemente hice mi vida, dedicándome a mis negocios, cuidando lo mío y totalmente inconsciente de la presencia de Dios en mi vida y de su obra en las vidas de mis amigos. Ahora que he recorrido alguna distancia en mi jornada espiritual puedo reconocer la mano de Dios en maneras que nunca había notado antes.

Asombrosamente, Él ha estado a mi lado todo el tiempo. Lo que pasa es que no me daba cuenta. Algunas veces he tenido que hacerme a un lado y decir: «¡Caramba! No sabía que Dios podía hacer esas cosas, pero ahora sé que sí puede».

Por ejemplo, Ken Galagher, el vicepresidente de mi organización de karate, hizo un viaje en auto desde Las Vegas hasta Disneylandia para llevar a su familia de paseo. Pasaron un día muy divertido y luego tomaron el auto para volver a casa. No habían avanzado mucho en la autopista cuando su auto empezó a fallar y tuvieron que estacionarse a un lado de la carretera. Ken se salió del auto para revisar qué pasaba con el motor. En ese momento un auto que venía a mucha velocidad chocó el auto de Galagher por detrás.

Afortunadamente, la familia de Ken seguía con sus cinturones abrochados. Fueron sacudidos con fuerza por el golpe pero básicamente salieron ilesos.

Ken, sin embargo, fue catapultado por el golpe y voló una distancia de sesenta metros. Literalmente fue lanzado a la autopista. Un conductor que venía en la dirección opuesta frenó bruscamente haciendo que su auto zigzagueara. Ken Galagher fue a dar contra la parte lateral de ese auto. Aún cuando eso era terrible, evitó que cayera en la carretera donde podía ser atropellado.

Ken fue llevado al hospital, la familia temía lo peor. Cuando llegué al hospital para estar con la familia la condición de Ken era crítica. Mucha gente estaba orando por Ken, y tres días después Ken Galagher salió caminando milagrosamente del hospital.

Pasó un año y Ken todavía no había recibido la cuenta del hospital, así que decidió llamar al doctor. «Doctor, todavía no me ha llegado su factura por los servicios ofrecidos la noche del accidente».

El doctor le dijo: «Ken, ¿cómo puedo cobrarte por algo que Dios hizo? Él te sanó esa noche, no fui yo».

¡Yo creo en un Dios que puede hacer cosas extraordinarias como esas!

◆

Todavía me asombro al igual que cualquiera cuando Dios usa mi vida para impactar la de otra persona. He cometido muchos errores y no estoy diciendo que tengo todas las respuestas. Por eso me sorprendí cuando el pastor T. D. Jakes me invitó a hablar en la iglesia Casa del Alfarero, una gran iglesia en Dallas. La iglesia estaba totalmente llena esa noche. Estaba sumamente nervioso pero determinado a dar lo mejor de mí. Los miembros de Power Team, un grupo de fisiculturistas cristianos, hicieron una tremenda demostración antes de que yo me presentara. El público estaba muy emocionado cuando me tocó el turno de hablar.

Aunque asisto a numerosos eventos, no me considero un orador espontáneo y fluido. Si me toca dar una charla, me gusta prepararme con tiempo, pensando en todo lo que planeo decir. Eso mismo hice para esa presentación.

La congregación de la Casa del Alfarero es predominantemente afroamericana y cuando me tocó pasar al frente, la gente me dio una bienvenida tan calurosa que me quedé atónito por unos segundos. ¡Eso era lo que yo llamo una iglesia viva!

Inicié mi charla con una introducción breve.

Mientras tanto, el Power Team se encontraba sentado detrás orando e intercediendo por mí.

De pronto, sentí algo que ahora comprendo era el poder del Espíritu Santo; claro en ese momento estaba tan aturdido como los demás. Mi discurso meticulosamente planeado cambió de un momento a otro y empecé a decir cosas que nunca había dicho antes, hablé de cómo el poder de Dios podía cambiar las vidas. Sentí una increíble libertad y simplemente me dejé llevar.

Detrás de mí podía escuchar las palabras de ánimo de Power Team. «Dilo Chuck! Diles!»

Cuando bajé de la plataforma, Gena me abrazó y me dijo: «¡Cariño, estoy muy orgullosa de ti!»

«¿Por qué? ¿Qué hice?» ¡No podía acordarme de nada de lo que dije!

⬥

En 1999, Gena y yo asistimos a un seminario para parejas en Dallas impartido por el doctor Ed Cole y su esposa Nancy. Conocimos a los Coles de manera breve en los Premios Epifanía 1998 ya que *Walker, Texas Ranger* había sido premiada como la mejor serie de televisión cristiana en la televisión secular. El doctor Cole, ya de setenta años, todavía seguía siendo un orador reconocido en las conferencias para hombres y un orador prolífico. Un ejemplo de ello es su éxito de librería *Hombría al Máximo*.

La salud de Nancy había estado deteriorándose desde hacía un tiempo atrás, sin embargo, ella se mantenía como una columna en el ministerio de Ed, irradiando amor y gozo a las parejas jóvenes que asistían a los seminarios. Gena y yo nos encontrábamos entre los más viejos que habían asistido a ese seminario y teníamos un buen matrimonio, pero al igual que un buen auto necesita un afinamiento ocasional, nuestro matrimonio se benefició de esa revisión analítica. Tal vez por nuestra edad, disfrutamos del seminario de Ed Cole y de su sabiduría práctica. Antes de que el seminario concluyera, el nivel de energía de Nancy había decaído y tuvo que irse a un cuarto atrás de la plataforma a recostarse. Cuando nos íbamos, el doctor Cole nos dijo: «Nancy quisiera despedirse de ustedes si tienen tiempo».

Lo acompañamos hasta el cuarto donde se encontraba acostada y la encontramos cubierta con una sudadera. Cuando llegamos nos inclinamos a darle un beso de despedida y cuando Gena se le acercó, le dijo: «Cariño, estás helada…toma, ponte esta sudadera». Nos dejó anonadados ver el amor que reflejaba; allí estaba ella, cansada y agotada pero seguía pensando en los demás. ¡Que mujer! Esa fue la última vez que vimos a Nancy con vida. Poco tiempo después del seminario, ella murió. Nos entristecimos con Ed, pero sabíamos que Nancy se encontraba en un mejor lugar, al cuidado eterno de Dios.

Aunque habíamos conversado con Ed y Nancy en el seminario, realmente no los conocíamos muy bien, ni ellos a nosotros.

Puede ser esa la razón por la que nos sorprendió recibir una llamada de Ed unos meses después del funeral de Nancy, preguntando si podía venir a visitarnos.

Me encontraba en una reunión preparando un guión y no me agradaba mucho recibir visitas inesperadas. Pero Gena sintió que era importante vernos con el doctor Cole. Gena dijo: «Si él quiere manejar hasta acá con esta lluvia, debe ser por una buena razón».

Gena y yo ya estábamos acostumbrados a recibir toda clase de peticiones para que diéramos de nuestro tiempo, contribuciones o que prestáramos nuestro nombre para una buena causa.

Es difícil saber cuáles necesidades eran legítimas y cuáles eran sólo una estafa de personas que querían usarnos por una razón egoísta. Aprendimos que el único método infalible para discernir la validez de estas peticiones era a través del tiempo y la oración.

Decidir orar por una petición no es fácil, ya que toma uno de los beneficios más preciados: el tiempo. Quizás por esa razón Gena y yo hemos desarrollado un buen escepticismo.

No es de sorprender que la primera respuesta de Gena cuando supo que Ed Cole quería hablarnos fue: «Una de dos, o viene a pedirnos algo o viene a darnos un mensaje de Dios que necesitamos oír». Gena ha admirado al doctor Cole por muchos años y conocía mejor que yo acerca de su ministerio y de sus logros. Yo sentía que el doctor Cole era un hombre genuino desde la vez que lo vi en el seminario. Aunque algunas veces he sido demasiado ingenuo en cuanto a discernir los motivos de la gente, sentía que podíamos confiar en Ed.

«Por respeto al doctor Cole, reunámonos con él y oigamos lo que tiene que decir», dijo Gena.

«Bien, dile que venga», respondí.

La lluvia era copiosa ese día cuando Ed Cole vino a nuestra casa en Dallas. Cuando entró a la casa estaba mojado y temblando de frío. Le dimos una toalla y luego de secarse, se sentó.

Tomé un receso de la reunión con los escritores y bajé a sentarme con Ed. Luego de una pequeña charla cordial, Ed entró directo al tema. Era obvio que él sentía que esto era un mensaje de Dios.

Ed nos dijo: «Puede que piensen que estoy loco y que me pidan que me vaya cuando les comparta esto porque no nos conocemos bien. Pero Dios ha puesto esto en mi corazón y estoy convencido que debo decirlo. Cómo respondan al mensaje es asunto de ustedes». El doctor Cole abrió la Biblia y leyó un corto pasaje. Sus manos temblaban mientras sostenían la Biblia y nos decía: «Quiero que sepan que vendrán muchos y los llamarán hermanos, pero en realidad sólo querrán utilizarlos para su propio beneficio». El doctor Cole siguió explicándonos que debido a nuestra fe inocente, éramos vulnerables para los lobos que se vestían con pieles de ovejas. Nos animó a reforzarnos en la palabra de Dios, la Biblia, para poder saber la diferencia entre los hermanos genuinos y los falsos.

Estaba impresionado. Había trabajado toda mi vida en un mundo extremadamente competitivo. Conocía las trampas y dificultades que se dan a diario en la industria fílmica. Estaba acostumbrado a tratar con perdedores que usan y abusan de la gente. Pero el doctor Cole estaba diciéndome que necesitábamos cuidarnos de la gente que viniera en el nombre de Dios con motivaciones sospechosas y que sólo estuviera buscando engrandecimiento egoísta. Era obvio que esas palabras las decía con dolor y tristeza.

El doctor Cole estuvo con nosotros por casi treinta minutos. Hablamos sobre su esposa y sobre nuestra familia; lo abrazamos y se fue. Tan pronto como cerramos la puerta, Gena se volvió hacia mí abrumada. «Cariño, ¿te das cuenta lo que acaba de suceder? Dios usó a Ed Cole para hablarnos. ¡Él lo trajo en medio de la tormenta para darnos este mensaje porque Él nos ama!»

No supimos de Ed por un tiempo, pero cuando supimos de él, no fueron buenas noticias. Recibimos una carta del doctor Cole en Los Ángeles pidiéndonos que le llamáramos y que oráramos por él ya que estaba en cama y le habían diagnosticado cáncer. Lo llamamos y nos dimos cuenta que su condición era mucho peor de lo que nos contaba.

Gena y yo decidimos volar a verlo. Mi hijo Mike también fue con nosotros. Todavía se veía la alegría en los ojos del doctor Cole pero su cuerpo estaba acabado. Era obvio que no iba a vivir mucho tiempo más. Cuando entramos a su cuarto nos saludó cálidamente. Hablamos por unos cuantos minutos y luego mi hijo Mike, se arrodilló al lado de la cama, tomó la mano del doctor Cole y empezó a orar por nuestro amigo.

Mike terminó su oración y mientras él se mantenía arrodillado, el doctor Cole posó su mano en la cabeza de Mike y en un lenguaje que se asemejaba al de un profeta del Antiguo Testamento, el doctor Cole oró una bendición sobre la vida de Mike. Fue una de las experiencias más poderosas que he vivido. Estoy convencido de que parte de la pasión de Mike por hacer películas familiares con un fuerte contenido de fe se atribuye directamente a esa bendición que Dios le dio a través del doctor Ed Cole

Cuando nos preparábamos para irnos, Ed nos miró y nos dijo: «No puedo creer que me amen tanto como para haber venido a visitarme». Esa fue la última vez que lo vimos aquí en la Tierra. Él murió unas semanas después de que los visitamos, poco antes de cumplir ochenta años. Extrañamos al hombre de Dios que llegamos a querer en tan poco tiempo, pero sabemos que lo veremos de nuevo en el cielo.

Por más de tres décadas, el doctor Cole había sido orador en muchos eventos donde animaba a los hombres a confiar en Dios, a que fueran esposos fieles y padres ejemplares, a que fueran hombres de verdad. Reconozco que en alguna forma, él y yo estábamos tratando de hacer lo mismo. ¡Que gran legado recibí de este hombre!

CAPÍTULO 28

EL AGENTE DEL PRESIDENTE

———•◆•———

A Gena le encanta hacer que cada día sea especial, pero cuando llega mi cumpleaños lo hace aún mejor. Una de las «fiestas» de cumpleaños más memorables fue mientras filmaba *Walker, Texas Ranger*. Semanas antes de la fecha, ella empezó a mostrarme pequeñas pistas de lo que iba a suceder, pero yo seguía desconcertado. Empezó por enviarme notas intrigantes, similar a las que se utilizan cuando se juega el «baúl del tesoro». No podía descifrar lo que tenía planeado pero estaba seguro que iba a ser bueno.

Dos días antes de mi cumpleaños, estaba haciendo una escena de *Walker*, cuando una mujer entró al escenario. Parecía un espantapájaros, tenía puestas varias capas de ropa y traía con ella una bolsa grande de abarrotes. La mujer de alguna manera pudo pasar por en medio de nuestros guardias de seguridad y ¡literalmente se detuvo en medio de la escena que estábamos filmando!

No podía creer lo que estaba viendo. Me han pasado situaciones extrañas antes pero nunca en medio de una escena. Una vez tuve una admiradora que decía que tenía un bebé que era mío y que había quedado embarazada cuando veía el programa de televisión. Ella nos envió hasta la foto de su bebé. Cualquiera que haya trabajado en cine o televisión tiene su propia colección de historias raras.

«Disculpe señora», le dije en forma amable pero firme. «Usted no puede estar aquí, estamos filmando».

La mujer se portó indiferente. «No hay problema, jovencito. Estoy aquí para entregarle un mensaje. Debo darle algo», me dijo la mujer mientras me entregaba su bolsa.

Le hice un ademán y le dije: «No gracias señora», inseguro de lo que había en la bolsa. «Aprecio su amabilidad pero creo que usted ya debe irse». Miré a los guardias de seguridad que estaban a pocos metros de ella y noté que estaban listos para sacarla. «No quiero sonar rudo», continué diciéndole, «pero estamos trabajando en este momento». «Caballeros, por favor escolten a la dama a la salida».

Los guardias de seguridad se colocaron uno a su derecha y el otro a su izquierda. Cuando ella protestó y no quiso irse, los guardias simplemente la tomaron de los brazos, la levantaron y la sacaron del set, mientras ella pataleaba y gritaba.

No sabía que pensar, sólo moví mi cabeza. Unos minutos más tarde, la dama de la bolsa entró de nuevo en el set y en el fondo de la bolsa había otra de las pistas de Gena acerca de la fiesta de cumpleaños. Todos en el set empezamos a reírnos pues todos habían participado en hacerme la broma, ¡todos, excepto yo!

Al día siguiente, me encontraba de regreso en el set, cuando mi productor Gary Brown, se me acercó y me dijo: «Gena quiere que te vende los ojos, ¿puedo hacerlo?»

Miré a Gary y me reí, sabiendo intuitivamente que el trabajo de ese día ya había terminado. «Ah, muy bien», le contesté.

Gary me puso una venda en los ojos y me sacó fuera del set, afuera de la puerta y a través del estacionamiento. «Camina Chuck» me decía Gary, mientras me guiaba a un set que tenía unas escaleras muy angostas y luego entré en algo que parecía un automóvil y me senté todavía con la venda en mis ojos.

De pronto, oí el sonido de un motor de helicóptero y supe que me encontraba en uno. Despegamos y el helicóptero nos llevó hasta el Aeropuerto Addison. De allí, Gary me puso en un jet, todavía con los ojos vendados, donde Gena me saludó y me ayudó a sentarme. Una vez que despegamos Gena dijo: «Muy bien, ahora puedes quitarte la venda».

«¿Adónde vamos?», le pregunté.

«Ya lo sabrás», me respondió.

Aterrizamos en Cancún, y Phil Cameron, nuestro agente de seguridad personal nos ayudó con todo el proceso de inmigración. De allí salimos a un hotel, donde nos quedamos esa noche.

A la mañana siguiente, Gena había hecho arreglos para que un bote nos recogiera en lo que yo pensaba iba a ser un simple viaje romántico. Cuando cruzamos la bahía, un pequeño avión pasaba cerca de nosotros con un enorme mensaje. Entre más cerca estaba el avión de nosotros, más fácilmente pude leer las palabras: «Feliz cumpleaños, mi súper agente».

Pocos momentos después, otro avión se apareció en el cielo. El avión rodeó el bote y empezó a dejar caer rosas... no unas pocas rosas ni pétalos de rosas. Miles de rosas rojas empezaron a caer del cielo. ¡Era como si el cielo lloviera rosas!

Llegamos a una isla privada donde Gena había hecho arreglos para que yo hiciera algo que siempre había querido hacer: nadar con delfines. Después disfrutamos de una cena privada. Realmente fue un cumpleaños que nunca olvidaré.

No soy tan expresivo como Gena o tan extravagante cuando planeo cosas, pero para su siguiente cumpleaños le escribí una canción. Cualquiera que me haya oído cantar sabe el sacrificio que era para mi grabar mi voz en una cinta y dársela a mi esposa. Gena lloró cuando oyó la canción, no por la forma tan mala en que canté sino por la intención de expresarle mi amor de una manera fresca y diferente.

Es cierto que no todas las parejas pueden volar a Cancún o hacer que lluevan rosas del cielo y no todos quisieran escribir una canción para la persona que aman. Pero te sugiero que hagas cosas creativas para que se conviertan en recuerdos para ambos. Gena y yo tratamos de hacer cosas especiales cada día de manera mutua y así mantener la frescura del amor, pero sus esfuerzos excepcionales para celebrar mi cumpleaños en el año 2000 fueron mucho más de lo que yo jamás hubiera esperado.

•◆•

Ese mismo año, disfruté mucho haciendo campaña para nuestro cuatrigésimo tercer presidente de Estados Unidos, al igual que lo hice por el cuatrigésimo primer presidente, doce años antes. La primera vez que hice campaña para George W. Bush fue cuando se postulaba para la gobernación de Texas en 1994 en contra de una formidable oponente, la gobernadora Ann Richards quien buscaba la reelección. La señora Richards constantemente atacaba a George Bush en televisión por sus puntos de vista conservadores, y francamente los comentarios de la dama me molestaban y frustraban.

Conocía a George W. Bush desde que hacía campaña para su padre en 1988 y por eso cuando me pidió que me uniera a su campaña para gobernador le dije: «Encantado». Para ese entonces el programa de televisión, *Walker, Texas Ranger*, estaba obteniendo un excelente índice de audiencia y sentía que si mi popularidad como estrella del programa podría ayudar a la campaña de George W. Bush entonces lo haría.

Durante la campaña, mi trabajo era presentar a George W. Bush en las manifestaciones. Con frecuencia iniciaba mi discurso diciéndole al público lo feliz que estaba de hacer campaña para George Walker Bush. Hacía una pausa y luego decía: «*Walker...* me encanta ese nombre». La gente se soltaba a reír y vitoreaban porque sabían que ese era el nombre de mi personaje en la televisión.

En uno de mis discursos cuando presentaba a George W. Bush como el próximo gobernador, accidentalmente lo presenté como «el próximo presidente». Me di cuenta del error y dije: «No, quiero decir, el próximo gobernador, no el próximo presidente... ¡por lo menos por ahora!» Ese fue un error de la mente... o quizás estaba profetizando y no lo sabía.

George W. Bush ganó la elección y se convirtió en un gran gobernador para Texas. Durante su período como gobernador, unió a nuestro estado en muchas formas y hasta logró que los republicanos y los demócratas trabajaran juntos para el beneficio de muchos y no sólo para un pequeño grupo de políticos texanos. De hecho, cuando George W. Bush se postuló para la reelección, el finado gobernador Bob Bulock, un demócrata, lo apoyó y George W. Bush ganó rotundamente.

Una de las cualidades que admiro de la familia Bush es su autenticidad. Te guste o no, ellos son como son, no hay falsedad en ellos. Son simplemente gente real.

El anterior presidente Bush y su esposa, nos invitaron a Gena y a mí a disfrutar un fin de semana con ellos en su casa en Kennebunkport, Maine. Cuando llegamos el presidente Bush estaba alistándose para dar una vuelta en su bote. «Vamos, acompáñenme».

Miramos a Barbara y Gena le preguntó: «Señora Bush ¿usted va a ir?»

Barbara levantó el entrecejo y dijo: «¡Oh, no! Vayan ustedes».

Nos subimos en el bote y el presidente dijo: «Gena, tú párate aquí a mi lado». Gena se colocó al lado del presidente. Mientras tanto, yo me quedé en la parte de atrás del bote junto con el agente del Servicio Secreto. Tres agentes más nos seguían en un pequeño bote.

El presidente Bush acababa de salir del muelle cuando, por equivocación, aceleró el motor al máximo. La parte de enfrente del bote se levantó en el aire y parecía que volábamos por el agua. Gena se aguantó fuertemente. Estaba tan asustada que comenzó a reírse histéricamente. El presidente vio que Gena se reía y pensó que se estaba divirtiendo, así que mantuvo la velocidad al máximo.

Yo estaba en la parte de atrás con el agente del Servicio Secreto que simplemente movía su cabeza como diciendo «¡Los varones serán varones!» Cuando alguno de los Bush me ve hoy, me saluda con un gran abrazo. Eso es lo que pasa cuando eres amigo de la familia Bush.

Sin importar tu posición política, podemos aprender de la familia Bush y estar orgullosos de que ellos representen a los Estados Unidos. Es un privilegio que sean mis amigos.

◆

En 1999 protagonicé una película para la cadena CBS llamada *The President's Man* (El Agente del Presidente) que le dio un gran índice de audiencia. Mi personaje se llamaba Jonathan McCord, un agente secreto del presidente que se hace pasar por profesor universitario en medio de sus asignaciones. Dos años más tarde la cadena de televisión quería que volviera a interpretar a ese personaje en otra película.

Durante ese tiempo estaba intentando crear una historia para la película. Gena y yo fuimos a cenar a Dallas con nuestros amigos, Charles y Dee Wyly, y con la senadora Kay Bailey Hutchison. Mientras hablaba con la senadora Hutchison le pregunté cuál pensaba ella que era la más grande amenaza en Estados Unidos. Rápidamente respondió: «Terrorismo». Nuestro temor más grande era que alguien como Osama Bin Laden lograra introducir una bomba atómica en nuestro país. La senadora me explicó que habíamos permitido que nuestra nación se volviera vulnerable a un ataque como esos. «Durante los últimos ocho años, bajo la administración del presidente Clinton, nuestras medidas de seguridad y personal de refuerzo han sido reducidas drásticamente», me dijo. «Eso me preocupa».

Me preocupa también a mí y pienso que pudiera decir algo al respecto. Después de la cena llamé a mi hermano Aarón y le dije que nos reuniéramos con nuestros escritores a primera hora en la mañana. «Creo que ya tengo el guión para la película», le dije.

La historia que desarrollamos involucra a un terrorista tipo Bin Laden que contacta al presidente de los Estados Unidos y lo amenaza con desatar el terrorismo en todas partes del mundo, a menos que sus «guerreros sagrados», que fueron encarcelados por su complicidad en el atentado de 1993, del edificio del World Trade Center, sean liberados. Por supuesto, el Presidente rehúsa aceptar sus demandas.

De acuerdo con nuestro guión, una bomba logró ser introducida dentro de los Estados Unidos. El presidente vuelve a recibir la amenaza de que la bomba será detonada sino liberan a los guerreros sagrados.

En ese momento aparezco como el agente principal del presidente. Me escabullo hasta Afganistán donde se está escondiendo este terrorista. Lo secuestro y lo traigo de regreso a los Estados Unidos. ¡Allí es donde realmente empieza la historia!

La conversación que tuve con la senadora Hutchison ocurrió nueve meses antes del 11 de septiembre del 2001. Había terminado mi último episodio de *Walker, Texas Ranger* en abril y me metí de lleno a trabajar en la secuela de la película, *The President's Man* en mayo de ese año. Mientras hacíamos la película, pensábamos que estábamos haciendo una historia ficticia. No nos gustaba la idea de pensar que algo catastrófico pudiera pasar en los Estados Unidos. Entregamos la película original a CBS el 6 de septiembre de 2001, cinco días antes de ese fatídico día. Irónicamente, cuando la película fue entregada a CBS, el título original era *The President´s Man: Ground Zero* (El Agente del Presidente: Suelo Cero). Después del 11 de septiembre, tuvimos que cambiar el título a: *The President´s Man: A Line in the Sand* (El Agente del Presidente: Una línea en el polvo).

Todos los días oro pidiendo que lo que pasó ese día no vuelva a suceder. Pero sólo prevaleceremos si estamos preparados, y sólo si Estados Unidos busca a Dios en oración genuina.

Robert Urich protagonizó al presidente de los Estados Unidos en la primera parte, así que él era el agente adecuado para volver a hacer el papel. Robert tenía la fuerza de carácter que estábamos buscando para representar al líder de la nación, George W. Bush.

Robert había estado luchando con carcinoma celular escamosa, un cáncer muy raro que ataca las coyunturas y se esparce hasta los pulmones. Él había recibido quimioterapia y había perdido todo su cabello. Pero Robert era un campeón y para el momento en que empezábamos a grabar, su estado era formidable y su cáncer se encontraba en remisión. Él hizo un excelente trabajo actuando como el presidente. Luego, poco después de que terminamos de grabar la película, Robert se enfermó de nuevo. Su condición se deterioró rápidamente. Mientras Robert se encontraba en su cama de hospital, luchando por su vida, su esposa, Heather, le susurró: «Descansa Robert, descansa y entra en mi corazón».

Robert escuchó esas palabras y calmadamente murió.

Robert Urich sólo tenía cincuenta y cinco años. Me entristeció mucho ver que Robert tuvo que dejar a su familia y a sus amigos a tan temprana edad, al igual que muchos más el 11 de septiembre. No sabemos lo que el día traerá, pero sí sabemos Quien es el que trae el día. La muerte de Robert fue un fuerte aviso que me recordó que la vida no está edificada en los años que vives, sino en los logros que alcanzas y la diferencia que causas en las vidas de otros. Solamente lo que se hace para Dios pasará la prueba del tiempo.

Soy conservador, políticamente hablando, y no me avergüenza decirlo. Creo que debe haber menor interferencia del gobierno en nuestras vidas diarias y cada persona debe ser más responsable por sus acciones. Estoy convencido de que los estadounidenses son buenas personas y si nos afirmamos en nuestra herencia como nación fundada sobre valores cristianos, podemos vencer cualquier obstáculo que nos sobrevenga.

Un día mientras miraba la televisión, vi a Sean Hannity entrevistando a David Frum, autor de un libro sobre el presidente Bush. El señor Frum comentaba que el presidente no tiene una buena memoria ni tampoco curiosidad, pero que tiene una tremenda resolución.

No podría confirmar lo de la memoria de George Bush hijo, pero sé que su padre posee una increíble habilidad para récordar detalles. Una vez, estaba en una reunión política con el presidente Bush y él me presentó con más de cuarenta miembros de la Casa de

Representantes. Dijo los nombres de todos ellos sin necesidad de ayuda. Si la memoria de su hijo está a un nivel parecido, la opinión del señor Frum está basada en mala información.

Un día después de haber oído el comentario del señor Frum, mientras Gena y yo leíamos la Biblia, vimos el pasaje de Proverbios 4. ¡Un pasaje que habla sobre la sabiduría! El escritor del proverbio dice que si quieres sabiduría, debes buscarla de corazón. Se necesita una fuerte resolución y gran determinación para no abandonar el proceso, una vez que hayas empezado, sin importar las dificultades. El verso también dice que la determinación no es solamente un paso en la vida sino un proceso diario para escoger entre el bien y el mal. ¡Eso es la sabiduría! Y no hay nada más importante ni más valioso que la sabiduría.

Los que me entrevistan en la televisión con frecuencia me preguntan que haría si fuera el presidente. Lo más probable es que haría lo mismo que el presidente Bush: oraría y buscaría la sabiduría de Dios para tomar decisiones correctas. Muchos de mis valores y mucho de mi personalidad son similares a George Bush. No tengo la mejor memoria del mundo. Soy impaciente si las cosas no salen de forma eficiente. No me intereso por las cosas que no me llaman la atención. Pero si estoy enfocado en algo que quiero lograr, tengo la tenacidad, la resolución, la determinación y la perseverancia para seguir trabajando hasta que llegue a esa meta.

También estoy orgulloso del compromiso cristiano de George W. Bush. Él no teme hablar de su fe en Cristo, no solamente en un «dios» ambiguo. Aunque eso le cueste votos en contra, él tiene mucho valor para decir lo que cree. Admiro eso en una persona.

¿De qué manera me encargaría de los asuntos difíciles tales como las adicciones a las drogas y a los crímenes relacionados con ellas? Concuerdo con una sugerencia que Bill O'Reilly hizo en su libro, *The O'Reilly Factor* [El factor O'Reilly]. Bill dice que él cree que todos los sospechosos convictos de drogas deben poder elegir entre: una rehabilitación forzada en una prisión específicamente diseñada para eso o una sentencia más larga en una prisión común. Este programa fue instituido en Alabama y Bill afirma que hay cientos de páginas de estadísticas que demuestran la efectividad de ese programa.

De la misma forma que Bill O'Reilly cree en la rehabilitación forzada de los usuarios de drogas convictos, yo creo que hay una mejor forma de castigar a los ofensores juveniles que es mejor que encarcelarlos en una cárcel que los hace peores. Cuando un menor de edad es culpable de un crimen, quizás podríamos enviarlo a una misión donde tenga que estar obligado a ayudar a los que se están muriendo de hambre, a los enfermos, a los inválidos junto con organizaciones tales como la Larry Jones o Franklin Graham. En lugar de que pierdan su tiempo tras las rejas, hay que hacer que los menores de edad que son culpables de algún crimen tengan que pagar su castigo ayudando a los niños necesitados. Reconozco que las organizaciones como las que mencioné ven su misión como parte de un compromiso espiritual y no como una labor altruista, pero todas las organizaciones que ayudan a aliviar el sufrimiento necesitan apoyo y si los menores de edad son influenciados espiritualmente por estos santos de la actualidad, mucho mejor. Creo que la taza de crímenes disminuiría y gente pobre podría ser ayudada en el proceso.

La mayoría de los convictos menores de edad están obsesionados con una actitud egoísta y si fueran forzados a ayudar a los menos afortunados, se darían cuenta que sus vidas no han sido tan difíciles como creen. Creo que ellos obtendrían una perspectiva nueva y positiva, haciendo que nuestras comunidades sean mejores para todos.

CAPÍTULO 29

Dios tiene planes para ti

———•◆•———

A Gena y a mí nos gusta viajar por todo el mundo. Siempre que conocemos una nueva cultura aprendemos algo nuevo. Cuando regresamos a los Estados Unidos le agradecemos a Dios por las muchas bendiciones que Él ha dado a este país.

Durante un viaje reciente a Rusia, Gena y yo visitamos varios de los países que conformaban la antigua Unión Soviética y que estaban bajo control comunista. Fuimos invitados a visitar Kalmykia, un pequeño país al sur de Kasakhstan, que todavía seguía bajo una forma de gobierno dictatorial, pero claro, un poco mejor que cuando estaba dominado por el régimen anterior.

Aparentemente la gente de esa nación había visto algunas de mis películas o de las series de televisión porque nos trataron como héroes. El dictador Kirsan Ilyumzhinov hizo arreglos para que voláramos en un avión privado hasta su país. Cuando aterrizamos en Kalmykia, fuimos recibidos por un comité de bienvenida formado por oficiales de gobierno y alguna gente de la población. Mientras nos filmaban, uno de los del comité nos dio a probar uno de los platos típicos locales, un platón de algo que parecía como leche. Deseando ser cordial, le di una probadita.

¡Hice arcadas! ¡Esa cosa no me gustó para nada! Luego me dijeron que la bebida era una mezcla de leche de caballo con sal y mantequilla. ¡Vaya bienvenida a Kalmykia!

Nuestros anfitriones deseaban mostrarnos su cultura y cómo los mongoles vivían durante el siglo XIX. Nos enseñaron las tiendas hechas a mano que se usaban en esos tiempos como casas, las formas en que cocinaban y otros sitios históricos. Era algo así como la versión mongoles de la colonia Williamsburg en Virginia. Por último, nos llevaron a un campo de lanzamiento de flechas donde algunos de los mejores arqueros estaban practicando. Uno de los expertos me trajo un arco y una flecha, y me señaló uno de los blancos. No entendía el idioma pero fue muy fácil comprender que quería que yo probara mi suerte con el arco.

Cuando halé la cuerda del arco para preparar la flecha, me di cuenta que esto no era un juguete. La cuerda estaba muy tensa y tuve que hacer mucha fuerza sólo para acomodar la flecha en la posición correcta antes de lanzar. En ese momento pensé: *Esto va a ser muy interesante o muy vergonzoso*.

Me encontraba a una distancia de quince metros del blanco. Halé hacia atrás la flecha, apunté lo mejor que pude y la lancé. La flecha salió disparada por el aire y llegó al blanco. ¡Di en el centro del blanco! ¡Fue como si un ángel hubiera tirado por mí!

Hubiera deseado actuar como si eso hubiera sido algo común para mí pero estaba igual de sorprendido que los demás. Me quedé con la boca abierta mientras Gena me decía: «¡Carlos, lo hiciste! ¡Diste en el centro del blanco!»

«Lo sé, pero espero que no me pidan que lo haga de nuevo!»

El dictador también estaba asombrado. Vino hacia mí, tomó mis manos y las levantó en el aire en señal de victoria mientras su personal tomaba docenas de fotografías.

Luego el dictador nos llevó a recorrer la ciudad. Vimos durante el trayecto varios rótulos con fotos del dictador al igual que de otros líderes incluyendo al Papa y a varios presidentes.

Gena me dijo susurrándome al oído: «La próxima vez que volvamos aquí probablemente habrá una foto tuya y del dictador en una de esas paredes enseñando la flecha en el blanco».

◆

Los muchos viajes nos han preparado y acondicionado para lo que creemos será un paso importante en la vida de mi familia.

Luego de concluir las últimas grabaciones de *Walker* y del nacimiento de los gemelos, empecé a meditar acerca de mi vida y me dije: «Bien. ¿Qué es lo que quieres hacer ahora con tu vida?» Quizás suene extraño para algunos, pero cuando nuestros hijos crezcan esperamos servirle a Dios y ayudar a otras personas a través del trabajo misionero.

Una noche Gena y yo fuimos invitados a aparecer en un programa de televisión junto con otros amigos nuestros. Uno de los invitados especiales de esa noche era Larry Jones, director del ministerio «Alimenta a los niños», una organización de ayuda a escala mundial con sede en Tulsa, Oklahoma. Nosotros no conocíamos a Larry en persona pero habíamos visto sus programas por televisión donde se presenta la trágica necesidad de la humanidad y se le pide a la gente que responda ayudando. Larry Jones no es una de esas personas que piden ayuda pero que en realidad es una farsa. Larry Jones y su organización han estado trabajando por más de treinta años en algunas de las situaciones más difíciles y en algunos de los lugares más pobres del mundo. Lugares como Calcuta, Etiopía, Mogadishu, Bosnia y otros. Ellos realizan un esfuerzo infatigable bajo las condiciones más deplorables, tratando de aliviar el dolor tanto como sea posible y de alimentar al hambriento.

Mientras escuchaba a Larry contar historia tras historia del horrible sufrimiento humano en el mundo y sobre las oportunidades increíblemente simples que tenemos para ayudar, me sentí inspirado por su pasión, su sinceridad y su humildad. Gena y yo nos enamoramos de la pasión de Larry, parecía como si él no tuviera ni una sola onza de egoísmo, que su propósito por completo era ayudar a los que están sufriendo. Además de proveer alimento, ropa y medicina para los niños en lugares conflictivos en el mundo, la organización de Larry también provee una mano de ayuda a la gente pobre en los Estados Unidos.

Aunque no viví una pobreza extrema, si puedo entender lo que es vivir en la pobreza al recordar las circunstancias tan difíciles en las que mi madre vivía y lo duro que ella trabajó para que hubiera comida en la mesa para mis hermanos y para mí. Sé lo que es sentirse sin esperanza y de cómo los buenos hermanos de la iglesia bautista le ayudaron a mi madre cuando nadie más lo hizo.

Después del programa le dije a Gena: «Este es el tipo de proyecto en el que quisiera que nos involucráramos como familia».

Gena me dijo: «Me encantaría que nuestros hijos ayudaran en un ministerio como ese».

Empezamos a ir a pequeños viajes de misiones en los que podíamos servir a Dios y a los demás. Nosotros ya sentíamos una compasión especial por los niños y habíamos estado haciendo lo que podíamos a través de Kick Start (nuestra organización para ayudar a los niños de las escuelas). Trabajar con otros grupos misioneros simplemente sería una extensión de lo que ya estábamos haciendo.

Gena se ha integrado a toda la familia, incluyendo mis hijos y mis relaciones familiares. Ella ha adoptado mi historia familiar como si fuera la suya. Ahora más que nunca, nuestra relación con los hijos de nuestro pasado es más fuerte.

Durante las dos últimas décadas he estado dando charlas de manera voluntaria a miles de jóvenes de bajos recursos. La pregunta que me hacen con más frecuencia es: «Señor Norris, ¿cuál es el secreto de su éxito?»

Les respondo diciendo que no hay ningún secreto. Les digo que hay dos caminos en la vida que uno puede tomar: un camino positivo y uno negativo. Cuando se sigue por el camino positivo uno no espera que las cosas vengan por sí solas; uno las obtiene mediante un gran esfuerzo sin importar lo que cueste alcanzarlas.

Si se sigue por el camino negativo, uno siente que no puede lograr nada y que nada bueno ha de venir. Si uno siente que no puede hacer esto o aquello, de alguna forma, ese no poder, resulta en el fracaso constante. Pero para la persona que se esfuerza en decir «yo puedo» ya ha empezado en el sendero que lo llevará al éxito.

Uno debe ser positivo en todo lo que hace, sino, es fácil sentirse dominado por las cosas negativas. Nos guste o no, estamos rodeados de un mundo con actitudes, palabras y pensamientos negativos. Habrá gente que te diga que no puedes lograr un objetivo porque no eres lo suficientemente grande, o listo, o el color de tu piel no es el correcto, o que no estás calificado. La gente que te dice eso, por lo general, es gente fracasada.

Cuando decidí comenzar en el mundo de las películas, muchas veces me dijeron que las películas de acción estaban declinando; nadie estaba interesado en mí porque me consideraban un atleta que no tenía experiencia en actuación. Además ya tenía 36 años cuando hice la transición de instructor de artes marciales a actor de cine. ¡Para algunas personas ya era historia mucho antes de que empezara esa carrera!

Si hubiera aceptado esos comentarios, nunca hubiera realizado una película y mucho menos continuado con más. Vi los primeros rechazos como obstáculos temporales porque sabía que con el suficiente tiempo, determinación y gran esfuerzo, aunado a la fe en Dios y a una actitud positiva, yo iba a triunfar.

Son muy pocos los que encuentran el éxito de la noche a la

mañana. La mayoría de los triunfadores han aprendido a apegarse a algo y a ir paso a paso hasta que logren su objetivo. Eso ha sido una constante en mi vida.

Es interesante ver cómo mis prioridades han cambiado en los años recientes. Muchos de los deseos y anhelos que en un tiempo fueron una prioridad en mi vida, no lo son ahora. Con seguridad parte de eso es mi madurez, un fuerte compromiso a mi matrimonio y a mi familia, un crecimiento en mi fe y la seguridad económica que no tenía en años anteriores. Pero debo aclarar que el contentamiento no implica complacencia.

La gente me pregunta con frecuencia: «¿Cómo te mantienes en tan buena forma?»

La verdad, tengo que esforzarme, igual que todos. Me levanto cada mañana y hago ejercicios. Gena y yo dedicamos un tiempo a orar, leer la Biblia y ejercitarnos espiritualmente, y por supuesto tener metas a corto y largo plazo. Tengo dos niños que me mantienen ocupado y sinceramente no me veo retirándome; siempre quiero estar activo. He notado que la gente que se retira comienza a atrofiarse en todos los aspectos de su vida. En poco tiempo ya se ven débiles física, intelectual y espiritualmente. Además, no veo que se hable del retiro en la Biblia. Me parece que Dios quiere que vivamos cada día de nuestra vida al máximo, creyendo cada día que Dios tiene planes para nosotros.

En muchas formas creo que mis mejores días todavía están por venir, que hasta ahora todo lo que he hecho es una preparación para algo que Dios quiere que haga. Me despierto cada mañana esperando oportunidades para hacer algo que otros dicen que no se pueden hacer. Todavía pienso vivazmente, me siento vivaz y no quiero perder nunca esa actitud.

Gena disfruta bromear diciendo que nuestro aniversario número cincuenta lo vamos a pasar en Hawai. «No te sientas presionado, mi amor», me dice. Por supuesto que eso significa que debo mantenerme en un buen estado físico, mental y espiritual por un rato más. ¡Cuando llegue ese momento ya tendré 108 años! Pero la verdad es que planifico llegar allá.

¿Por qué? Porque creo que todo lo puedo en Cristo que me fortalece.

Además, me gusta vivir... ¡contra viento y marea!

DISPONIBLE EN INGLÉS

El mundo está en búsqueda de un **HÉROE**, una persona de valor que esté dispuesta a pelear por la justicia **cueste lo que cueste**

CHUCK NORRIS
with Ken Abraham

AGAINST ALL ODDS
my story

ISBN: 0805431616

www.BroadmanHolman.com

KICKSTART

Edificando un sólido carácter moral entre nuestra juventud por medio de las artes marciales

CHUCK NORRIS
Fundador y presidente del directorio.

KICKSTART, un programa formador del carácter y proveedor de habilidades para la vida, está dedicado a suministrar a los estudiantes herramientas para fortalecer su imagen de sí mismos a través del entrenamiento en artes marciales. La misión de esta fundación es cambiar y salvar vidas en la niñez.

> **¿Por qué el kárate?** Chuck Norris ha reconocido personalmente los notorios beneficios que la disciplina y las filosofías asociadas a las artes marciales pueden tener para los niños, especialmente para aquéllos que sienten que no hay futuro para ellos. El comprometerse con el kárate y la oportunidad de ganar un puesto en el equipo o T.E.A.M. Chuck Norris (T de "truth", verdad; E de Estima; A de Actitud; M de Motivación) ofrece a estos pequeños una alternativa al pandillerismo y las herramientas que necesitan para combatir las abrumadoras presiones de sus coetáneos en relación con las drogas y las pandillas. Pasan a pertenecer a su propia pandilla positiva.

> Una de las metas principales de Chuck Norris con este programa es reunificar a las familias ¡y está funcionando! En la mayoría de los eventos que presentan, los distritos escolares pueden sentirse afortunados si la asistencia de los padres alcanza el 10 por ciento. Pero a cualquier evento escolar en que nuestro programa esté involucrado asiste más del 85 por ciento de los padres.

> La obra de **KICKSTART** recién comienza y la meta soñada por Chuck es concentrarse en los próximos años en su expansión en Texas, para luego extenderse a otras ciudades de Estados Unidos.

Si desea recibir más información sobre la organización escriba a:
Chuck Norris KICKSTART, 427 W. 20th Street, Suite 403, Houston, TX 77008
www.kick-start.org